贵阳市云岩区教育科研课题项目（项目编号：YYKY2110）基于"家
一体的园本课程研究——以云岩区第一幼儿园"遇见课程"为例
贵州省教育科学规划课题项目（项目编号2020C042）"农村幼儿园户外建构游戏研究"

遇见最美的童年
——云岩一幼"遇见课程"构建与实践

蒋鸿雁　刘　英　主　编

娄小韵　何莹燕　副主编

吉林人民出版社

图书在版编目(CIP)数据

遇见最美的童年：云岩一幼"遇见课程"构建与实践 / 蒋鸿雁, 刘英主编 . -- 长春 : 吉林人民出版社, 2022.9

ISBN 978-7-206-19591-4

Ⅰ . ①遇⋯ Ⅱ . ①蒋⋯ ②刘⋯ Ⅲ . ①幼儿园 – 课程 – 教学研究 Ⅳ . ① G612

中国版本图书馆 CIP 数据核字 (2022) 第 257196 号

遇见最美的童年：云岩一幼"遇见课程"构建与实践

YUJIAN ZUIMEI DE TONGNIAN : YUN YAN YI YOU " YUJIAN KECHENG " GOUJIAN YU SHIJIAN

主　　编：蒋鸿雁　刘　英	副 主 编：娄小韵　何莹燕
责任编辑：王　丹	封面设计：袁丽静

吉林人民出版社出版 发行（长春市人民大街 7548 号）　邮政编码：130022

印　　刷：石家庄汇展印刷有限公司

开　　本：710mm×1000mm　　1/16

印　　张：21　　　　　　　　　　字　　数：460 千字

标准书号：ISBN 978-7-206-19591-4

版　　次：2022 年 9 月第 1 版　　　　印　　次：2023 年 1 月第 1 次印刷

定　　价：98.00 元

如发现印装质量问题，影响阅读，请与印刷厂联系调换。

编委会

主　编：蒋鸿雁　刘　英
副主编：娄小韵　何莹燕
编　委：黎平辉　杨　静　杨秀敏　刘　文　张　妍
　　　　何玉红　陈泽婧　王小为　李姿雨　薛丽娟

当"美的课程"遇见"最美的童年"

云岩区第一幼儿园《遇见最美的童年——云岩一幼"遇见课程"构建与实践》一书是我区学前教育高质量发展的一个亮点，云岩一幼从 2018 年开办至今，在贵州师范学院专家的引领下，走出了一条以课程建设促进幼儿园高质量发展之路。

云岩一幼基于课程设计模式之一的情境模式，践行"遇见最美的童年"的办园理念，进行了"遇见课程"的构建与实践。云岩一幼全体教师在贵州师范学院专家的引领下，通过阅读教学提升学生理论素养，边学习、边探索、边实践，不断重启对幼儿教育专业认知，不断优化"遇见课程"的实践方法、实践载体和实践路径，在探索中总结，在总结中反思，最后形成了这本《遇见最美的童年——云岩一幼"遇见课程"构建与实践》。

2021 年，云岩区率先在全省通过学前教育普及普惠督导评估，目前已经上报教育部申请实地认定。云岩学前教育开启了高质量发展的新征程，课程体系构建是幼儿园高质量发展的重要载体和抓手，是内涵式发展的核心。云岩一幼是一所年轻的幼儿园，以课程建设为切入点，为我区新时期学校教育高质量发展探出了一条新路。"遇见课程"拓展了幼儿的生活空间，关注幼儿社会生活，正确引导幼儿进行交往和体验。"遇见课程"引导幼儿以发展的视角组织和利用各种日常活动，以便更好地促进儿童的发展。课程生活化不是生活过程本身，而是对生活过程的合理利用和组织。当前，全球课程设计基本上还是以"目标模式"为主，云岩一幼以"情境模式"为课程设计是一种大胆的尝试，这种尝试正好印证了张雪门指出的"自然经验在生长上是堆积的经验"的教育思想，人为经验"在生长上是有机的经验"。"遇见课程"就是把生活中自然的经验转化为人为的经验，使这些经验相互关联、相互支撑。《3～6岁儿童学习与发展指南》只是幼儿 3 年发展的蓝图，呈现的是基本的发展目标，而不是具体的课程内容和要求。国家没有统一编订幼儿园课程，所以需要从幼儿园的实际出发进行园本课程建构和建设，这个历程的本质是使幼儿园课程更具适切性和有效性，"遇见课程"就是在这一方面进行了有益的探索。

"遇见课程"还很稚嫩，需要教育者不断细化和优化，希望云岩一幼全体教育者以《遇见最美的童年——云岩一幼"遇见课程"构建与实践》的出版为新的起跑线，持续深化与高等师范院校的合作，形成更精更美的课程体系，引领全区幼儿园在优质课程建设方面集群发展，为"优学优教在云岩"的金名片镶嵌闪耀的珍珠。

是为序。

林晓凤

2021 年 12 月

《"遇见课程"构建与实践》

那年，我到新开园的云岩第一幼儿园参加他们的教研活动，给我印象最深刻的是幼儿园门厅中间的那句话"遇见最美的童年"，它让我想起了多尔的后现代课程观，尤其是该书序言中的一句话"课程不再是跑道，而成为跑的过程本身。而学习则成为意义创造过程之中的探险"。后来，在与蒋鸿雁园长交流的过程中，我才得知蒋园长一直在读这本书，也一直在思考幼儿园课程的开发与构建问题。在蒋园长看来，幼儿园课程是幼儿教育的核心，也是幼儿园文化的核心。一所幼儿园有什么样的课程，这不仅决定了孩子们在幼儿园过着一种什么样的生活，也决定了幼儿园教师的职业生活状态。

"遇见最美的童年"对幼儿及家长来说是一种承诺，对幼儿园来说是一种态度，更是一种责任。幼儿园与中小学一样，也是国家的教育机构，而所有的教育机构都是通过实施课程来实现教育目的、完成教育任务的。要想办成一所高水平的幼儿园，云岩一幼就必须紧紧抓住幼儿园课程构建和开发这一关键问题，并通过提高幼儿园课程的整体水平来提升幼儿园的教育质量。

幼儿园的课程构建与开发从本质上来说就是根据国家课程政策和学前教育理念，从幼儿园实际出发，在国家课程的基础上进行课程的再开发，最终形成一个既符合国家课程政策，又具有本园特色的课程体系。这是一项十分复杂的工作，它需要幼儿园全体教师和管理者基于本园的实际情况，将国家课程理念与幼儿园教育工作任务进行系统的、整体性的规划，并对国家关于幼儿园课程目标作具体化、操作化的思考与实践演绎。幼儿园的课程开发与建设又是一件非常重要的工作，因为国家为幼儿园留下的这个课程空间是很大的。

在幼儿园课程的构建与实践过程中，云岩一幼的教师是非常不容易的，她们遇到了大量的问题，也进行过大量的研讨与交流以解决困惑与纷争。经过 3 年的不懈努力，取得了一定的成果，这些成就既源于蒋园长的坚持和云岩一幼全体教师的努力，也源于安吉自主游戏课程的理念与实践对他们的启迪。

（1）"四位一体"的课程架构的确立。云岩一幼课程构建的出发点是国家关于学前教育课程政策的基本理念，教师需要准确把握学前教育"基础性、全面性、启蒙性"的基本性质和幼儿学习与发展的规律性，在这样的前提下通过幼儿园教师、师范院校的教师、家长等协商、多元对话达成一个共同的愿景，然后基于这个共同愿景去制订目标、构建课程内容框架。在建园初期，幼儿园可组织教师阅读学前教育的相关文献，并组织教师畅谈自己的教育理念，教师满怀激情地讲述自己"理想的幼儿园"。有的教师说自己最喜欢卢梭的自然教育的思想，喜欢孩子们在森林中自由地探索，欣赏孩子们在大自然中陶冶情趣，形成良好的个性；有的教师说喜欢小朋友们都有个健康的身体，像体操运动员一样动作灵活矫健；更多的教师则选择了安吉自主游戏，羡慕安吉游戏中的孩子们自由、充满活力、富有挑战精神，羡慕安吉自主游戏中的孩子们能够在游戏中自主地探索各种现象，解决自己发现的问题。

当时正值各级教育管理部门通过相关文件，幼儿园课程改革要求"去小学化"倾向，倡导"以游戏为基本活动"，因此游戏成为云岩一幼课程中的一个重要组成部分。再加上国家在相关学前教育政策性文件中多次强调的生活和运动，这样也就决定了云岩一幼"遇见课程"的生活、运动、游戏、教育活动"四位一体"的课程架构。

（2）明确游戏在幼儿园课程中的地位。云岩一幼是贵阳市较早开展自主游戏的幼儿园，自主游戏进入幼儿园课程的时间是2018年，也就是云岩一幼刚开园的那个学期。蒋鸿雁园长在听说教育部与中国儿童少年基金会在息烽县开展"安吉游戏"实验活动后就马上组织教师到实验地去参观和学习，并分享自己的心得体会，随后便开始对幼儿园户外活动环境作整体规划及材料准备，同时对教师进行自主游戏、游戏故事的操作策略的培训。第二学期一开始，云岩一幼的自主游戏便能更好地开展。

自主游戏成为幼儿园一日生活的重要部分，并安排在幼儿一天中的黄金时段，也就意味着自主游戏进入了"遇见课程"，并成为课程的重要组成部分。然而，"游戏在幼儿园课程中应该占有什么样的地位，游戏和课程之间应当是一种什么样的关系"，则是"遇见课程"在构建和实践中必须要回答的基本问题。

想要游戏进入课程，云岩一幼的教师需要转变游戏观念，明确游戏不再是一种"非课程性""非教学性"的活动，而是作为幼儿知识学习过程中的一种调节性或辅助性活动。教师需要重新定义游戏，并重构游戏的课程价值。游戏在"遇见课程"中是作为一种"有意义的人类文本"存在的。一般认为，文本是由作者写成且有待阅读的单个文学作品。文本是人类文化积淀的产物，它的核心要素就是意义，而意义也是教育的核心。文本进入中小学，学生在教师的引导下通过阅读形成多维度、多层次的理解，进而实现人类文化的传承与再创造。如果我们将人一生的发展视为一种持续的社会化过程，那么在童年时代，人则是通过对游戏这种"有意义的文本"的解读活动开始他的社会化进程的。而幼儿对游戏这种特殊的文本的解读就是他们对游戏的演绎，就是他们的游戏亲历。

对于云岩一幼的教师来说，将游戏视为一种"有意义的人类文本"意味着他们需要在游戏中发展理解力。为此，云岩一幼开展了"尊重游戏、理解游戏、研究游戏"的活动。所谓尊重游戏，是要认知"游戏是蓄积学前教育课程价值的一种形式"，游戏中不仅蕴含了儿童五大领域的关键经验，还蕴含了培养幼儿良好学习品质的重要性，通过游戏我们能够实现"遇见课程"所描述的具体目标。理解游戏与研究游戏则需要教师甚至幼儿园其他员工树立"幼儿的游戏就是幼儿的学习"的观念，并能走近幼儿的游戏，支持幼儿的游戏，研究幼儿的游戏。

如果把游戏作为一个整体，其中自主游戏是"遇见课程"的基础部分，"遇见课程"也不排除其他"自由度"的游戏形式，包括教师设计的规则游戏（如体育游戏）和教师主导的表演类游戏（如绘本剧和由此演变的儿童戏剧）。这样的课程架构才能保障课程内容的多样性与丰富性，才能开展多种形式的探索性学习活动，才能为教师在幼儿自主游戏的基础上，基于孩子们的兴趣与发展需要开发出更有价值的学习活动创造足够的空间，使儿童原本自然生长的游戏演绎成为一种具有目的性、具有行动逻辑和结构合理的操作性、探究性活动。

（3）"六化"并举，保障课程的适宜性和可行性。"遇见课程"的理念是"六化"并举，这"六化"包括游戏化、生活化、情景化、经验化、整合化、过程化。它本质上是对"遇见课程"的课程性质的概括性描述，既体现了云岩一幼教师对国家学前教育课程理念的理解，也是云岩一幼的教师对古今中外各种优秀教育思想与教育实践的基本特征的把握和对自己理想的幼儿教育的概括性表达。"遇见课程"的这"六化"也成为教师组织幼儿活动实施课程的"参照系"，在幼儿园课程审议活动中，"六化"成为教师判断课程适宜性和可行性的重要标准。

对于自主游戏，教师心中一直都有个结：幼儿园没有游戏是不行的，是不尊重儿童天性的，违反儿童学习与发展规律的，儿童仅仅通过自然状态的游戏来学习是根本不够的。因此，当教师明确地将游戏纳入"遇见课程"时，就需要去思考传统主题活动和学习领域还要不要？如果还需要保留，那么它们与其他课程内容如生活、游戏的关系又该怎样处理？其实，这些问题一直困扰着教师，成为"遇见课程"课程开发和实践的一大障碍。在多次讨论与交流后，云岩一幼的教师认为，解决这个问题需要回到学前教育的原点——儿童及儿童的发展。如果基于原点，游戏是儿童的天性，是儿童童年幸福生活的源泉，是儿童一日生活中最有价值的活动。安排好幼儿的一日生活，开展好自主游戏，为幼儿提供充足的游戏时间是"遇见课程"的实践基础，而基于幼儿兴趣和愿望的经验拓展与延伸学习则是引导幼儿走向深度学习的需要。在幼儿深度学习的过程中，知识是学习的工具与手段，促进儿童认知发展、培养儿童良好的学习品质才是最终目的。从回归学前教育原点的视角来看，幼儿的自主生活、自主游戏则成为主题活动、领域教学活动的源头活水，主题活动和领域教学活动不能完全由教师预设，而是动态生成性的。所以，"遇见课程"仍然保留主题活动和领域教学活动，但是这里的主题活动和领域教学活动不是传统意义上自成一体的以学科知识学习为目标的集体教学，而是在幼儿生活与游戏经验和兴趣的基础上幼儿学习的延伸与拓展，它的可行性、适宜性的保障机制是课程审议，它的判断标准则是"遇见课程"的"六化"。

（4）"课程审议"制度的建立。云岩一幼的"课程审议"制度是为"遇见课程"的构建与实施的需要，以及支持教师专业能力发展的需要而建立的。最初，它主要是为了交流与讨论幼儿园教师开发的主题活动的课程依据、课程目标、课程内容和活动实施的策略等问题，以确保主题活动的可行性与适宜性。后来逐渐扩展到关于"遇见课程"构建与实施中所有问题的集体协商与课程决策，并成为"遇见课程"构建与实施的必要过程。

首先，云岩一幼的"课程审议"是制度化的教师专业研修活动。通过课程审议活动，教师能更准确地理解国家关于幼儿园课程的基本理念、基本目标、活动原则，熟悉国家关于幼儿园课程开发与实践的途径、环境创设、资源挖掘等方面的基本要求。尤其是在落实教育部"游戏为幼儿园基本活动"的背景下，它在更新教师的游戏观、儿童观、学习观等方面发挥了重要作用。

其次，"课程审议"也是一种教师关于幼儿园课程集体协商和群体对话的活动。通过课程审议活动，教师能够积极投入课程开发的具体问题的讨论中，主动发表自己的意见、提供自己的建议、阐明自己的价值观，并在解决聚焦的课程与教学问题上达成共识、凝聚智慧。

最后，"课程审议"也是针对解决课程构建和课程实施过程中若干问题的思路与策略的审计与评估。通过课程开发的主体对具体教育实践情境中的问题反复讨论，以获得一致性的理解与解释，并最终作出可行性、适宜性判断的决定。

云岩一幼很年轻，一幼的教师也很年轻，一所年轻的幼儿园开发和构建的"遇见课程"也是年轻的，也会有不成熟的地方。但是，我相信云岩一幼的管理者和教师将会坚守自己朴实而庄重的承诺——遇见最美的童年，不断努力、不断完善这个课程，开创云岩一幼最美的未来。

李建年　贵州师范学院

2021 年 12 月

感恩遇见

在学前教育高质量发展的新形势下，贵州省新建幼儿园与日俱增。2018 年 10 月，云岩区第一幼儿园正式成立，新园所、新教师、新社区，就如同一张白纸等待着设计师绘制蓝图。为了探索出一条提升新建幼儿园办园质量的途径，自 2018 年开园以来幼儿园就先后确立了"基于园本课程下的动态多元化课程评价的实践研究——以遇见课程为例""农村幼儿园户外建构游戏研究""四位一体幼儿园课程构建与实践"市、区级课题，旨在让幼儿园课程不偏离促进儿童发展的航向，不断帮助教师学习新的课程理念、挖掘游戏中蕴含的教育价值、解决教师遇到的难题，让课程的构建更加科学合理。

《遇见最美的童年——云岩一幼"遇见课程"构建与实践》一书是对贵阳市云岩区第一幼儿园"遇见课程"实践成果的全面汇编。主要从课程概述、案例构建、实践案例三方面展开。"遇见"最美的童年中包含了"有能力的学习者""有智慧的教育者""有温度的管理者"，最终"成为更好的自己"。全书紧扣当下幼儿园课程建设的热点，以详略得当、图文并茂的形式，为幼儿园设计、组织、指导各类活动和研究人员提供了借鉴和案例。书中共包括论文、幼儿"学"的故事、教师"教"的课程故事、"管理"故事、培训学习感悟、家长体会。这一连串的数字，凝聚着贵州师范学院教育科学学院学前教育系专家们、云岩区教育局领导们、幼儿园课程开发团队成员的心血和汗水，记录了云岩一幼的教师们在专家引领下一步步成长的足迹。

在本书构思的过程中，笔者旨在呈现以下几个方面的内容：

首先，对于"遇见"的诠释，笔者在书的上篇通过课程背景、课程理念、遇见课程参与人员的角色定位、课程目标体系、课程内容架构及组织实施、课程评价、课程管理保障等方面着力阐述"理想中的幼儿园"的教育应该是"不期而遇 相机而行"的。本书始终坚持倡导"以游戏为基本活动"，让游戏成为云岩一幼课程中的一个重要组成部分。最终形成生活、运动、游戏、教育活动"四位一体"的课程架构。

其次，在书的下篇的文字中，笔者通过有能力的学习者——幼儿园课程实践中"学"的故事；有智慧的教育者——幼儿园课程实践中"教"的故事；有温度的管理者——幼儿园课程实践中"管理"的故事，遇见课程理念下的管理案例——我们的管理故事，遇见课程理念下的参与案例——家长、社区的参与故事；课程理念下的培训与学习等各类案例、感悟，充分体现了幼儿园"四位一体"的课程构建实践中的教师是如何与孩子们"不期而遇 相机而行"的。"机"是指机会、时机，是事情变化的枢纽，是有重要关系的环节，抓住时机就能迅速适应事物的变化、把握发展的方向。而教育中最重要的就是抓住时间、把握机会，特别是在儿童的生活中、游戏中常有不可预知的突发状况，教师要抓住关键时机，对孩子进行适宜的教育。"行"是做，在"遇见课程"中是指师幼、家长以及关心我们的专家、社区人员一同前行。有了好的时机还要有恰当的做法，所以"行"代表教师的支持与引导、儿童的不断尝试与探究、家长对儿童的爱与陪伴，以及专家们在幼儿园课程研究中的不断引领。

目前，遇见课程的研究阶段成果对课程建设之路来说尚显不足，但在构建课程的过程中，云岩一幼从一所新建幼儿园走上了蓬勃发展之路，让一些新教师、新的管理者体验到了教育者的乐趣，她们和孩子们一起游戏，一起成长。

在此，要特别感谢在"遇见课程"框架确立中给予本书理论方面引领的云岩区教育局教育发展中心主任卫功立，感谢贵州师范学院教育科学学院学前教育系的各位教师们，是他们在幼儿园教师们彷徨、犹豫、停滞不前的时候，给予了大家不断向前的力量。特别是 2021 年夏天，云岩一幼新增加了御景湾分园和中天花园分园，原副书记、保教主任和部分老师调离幼儿园时，是贵州师范学院的专家鼓励大家将"遇见课程"在两所分园继续实践。正是贵州师范学院的黎平辉、娄小韵等老师的推动，才有了云岩一幼今天的成绩。同时，感谢李建年教授从 2018 年就开始为幼儿园带来了贵州师范学院的年轻教师，她们是陈泽婧、何玉红、李姿雨、王小为，是她们在云岩一幼的教师遇到问题时，用她们渊博的常识、风趣的语言、生动的案例、一对一的交谈、及时的培训，使这些教师得到快速的成长。正是她们夜以继日地付出才有了今天一个个鲜活的案例。此外，还要感谢云岩一幼的"拓荒牛"们，她们是蒲桂华、余和香、张妍、杨静、黄进，是她们在云岩一幼成立之时来到这里，是她们三年多来团结一心，用自己的智慧和坚毅带动大家，让梦想渐渐变为现实；感谢两所分园园长何莹燕和薛丽娟，是她们用热情和对幼教的挚爱，带领着 40 余名教师在 2021 年加入了云岩一幼的实践队伍，让"遇见课程"的教师团队日趋强大，让"遇见课程"进入职业生涯，用自己真诚的心、无私的爱与孩子们打成一片；她们聆听孩子的心声，记录他们的稚嫩话语，拍下一张张记录孩子们成长的珍贵照片，写下一个个孩子游戏、生活中的故事。

在云岩一幼我们遇见了彼此，在相遇中我们渐渐相知，在课程的建设中我们不断成长，希望我们的努力能让所有云岩一幼的孩子们拥有最美好的童年，让教师们在成就儿童的过程中成为更好的自己。同时，期待我们的课程故事能让更多的读者产生共鸣。

蒋鸿雁
2021 年 12 月

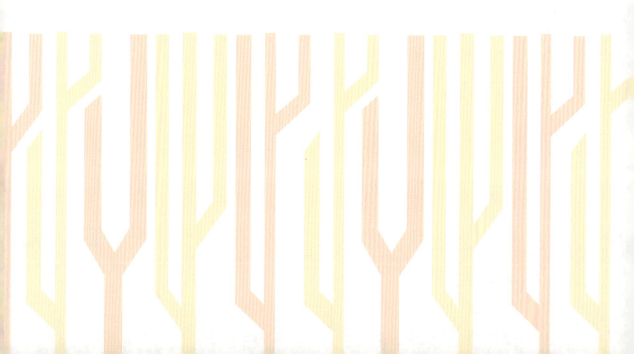

上篇　我们的"遇见"
——遇见课程方案的形成

第一章 成就未来，感恩遇见——云岩一幼课程概述

第一节 思想与行动碰撞的课程背景

一、新建幼儿园引发我们构建课程的思考

2018 年 10 月，一群怀揣幼教梦想的人汇聚在中建华府小区配套幼儿园——贵阳市云岩区第一幼儿园。他们中有刚从学校踏入教师行业的小姑娘，也有从教 30 年的老园长，更值得欣慰的是有一群无私奉献幼教事业的贵州师范学院的教授、专家。这次相聚没有事先的约定、没有刻意的安排，只为一个梦想——办一所高质量的幼儿园，让孩子们在云岩一幼度过最美的童年。

一所高质量的幼儿园意味着要有先进的教育理念、有促进儿童全面发展的培养目标、有适宜的教学内容、有效的教育方式。这一切叠加在一起就是适宜幼儿及园所发展的课程。幼儿园园本课程的探索在我省起步较晚，2012 年《贵州省省级示范幼儿园评估指标》修订后，在贵州省省级示范幼儿园评估中有了评价园本课程的内容，我省许多优质幼儿园从那时起建设幼儿园园本课程。2012 ～ 2017 年，贵州省在省级示范幼儿园评估中，课程成为争议最大的部分，不同的专家、园长有不同的见解。从那时起，作为管理者的我便开始思考，什么是幼儿园园本课程？新建幼儿园该不该有自己的园本课程？在幼儿园建设中如何同步构建适宜的园本课程，促进幼儿园的发展呢？

2017 年 5 月，云岩区教育局开始组建云岩区第一幼儿园领导班子，我与余和香、张妍、杨静、黄进等老师来到了坐落于大营社区中建小区的云岩一幼，从此我们便开始了关于新建幼儿园构建自己园本课程的学习与思考。

2018 年 6 月，贵州师范学院的李建年教授带领学院的年轻教师走进了还是毛坯房的云岩区第一幼儿园，他们的到来无疑给对课程充满了困惑的我们带来了希望和光明。李建年教授给教师介绍安吉游戏以及其产生的背景，讲如何创建儿童游戏场，讲自主游戏中的儿童。我们将这些理念转变为我们创造幼儿园环境的动力和方向。在教授们的指导下我们最大限度地保留了幼儿园的绿地，让草地上的小草作为我们

的课程资源。开辟四楼平台作为孩子们的种植园，希望孩子们在幼儿园能够体验到在春天播种秋天收获的快乐。

2018年10月8日，在大家的期待中云岩一幼开园了，我们迎来了第一批学生，共有96个孩子，开设了三个班，有六名年轻教师。在教授的引领下，我们希望云岩一幼第一批孩子能在幼儿园快乐游戏、幸福生活，希望孩子们三年的幼儿园生活是他们一生中最难忘和最美好的回忆。刚开园教师就迫不及待地尝试如何放开手，让孩子们自主游戏、在游戏中去探索、去发现。贵州师范学院的老师们常与幼儿园教师一起观察儿童的游戏活动，听教师做游戏小结，与教师一起讨论如何支持儿童的游戏活动。倾听教师讲述关于孩子们自主游戏和班本课程生发的故事，而专家的认真倾听让新入职的教师充满了对职业的向往。

由于我园是新建幼儿园，一线教师倾听都是刚入职的聘用教师，平均教龄只有一年，因此教师教学经验不足。年轻的教师对如何组织一日活动、如何选择教学内容、如何组织教学活动、如何支持儿童的游戏等方面充满困惑。我们虽然对自主游戏有了初步的探索和实践，但一日活动不只是自主游戏，还应有运动、生活、学习等内容。一所新建幼儿园应让教师迅速了解幼儿园的教育理念、教学模式、教学内容设置等。只有全体员工及家长达成教育共识，才能让教师和家长心往一处想、劲往一处使。于是，我们认为多方合力构建适合我园的园本课程是快速提升我园教育质量的最好途径。

我们心中有了一个梦想，但谁能助我们圆这个梦呢？我第一时间想到的还是贵州师范学院的教师。请他们为我园教师讲先进的课程理念、讲实施方法、讲课程评价。贵州师范学院老师的支持让我园教师对课程有了最初的框架，也让我园在建园初期就同时有了建设园本课程的勇气。

二、因课程我们相遇，因相遇我们有了"遇见课程"

2018年12月，我园启动了三年规划的同时开展了课程建设工作。我们邀请了贵州师范学院的老师、社区居委会、物业公司、家长代表，他们和全园教师都是孩子们发展的直接或间接的相关者，是我园开展园本课程构建的重要资源。我园聘请他们成为课程开发小组的成员，建立了微信群，固定了课程研究的时间和方式。自此我园的课程在大家的共同参与下拉开了帷幕。

作为管理团队，我们关注的是幼儿园的培养目标，一所幼儿园的培养目标正确与否，直接影响课程的优劣及育人的方向。雅斯贝尔斯在《什么是教育》中认为："教育是人的灵魂的教育，而非理性知识和认识的堆积。"我们征集了家长的意见，了解了家长在培养孩子方面的夙愿，教师则根据国家颁布的《幼儿园教育指导纲要（试行）》《3～6岁儿童学习与发展指南》提炼我园的培养目标。家长是最爱孩子的人，培养什么样的孩子他们应该是第一发言人。我们尊重家长的意见，将调查情况进行整理分类，提炼出涵盖五大领域的培养目标。

2017年，教育部在安吉召开了学前教育宣传月启动会。从建园初我园就组织教师阅读，并寻找自己喜欢的教育理念，教师激动地向大家讲述自己的"最爱"。例如，有的教师说自己最喜欢卢梭的自然教育的思想，因为只有在思想自由、时间自由时才有创造性，才感觉到惬意、舒畅。有的教师则喜欢陶行知的做中学、做中教、做中求进步。有的教师喜欢北欧的孩子们在森林中自由探索，欣赏孩子们在大自然中练就了一身本领。在教师对教育理念的讨论中我们似乎看到了云岩一幼的希望。

在幼儿园教育理念的形成过程中，在学院教师的引领下，我们分析安吉游戏给我们的启示，我们对比新旧教育观的异同，讨论安吉游戏的理念与传统的以教为主的教育观的差异。经过我们的思考和学院专家的指导，我们以"生活化、游戏化、过程化、整合化、经验化、情景化"为初期实践课程的理念。以此"六化"并举去实现我们的培养目标。

目前的新建幼儿园需要建设自己的课程。幼儿园的课程可以让不同的教师和不同的管理者更快地了解一所幼儿园的教育观和教学管理体系。我们想探索一条在新建幼儿园中与之相适应的课程的途径，为更多的新建幼儿园提供建设经验，并将这些理念用课程的形式固化下来，在课程实施的过程中不断地充实和完善幼儿园教育管理体系，让孩子和教师共同成长。

三、遇见课程实施的优势与劣势分析

（一）优势

1.社区功能完善，资源丰富，有利于课程的开发

在本辖区内有政府、医学院、三甲医院、云岩区卫监所、云岩区卫生疾控中心等单位，这些单位对我园的发展都非常有利。其中，中建华府社区有宽敞的广场、良好的绿化环境，幼儿园坐落在小区内，可以依托小区安全、绿化和丰富的社区物质文化资源。小区内有超市、餐厅、理发店、快递站等与幼儿生活相关的课程资源，对幼儿开展社会实践有得天独厚的优势。我园与中建华府居委会、中福物业、中建地产等关系良好，可借社区之力解决我园的具体困难。

2.与贵州师范学院关系良好，有利于确立课程方向，监控实施过程，开展有效评价

2018年以来，我园在建设的过程中，贵州师范学院李建年教授带领五名年轻的教师参与了我园课程初期建设，他们对我园的课程非常关注，对我园的教师也非常了解。由于我园的课程方案尚不成熟，但李建年教授团队坚持每周或间周到园一次关注我园自主游戏的开展，坚持与教师一起观察儿童，观察后参与教师反思和幼儿自评环节，及时知道教师的教育行为，并给予专业的培训，这使我园的课程在实施

与评价环节得到了高质量的保障。

3. 与贵阳幼儿师范高等专科学校长期合作，能有效提高教师的业务水平

贵阳幼儿师范高等专科学校的各院系与我园一直有合作，如幼专的理实一体化研究、美术精品课程的研究都在我园进行，这对于一个年轻的团队来说是机遇，也是挑战。幼儿师范高等专科学校的教师在开发美术精品课程的过程中对我园教师的美术教学能力进行了一次全面的指导，教师在上美术精品示范课的过程中对学科教学技能有了飞速的提高，教师参与撰写的教案的出版对这支队伍来说是一种很好的激励。与高校合作也成了我园一种常态化的提高教学质量的途径。

4. 管理部门支持力度大，有利于课程的持续发展

2017 年，云岩区教育局投入我园 460 万元用于硬件的打造，其中设施设备共投入约 100 万元，开园资金 30 万元。由此看出，我园获得了教育局的大力支持。2019 年，我园又得到市级达标改造项目资金 10 万元，补充了安吉积木厨房设备、室内玩具等游戏玩具，使课程发展得到保障。2020 年得到了 20 万元的拨款，幼儿园发展课程的资金得到了较好的保障。

5. 硬件符合幼儿园建设规范，有利于课程的丰富性、多元性开展

幼儿园建筑有三层，有独立的厨房、双楼梯，楼梯踏步的高度适合幼儿年龄，幼儿园教室与办公室动静分区，班级单元设置为 115 平方米，方便幼儿学习和生活。幼儿园二楼、三楼、四楼各有一个平台，有利于幼儿就近活动，对于人数不多的幼儿来说活动空间充足。幼儿园有音乐教室、游戏室、木工房、泥塑区、阅读区等，基本能满足幼儿的个性发展需要。

6. 我园有一支团结且经验丰富的管理团队

我园虽只有五名管理人员，但五名管理人员具有丰富的幼教经验及管理经验。其中，有贵州省省级示范幼儿园评估专家、贵州省优秀培训者、贵州省特级教师、贵阳市骨干教师、云岩区名园长、名师、区骨干教师等。他们都有在省级示范幼儿园或市级示范幼儿园工作十年以上的经验。这使我园在师资培训、教育教研与课程实施方面具有较大优势。

7. 幼儿园充满爱的氛围，全体员工精诚团结努力向上

幼儿园管理人员与年轻教师打成一片，能主动关心年轻教师的生活、情感，全心全意教年轻教师教育技能，激发她们教育的主动性和积极性。年轻教师好学、勤奋，有较强的学习能力。园长注重民主管理和规范化建设，激发教师的工作主动性，使群体智慧得到充分地发挥，教师间基于工作的合作、分享、交流、互动日益频繁和自觉。两年来，全体员工认同"做最好的自己"的园风和"自主、自律、自信、自由"的办园理念。教师有非常强烈的责任感，自主、自律地投入学习和工作中，有无私奉献的高尚情操，这些都是我园进行课程建设的最好资源。

（二）劣势

1. 幼儿园编制不足，教师队伍不稳定

我园于 2018 年 1 月获得市区编制部门的批示，幼儿园有正式编制 12 个，我园按规模应有编制 21 个，2017 ～ 2020 年我园正式在编教师只有 5 人，其余都是非在编的临聘人员，教师流动性非常大，不利于教师队伍的建设。教师素质的提升、课程的实施会受到人员变动的影响。

2. 一线年轻教师在短期内在教育思想与教育能力方面不能达到较高水平

年轻教师的专业成长不是一朝一夕就能成功的，她们需要不断地实践和反思，加之我园开展的课程研究与传统的备课、上课有本质上的不同，更需要教师通过自己的观察、判断去支持幼儿的发展，这需要更多的历练。

3. 教育管理人员经验缺乏，对课程的认识不足，教育观念有待更新

我园是新园，幼儿园的两名保教主任虽有十多年的一线教育教学经验，但缺乏教育管理方面的经验。目前，我园所有教师都是临聘人员，流动性大，管理人员刚培训好能顺利开展工作的教师又突然离职，这种情况也让幼儿园的教学管理工作显得比较混乱。

第二节 课程理念——"六化"并举，做最好的自己

一、遇见课程理念

遇见课程的理念是"六化"并举，让幼儿自己学，自己探索，自己去提出问题，自己去解决问题，成为身体棒、习惯好、爱探究、善表达、爱祖国的现代中国娃。

"六化"指游戏化、生活化、情景化、经验化、整合化、过程化。在课程实施过程中，我们将"六化"交融互通，共同融入日常思想与行为中。

1. 游戏化

尊重游戏。幼儿的特点决定了课程的特点，幼儿园形成尊重幼儿游戏的价值观。遇见课程以游戏为主要手段，创设真实或拟真的情境，让幼儿在与环境和材料的互动中探索、发现问题，尝试解决问题。

2. 生活化

关注生活。幼儿在幼儿园里学习，也在幼儿园里生活。生活态度是具体的、现实的、联系的和充满情感的。幼儿园教育就是教师与幼儿的共同生活，生活的态度就是爱、关怀和热情，亲近自然和社会，将生活和学习进行融合和渗透，不断发现和解决现实生活中的问题，在解决问题的过程中感悟生活，获得经验，体验成功。

对于遇见课程而言，最好的教育内容就是来源于幼儿的生活，同时这种生活是完整的，而不是零散的，并渗透着幼儿内心的真实情感。

3.情景化

创设情境。真实的情境是课程参与者为了让幼儿更有效地获得知识经验，掌握技能技巧、发展情绪情感所设置的与真实生活环境相似或相同的学习环境，是对真实生活场景的模拟或再现。这种情境是完整的，它不仅是幼儿生活中某个场景的片段，还是完整场景的模拟或再现；这种情境是充满探究性的，幼儿在其中能不断发现问题，并能在解决问题的过程中加深对真实生活的了解，从而丰富其自身的经验；这种情境是充满挑战性的，适合不同经验层次的幼儿学习；这种情境是互动的，幼儿在情境中可以与教师、同伴、材料，甚至与家长、社区人员互动。

4.经验化

丰富经验。经验对于幼儿的学习和发展具有重要意义，行为遗传学、分子遗传学和脑发展科学等都表明，经验和脑成长的交互作用为幼儿的发展提供了动力。神经生理学描绘了经验通过产生和修删塑造大脑结构的过程。早期经验在基因上留下的化学痕迹决定了基因如何表达，经验与环境交互作用的结果会导致大脑结构朝不同方向发展变化。其中，有一些对促进幼儿进一步发展具有关键作用的经验，让幼儿在主动获取关键经验中学习。

5.过程化

注重过程。幼儿的学习是一个主动投入的探索、发现、交往和表达的过程。引发真正地、深入地学习才是有效的课程实践。说教和灌输不是合理的学习方式，要从幼儿的需要和兴趣出发，引导幼儿进行自发的、持续的学习活动，让他们在探究、体验、思考和表达的过程中，不断积累新的经验。在过程中学习，在过程中进步，在过程中评价，在过程中改进。

6.整合化

科学整合。遇见课程认为幼儿发展是整体的，现实生活是整体的，幼儿的生存环境也是整体的，幼儿园课程必须是整体的和相互联系的，要完整地、系统地、整合地规划幼儿园课程，关注不同发展领域的相互联系，关注主题中不同活动的联系，关注不同主题之间的联系，关注不同的课程资源之间的相互关系，关注不同层次活动之间的相互关系，关注多样化的活动，将集体活动、区域活动和日常活动有机统一起来，使幼儿园课程从不同方面为幼儿积累相互联系的经验。

我们的理念来自多元文化的融合。幼儿园面对的是一个越来越多元的社会，这也使得幼儿园教育面临着多元文化的冲击。在这种情况下，遇见课程融合、统整了多种教育理念，尊重文化的差异性，以促进儿童在真实的生活中自由、健康地成长为价值追求，以师生共同成长为发展观，在多元文化的融合下不断向前发展。我们的理念与行动是紧密结合的，它来自行动，并在行动中不断发展，这些理念并不代表课程研究已经走到了终点，而只代表一个阶段，在课程实践与教师的思想与行为中会继续得到印证、拓展和升华。

二、遇见课程理念的依据

为了办一所高质量的幼儿园，2017年我园还未开园前就组织全体教师学习了陈鹤琴的"活"教育思想，教师认同让幼儿走进自然、走向生活、走近社会，整合多方面的教育内容，促进幼儿全面发展。教师在学习中还喜欢卢梭的自然教育思想，从幼儿的天性出发，让幼儿在自然环境中获得真实的体验。我国伟大的教育家陶行知的生活即教育思想，关注幼儿真实的生活体验与幼儿真实经验的获得，强调幼儿在操作中学习，在活动中生长，在生活中求知。我们还借鉴蒙台梭利注重为幼儿创设"有准备的环境"，创建有秩序、美观、能够丰富幼儿经验、促进幼儿自由探索、促进幼儿发展的学习与生活场所。我们融合了杜威的进步主义思想，强调幼儿的兴趣与需要，让幼儿在做中学，在做中成长。我们借鉴了维果斯基的最近发展区理论，借鉴了美国华生等为代表的行为主义学派的理论：环境是影响儿童行为与发展的重要因素，人的大部分行为是后天习得的，是个人经验的产物；儿童的行为与发展具有可塑性和可控性，可以通过外部因素的影响来塑造与修正儿童的行为。我们也高度认同瑞士的皮亚杰等为代表的认知发展学派研究成果，认为幼儿是主动的学习者，活动是经验的来源……现代著名教育家顾明远提出："现代化的教育过程中，教育是终身和全时空的。"教育的现代化要求教育不能局限在学校这一狭小范围之内，它包括了学校与家庭、学校与社会、学校与生产的结合，体现的是教育对人生存发展全局性的影响。顾明远认为，教育的未来应该是从"教"到"学"的转变，"让学生自己学，自己去探索，自己去提出问题，自己去解决问题，这样才能够创新的世界，才能培养他们创新的能力"。

两年多来我园教师从未间断过对课程理论的学习、认识，随着我们对各种经典教育思想与教育理念的学习与内化，遇见课程理论基础变得更加扎实与深厚。

三、遇见课程的特点

遇见课程的特点是真实自然的、开放共赢的、随机变化的。

（一）遇见课程是真实自然的

课程的参与者在课程中投入了真实的情感，关注幼儿真实的生活和发展中真正需要解决的问题，为幼儿的学习、游戏创设真实的情境。参与者与幼儿一起做真研究，让幼儿进入真实、可信的世界，共同解决真实的问题，获得真实的经验，共同成长为"行知一体，知、情、行均衡发展"的真实的人。课程参与者应崇敬自然，关注自然赋予人的生命的力量，为幼儿创造积极的、宁静的、和美的生活环境，有效地促进幼儿的发展。这意味着我们关注幼儿真实的生活、创设真实的游戏情景、投入真实的情感、发现真实的问题、在解决真问题中师生共同成长。

（二）遇见课程是开放共赢的

遇见课程的发展是全员共同参与和提升的过程。教职工、幼儿、家长、院校、社区乃至其他社会团体人员都是课程发展的建设者、合作者和受益者。参与者以开放的心态、创新的思维、开阔的视野平等地参与课程建设，我们将通过开阔的视角审视课程研究的全过程，从而促进课程的不断发展和完善。这意味着参与的主体是多元的、参与的过程是有实效的、参与的方式是多样的、参与者的身份是平等的、参与的资源是丰富的、参与的结果是共赢的。

（三）遇见课程是随机变化的

儿童的游戏与学习是感性的、丰富的、多变的，甚至是不可预见的。幼儿园为儿童提供活动情景、游戏场地、活动材料，营造良好的心理氛围，有利于引发儿童主动学习与探索，教师在真实的情境中研究和反思，为儿童多变的学习方式提供更有力的支持。幼儿的学习决定了教师教的目标、教的内容、教的方式、教的策略，也决定了其他课程参与者的功能。幼儿在课程中探索发现、实践操作、互动交流等活动的效果，直接影响了幼儿知识技能、情绪情感的发展，影响了其他参与主体的功能发挥，也影响了遇见课程实施活动的整体效果和深入开展。这意味着幼儿园的环境是丰富的、多元的、变化的、支持的、建构的，教师是感性的、民主的、关爱的、智慧的。

第三节　不同的你，同样精彩——"遇见课程"参与人员的角色定位

一、"遇见课程"中的儿童

儿童是自然的人，他们有幻想、有热情、有智慧，他们天生好奇，有强烈的求知欲，同情与善良是他们的禀赋，他们充满率性与纯真。

儿童是独立的个体，有独立的人格，有和成人同样的基本权益。教育者需要在和平、尊重、宽容、自由、平等的精神下，抚育他们成长。

儿童是主动学习者，他们对世界充满兴趣，他们渴求知识，是天生的探究者、发现者，他们是学习的主人。他们的思想不是成人灌输的，而是他们自己构建的。

儿童是天生的创造者，正如马拉古兹在《其实有一百》中所表达的思想："儿童有一百种表达思想的方式"

二、"遇见课程"中的教师

顾明远说："师德的最高境界不在那些上纲上线的条条框框里，也不在那些歌功颂德的豪言壮语中，它就存在于教师对待职业的朴素态度以及平日对待学生的一言一行、一举一动中。"教师应该为儿童创设宽松、自由、适合儿童身心发展的学习和生活情境，尊重每一名儿童的人格及内在需要，关注他们的观点想法，发现他们的闪光点。以儿童自主探究为课程的灵魂，以儿童兴趣和问题作为课程发展的导向，以学定教，激励儿童在自主探究中进行知识建构。

在遇见课程中儿童与教师的关系就像同行的人，教师时而走在儿童前面作引路人，时而走在旁边作同行人，时而走在后面当关注人、研究者。遇见课程要求教师以高度的热情、富有创造力的发现，通过语言、环境、材料等多种方式，调动其他参与人员的有效参与。

三、"遇见课程"中的家长

幼儿是学习主体，教师是引导主体，家长是支持主体。家长既是幼儿的基本教育者，又是课程建构的重要教育资源。在遇见课程中，家长一方面为课程的实施提供信息与材料，另一方面也可以参与到课程实施的过程中并提出建议。因此，家长既可以在课程中为活动开展提供支持和建议，又可以与幼儿共同进入活动现场，了解活动进程，还可以直接参加活动的设计，充分了解课程活动价值，并参与课程的评价。

四、"遇见课程"中的院校专家

专家是引领课程发展航向的灯塔。他们观察幼儿园的儿童、教师的互动情况、分析幼儿园的环境对课程发展的作用，引领幼儿园如何去发展好课程。在教师最需要的时候为教师答疑解惑，为下一步工作指出明确而具体的方向。

五、"遇见课程"中的社区人员

社区人员最了解我园孩子和社区全部家庭的情况，也掌握着丰富的信息资源，社区同志可以在课程活动中为其他参与主体提供场地、人员、技术、信息上的帮助，在大型活动和社会性活动中发挥重要作用。例如，消防活动、民间艺术、大型活动、节日活动等。

对我园来说课程不只是文本课程，教师和幼儿不是被动地接受它，而是在不断解读、丰富和创造它，从而形成自己的意义。我园的课程观是"时时有教育、处处有课程、人人有成长"。我园把课程看作是一种动态生成的过程，它建立在非线性、建构性的思维方式的基础上。

我园不是完全否定传统的课程目标模式，我们将一些不容易在生成课程中获得的经验以线性的、循序渐进的、精心设计的教学方式进行教学，如数量关系、音乐素养、优美的儿童文学等方面，应本着以上原则以传统的集体教育、小组教育、规划性游戏等形式进行教学，全面促进儿童在各方面的发展。

第四节　"遇见课程"目标体系

一、"遇见课程"总目标

（1）目标来源。2018 年 12 月，我园成立课程编制小组，开展课程编制，向家长和教师发放了 118 份问卷，对家长和教师想培养什么样的儿童进行了调查了解。最终对问卷中表现最为突出的：培养身体健康、有礼貌、有良好的习惯等进行了整合，在召开了幼儿园课程编制会议讨论后形成了我园的培养目标。

（2）培养目标：遇见课程以培养"身体棒、习惯好、爱探索、善表达、爱祖国的中国娃"为目标。依据遇见课程理念，在实施中关注儿童的生活态度和生活能力的培养，关注儿童创造性的发展，关注各领域之间的整合与渗透，形成了课程总目标—重点目标—分领域目标—年龄段目标的四级目标体系。

二、"遇见课程"目标框架图

（1）根据我园培养目标，结合《幼儿园教育指导纲要（试行）》《3～6 岁儿童学习与发展指南》分解出以下目标框架（如图 1-1 所示）。

图1-1 培养目标分解框架图

（2）形成遇见课程总目标：健康乐观，独立乐群，亲近自然，自主乐学，自由创新，敢于表现，热爱祖国，和谐发展的现代中国娃。

三、培养目标与课程目标对应关系及课程内容

培养目标与课程目标对应关系及课程内容如表1-1所示。

表1-1 培养目标与课程目标对应关系及课程内容

一级目标	二级目标	三级目标		四级目标	实施途径
身体棒	体质好	1.具有强健的体魄。2.情绪稳定、愉快。	小班	1.情绪比较稳定，很少因一点小事哭闹不止。 2.有比较强烈的情绪反应时，能在成人的安抚下逐渐平静下来。	饮食多样化 养成进餐好习惯 生活有规律 科学运动 家园配合 营造良好心理环境 树立榜样
			中班	1.经常保持愉快的情绪，不高兴时能较快缓解。 2.有比较强烈的情绪反应时，能在成人的提醒下逐渐平静。 3.喜欢参加体育运动。 4.不偏食、挑食、暴饮暴食，喜欢吃瓜果、蔬菜等新鲜食品。	
			大班	1.经常保持愉快的情绪。知道引起自己消极情绪的原因，并能努力化解。 2.表达情绪的方式适度，不乱发脾气。 3.能随着活动的需要较快地转换情绪和注意力。	

一级目标	二级目标	三级目标	四级目标		实施途径
身体棒	体态美	1.具有健康的体态。2.动作协调、灵活。3.能保持正确的站、坐和行走姿势。	小班	1. 在提醒下能自然坐直、站直。 站：自然、舒适，无八字脚、罗圈腿、驼背等。 坐：自然、舒适，写画时双脚能自然着地，大腿基本保持水平，身体能坐直，不驼背、不耸肩等。 走：动作放松、自然，上体保持正直；有合理而稳定的节奏，步幅适中，步频适度；两脚落地要轻，脚尖稍向正前方，避免"内八字"步或"外八字"步；两臂适度地前后自然摆动；在集体走步时，学会保持前后适宜的距离。 2. 身高和体重适宜。 身高 男生：94.9～111.7厘米，女生：94.1～111.3厘米 体重 男生：12.7～21.2公斤，女生：12～19.5公斤	开展晨间韵律活动 日常生活中养成教育 节日表演 小舞台活动 社团活动 体格监测 体育锻炼 晨会舞蹈
			中班	1. 身高体重适宜。 身高 男生：100.7～119.2厘米，女生：99.9～118.9厘米 体重 男生：14.1～24.2公斤，女生：13.7～24.9公斤 2. 在提醒下能保持正确的站、坐和行走的姿势。 站：自然、舒适，无八字脚、罗圈腿、驼背等。 坐：自然、舒适，写画时双脚能自然着地、大腿基本保持水平，身体能坐直，不驼背、不耸肩等。 走：动作放松、自然，上体保持正直；有合理而稳定的节奏，步幅适中，步频适度；两脚落地要轻，脚尖稍向正前方，避免"内八字"步或"外八字"步；两臂适度地前后自然摆动；在集体走步时，学会保持前后适宜的距离。	
			大班	1. 身高和体重适宜。 身高 男生：106.1～125.8厘米，女生：104.9～125.4厘米 体重 男生：15.9～27.1公斤，女生：15.3～27.8公斤 2. 经常保持正确的站、坐和行走姿势。 站：自然、舒适，无八字脚、罗圈腿、驼背等。 坐：自然、舒适，写画时双脚能自然着地、大腿基本保持水平，身体能坐直，不驼背、不耸肩等。 走：动作放松、自然，上体保持正直；有合理而稳定的节奏，步幅适中，步频适度；两脚落地要轻，脚尖稍向正前方，避免"内八字"步或"外八字"步；两臂适度地前后自然摆动；在集体走步时，学会保持前后适宜的距离。 3. 学习并练习正确的握笔姿势。 4. 能够手脚一致地跟着音乐做操。	
身体棒	适环境	具有一定的适应能力。	小班	1. 能在较热或较冷的户外环境中活动。 2. 换新环境时情绪能较快稳定，睡眠、饮食基本正常。 3. 在教师帮助下能较快地适应集体生活，对群体活动感兴趣。 4. 对幼儿园的生活好奇，喜欢上幼儿园。	坚持四季运动 开展沙水游戏 加强社区联动 外出参观 畅游日 环境清洁 卫生消毒 家园合作
			中班	1. 喜欢和小朋友一起游戏，有经常一起玩的小伙伴。 2. 喜欢和长辈交谈，有事愿意告诉长辈。 3. 愿意并主动参加群体活动。 4. 愿意与家长一起参加社区的一些群体活动。 5. 会运用介绍自己、交换玩具等简单技巧加入同伴游戏。 6. 活动时愿意接受同伴的意见和建议。 7. 喜欢幼儿园和自己所在的班级，积极参加集体活动。 8. 能在较热或较冷的户外环境中持续活动半个小时左右。 9. 换新环境时较少出现身体不适。 10. 能适应人际环境中发生的变化。	

续 表

一级目标	二级目标	三级目标		四级目标	实施途径
身体棒	适环境	具有一定的适应能力。	大班	1. 能在较热或较冷的户外环境中持续活动不少于半小时。 2. 天气变化时较少感冒，能适应车、船等交通工具造成的轻微颠簸。 3. 能较快融入新的人际关系环境，如换了新的幼儿园或班级能较快适应。 4. 在群体活动中感到积极、快乐。 5. 对小学生活有好奇心，充满向往。 6. 知道小学生与幼儿园的不同。 7. 对小学生活产生向往，萌发成为小学生的想法。	坚持四季运动 开展沙水游戏 加强社区联动 外出参观 畅游日 环境清洁 卫生消毒 家园合作
身体棒	善运动	1. 喜欢参加体育活动。 2. 具有一定的平衡能力，动作协调、灵敏。 3. 具有一定的力量和耐力。手的动作灵活协调。	小班	1. 能沿地面直线或在较窄的物体上走一段距离，能双脚灵活交替上下楼梯。 2. 能身体平稳地双脚连续向前跳。 3. 分散跑时能躲避其他人的碰撞。 4. 能双手向上抛球。 5. 能双手抓杠悬空10秒左右。 6. 能单手将沙包向前投掷2米左右。 7. 能单脚连续向前跳2米左右。 8. 能快跑15米左右。 9. 能行走1公里左右（途中可适当停歇）。 10. 能用笔涂涂画画。 11. 能熟练地用勺子吃饭。 12. 能用剪刀沿直线剪，边线基本吻合。	提供丰富的运动器械 晨间运动 自主游戏 自选体育活动 专项训练 体育课 运动会 社区广场骑车、散步
			中班	1. 能在较窄的地或物体上平稳地走一段距离。 2. 能以匍匐、膝盖悬空等方式钻爬。 3. 能助跑跨跳过一定距离或助跑跨跳过一定高度的物体。 4. 能连续自抛自接球。 5. 能与他人玩追逐、闪躲跑的游戏。 6. 能双手抓虚杠悬空吊起15秒左右。 7. 能单手将沙包向前投掷4米左右。 8. 能单脚连续向前跳5米左右。 9. 能快跑20米左右。 10. 能连续行走1.5千米左右（途中可适当停歇）。 11. 能沿边线较直地画出简单图形或沿边线基本对齐地折纸。 12. 会用筷子。 13. 能沿轮廓线剪出由直线构成的简单图形，边线吻合。	
			大班	1. 能在斜坡、荡桥和有一定间隔的物体上较平稳地走。 2. 能以手脚并用的方式安全地爬攀登架、网等。 3. 能连续跳绳。 4. 能躲避他人滚过来的球或扔过来的沙包。 5. 能连续拍球。 6. 能双手抓杠悬空吊起20秒左右。 7. 能单手将沙包向前投掷5米左右。 8. 能单脚连续向前跳8米左右。 9. 能快跑25米左右。 10. 能连续行走1.5千米以上（途中可适当停歇）。 11. 能根据需要画出图形，线条基本平滑。 12. 能熟练使用筷子。 13. 能沿轮廓线剪出由曲线构成的简单图形，边线吻合且平滑。 14. 能使用简单的劳动工具或用具。	

续 表

一级目标	二级目标	三级目标	四级目标		实施途径
身体棒	懂安全	1.知道必要的安全保健常识。 2.能遵守游戏和公共场所的规则。	小班	1. 能遵守游戏和公共场所的规则。 2. 认识常见的安全标志，能遵守安全规则。 3. 知晓粗浅的生活、交通等方面的安全知识。 4. 知道玩水时需要有大人的陪伴才能玩。 5. 知道夏天吃冰淇淋不能多吃，使用空调、电扇时要保持距离。 6. 了解各种食物的注意事项，学会正确进食的方法。 7. 知道晒太阳既有好处也有坏处，不长时间站在太阳下玩耍、暴晒。	晨会 日常生活中 专题教育 演练 随机教育 晨检 环境创设 家长培训
			中班	1. 感受规则的意义，并能遵守基本规则。 2. 知道在公共场合不远离成人的视线单独活动。 3. 认识常见的安全标志，能遵守安全规则。 4. 不吃陌生人给的东西，不跟陌生人走。 5. 未经大人允许不给陌生人开门。 6. 能自觉遵守基本的安全规则和交通规则。 7. 知道火灾逃生的基础知识。 8. 学会如何识别毒蘑菇及中毒后的应急处理。 9. 了解蘑菇中毒事件及其发生的原因。 10. 在传染病流行期间能在公共场所戴口罩。	
			大班	1. 能自觉遵守基本的安全规则和交通规则。 2. 运动时能避免给他人造成危险。 3. 知道一些基本的防灾知识。 4. 在传染病流行期间能在公共场所戴口罩，自己生病能自觉戴口罩出门。	
身体棒	会自护	具备自我保护的知识和能力。	小班	1. 知晓并能运用简单的求助方式和自我保护的方法，能躲避危险。 2. 不吃陌生人给的东西，不跟陌生人走。 3. 在提醒下能注意安全，不做危险的事。 4. 在公共场所走失时，能向警察或有关人员说出自己和家长的名字、电话号码等简单信息。 5. 熟悉身体主要部位的位置和名称。 6. 了解游戏中保护手和脚的一些方法。 7. 知道预防蚊虫叮咬的方法。 8. 知道简单的防晒方法。	安全课堂 家长义工课堂 演练 日常教育 随机教育 游戏中培养 外出活动
			中班	1. 运动时能主动躲避危险。 2. 知道简单的求助方法。 3. 在公共场合走失时，能向警察或有关人员说出自己和家长的名字、电话号码等简单信息。 4. 儿童运动时能注意安全，不给他人造成危害。 5. 能主动洗手、戴口罩进行传染病防控。	
			大班	1. 未经大人允许不给陌生人开门。 2. 在户外运动时，能够检查运动材料是否安全。 3. 受伤后能够第一时间寻求他人帮助。 4. 学习防震知识，知道地震来时如何保护自己。 5. 在奔跑的过程中能够观察周围是否有人。 6. 成人不在时，不独自外出、游泳。 7. 能够记住父母的电话号码。 8. 走失后，知道向警察寻求帮助。 9. 能主动洗手、戴口罩进行传染病防控。	

续 表

一级目标	二级目标	三级目标	四级目标		实施途径
习惯好	有礼貌	1.具有文明的语言习惯。 2.对人有礼貌。	小班	1. 与别人讲话时知道眼睛要看着对方。 2. 说话自然，声音大小适中。 3. 能在成人的提醒下使用恰当的礼貌用语。	日常教育 家园合作
			中班	1.别人对自己讲话时能回应。 2.能根据场合调节自己说话声音的大小。 3.能主动使用礼貌用语不说脏话，粗话。 4.会用礼貌的方式向长辈表达自己的要求和想法。 5.能主动使用礼貌用语。 6.注意谈话对象之间的轮流，不插话、不抢话。	
			大班	1.别人讲话时能积极主动地回应。 2.能根据谈话对象和需要，调整说话的语气。 3.懂得按次序轮流讲话，不随意打断别人。 4.能依据所处情境使用恰当的语言，如在别人难过时会用恰当的语言表示安慰。	
习惯好	讲卫生	1.具有良好的生活与卫生习惯。 2.知道在公共环境要讲卫生。	小班	1. 在成人提醒下，按时睡觉和起床，并能坚持午睡。 2. 在成人引导下可用勺子，不偏食、不挑食、不暴饮暴食。喜欢吃瓜果、蔬菜等新鲜食品。 3. 不用脏手揉眼睛，连续看电视不超过15分钟。 4. 愿意饮用白开水，不贪喝饮料。 5. 在成人提醒下，每天早晚刷牙，饭前便后洗手。 6. 知道打喷嚏时要用手或纸巾捂住口鼻。 7. 按正确步骤洗手。	日常教育 家园配合 划分幼儿劳动责任区 一周一次劳动日 班级值日生
			中班	1.每天早晚刷牙，饭前便后洗手方法基本正确。 2.不偏食、不挑食、不暴饮暴食。喜欢吃瓜果、蔬菜等新鲜食品。 3.常喝白开水，不贪喝饮料。 4.知道保护眼睛，不在光线过强、过暗的地方看书；连续看电视不超过20分钟。 5.每天按时睡觉、起床，并能坚持午睡。	
			大班	1.养成每天按时睡觉和起床的习惯。 2.吃东西时细嚼慢咽。 3.主动饮用白开水，不贪喝饮料。 4.主动保护眼睛。不在光线过强或过暗的地方看书，连续看电视不超过30分钟。 5.每天早晚主动刷牙，饭前便后主动洗手，方法正确。 6.保持正确坐姿看书。 7.不用手揉眼睛。	

续 表

一级目标	二级目标	三级目标	四级目标		实施途径
习惯好	会自理	1.具有基本的生活自理能力。2.有自我服务和为他人服务的意识与习惯。	小班	1.在成人帮助下能穿脱衣服或鞋袜。2.能将玩具和图书放回原位。3.喜欢承担一些小任务。4.在成人提醒下能做到不打扰别人。5.自己能做的事情愿意自己做。6.愿意为小朋友、班级、幼儿园做力所能及的事情。	家园配合养成良好的习惯
			中班	1.能自己穿脱衣服、鞋袜、扣纽扣。2.能整理自己的物品。3.自己的事情尽量自己做，不愿意依赖别人。4.能用纸巾或毛巾擦嘴或鼻涕。5.能注意到别人的情绪，并有关心、体贴的表现。6.能承担值日生工作。7.能积极主动地为小朋友、班级、幼儿园做力所能及的事情。	
			大班	1.饭前便后能主动洗手，方法正确。2.能自己穿脱衣服、鞋袜、扣纽扣。3.能整理自己的寝具和物品。4.能根据冷热增减衣服。5.会自己系鞋带。6.能按类别整理好自己的物品。7.打餐时能根据自己的需要打餐、避免浪费。	
习惯好	能自律	遵守基本的行为规范。	小班	1.能根据自己的兴趣选择游戏或其他活动。2.喜欢承担一些小任务。3.在成人提醒下爱护玩具和其他物品。4.为自己的好行为或活动成果感到高兴。5.自己能做的事情愿意自己做。6.知道不经允许不能拿别人的东西，借别人的东西要归还。	日常生活自主游戏种植活动养殖活动
			中班	1.知道说谎是不对的。2.知道接受了的任务要努力地完成。3.自己的事情尽量自己做，不依赖别人。4.认真负责地完成自己的任务。5.不私自拿不属于自己的东西。6.在集体中能注意听教师或他人讲话。	
			大班	1.爱惜物品，用别人的东西时也知道爱护。2.做了错事敢于承认，不说谎。3.他人有需要时，能主动帮助他人。4.拿了别人的物品能够主动告知并归还。5.能够完成自己的值日内容。	
习惯好	守规则	1.有一定的坚持性和责任感，知道做事有始有终。2喜欢承担一些力所能及的事。	小班	1.能遵守规则，感受和理解规则的意义。2.理解并遵守日常生活中基本的社会行为规则。3.在成人提醒下，能遵守游戏和公共场所的规则。4.知道每个游玩的场所所应该遵守什么样的规则。	日常生活自主游戏家园配合随机教育区域活动
			中班	1.理解并遵守日常生活中基本的社会行为规则。2.对生活中常见安全标识、符号感兴趣，知道它们所表示的意义。3.感受规则的意义，并能基本遵守规则。	
			大班	1.理解规则的意义，能与同伴协商制定游戏和活动规则。2.能认真负责地完成自己所接受的任务。3.爱护身边的环境资源，不乱摘花木。4.理解并遵守交通规则。	

续　表

一级 目标	二级 目标	三级 目标	四级目标		实施途径
习惯好	有爱心	关心、尊重他人。 爱自己，爱他人，爱集体。	小班	1. 爱护图书，不乱撕、乱扔。 2. 对大家都喜欢的东西能轮流、分享。 3. 爱父母长辈、教师和同伴，爱集体。 4. 爱护动植物，关心周围环境，亲近大自然，珍惜自然资源，有初步的环保意识。 5. 长辈讲话时能认真听，并能听从长辈的要求。 6. 身边的人生病或不开心时表示同情。 7. 在成人提醒下能做到不打扰别人。	
			中班	1.5～6岁儿童知道自己的民族，知道中国是一个多民族的大家庭，各民族之间要互相尊重，团结友爱。 2. 认识国旗、国歌，了解升国旗、奏国歌的礼仪，爱祖国。 3. 喜欢自己所在的幼儿园和班级，积极参加集体活动。 4. 能注意到别人的情绪，并有关心、体贴的表现。 5. 能说出自己家所在地的省、市、县（区）名称，知道当地有代表性的物产和景观。 6. 知道父母的职业，能体会到父母为养育自己所付出的辛劳。 7. 激发幼儿对家庭、家人的爱。	
			大班	1. 愿意为集体做事，为集体的成绩感到高兴。 2. 能感受到家乡的发展变化并为此感到高兴。 3. 知道自己的民族，知道中国是一个多民族的大家庭，各民族之间要互相尊重，团结友爱。 4. 知道国家的一些重大成就，爱祖国，为自己是中国人感到自豪。 5. 接纳、尊重与自己的生活方式或习惯不同的人。	
爱探究	亲近自然	1. 能亲近自然。 2. 对自然现象感兴趣。	小班	1. 喜欢接触大自然，对周围的事物和现象感兴趣。 2. 喜欢观看花草树木、日月星空、季节变化等自然现象。 3. 会主动给植物浇水。 4. 爱护花草树木，不摘花。	畅游日 家园合作 日常生活 种植活动
			中班	1. 能感知和发现动植物的生长变化及基本条件。 2. 在欣赏自然界和生活环境中美的事物时，关注其色彩、形态等特征。 3. 能初步感受并喜爱环境、生活和艺术中的美。 4. 了解一两种植物的外形、营养价值与食用方法。 5. 认识并种植一两种植物。 6. 能通过游戏了解一些自然现象。 7. 能够到户外环境中，聆听大自然的声音。	
			大班	1. 感知并了解季节变换的周期性，知道变化的顺序。 2. 了解两三种植物的生长情况，观察其成长中的变化。 3. 了解一两种蔬菜的不同品种，知道一些菜的加工方法，了解蔬菜的作用，喜欢吃蔬菜。 4. 喜欢种植，知道两三种不同的种植方式，并能主动照料植物。 5. 能观察自然界中的一两种动物的生活习性，能照顾小动物，主动关心小动物。 6. 愿意在冷天外出。	

一级目标	二级目标	三级目标	四级目标		实施途径
爱探究	爱环境	1.初步了解人与自然的关系。 2.能节约资源，不浪费。 3.爱护动植物。	小班	1.爱护动植物，关心周围环境，珍惜自然资源，有初步的环保意识。 2.初步了解人们的生活与自然环境的密切关系，知道尊重和珍惜生命，保护环境。	畅游日 家园配合 日常生活 社区互动
			中班	1.能感知和发现不同季节的特点，体验季节对动植物和人的影响。 2.在成人提醒下，能节约粮食、水电等。 3.爱护动植物，关心周围环境，亲近大自然，珍惜自然资源，有初步的环保意识。 4.了解三种动物的生活习性。	
			大班	1.初步了解人们的生活与自然环境的密切关系，知道尊重和珍惜生命的具体方式。 2.能察觉到动植物的外形特征、习性与生存环境的适应关系。 3.爱护身边环境，注意节约资源。 4.能主动给植物浇水、换水，记录植物生长情况。	
爱探究	善观察	1.有观察的兴趣。 2.有观察的习惯。 3.会观察的方法。 4.能较持续地观察事物。 5.喜欢阅读，坚持阅读。	小班	1.对感兴趣的事物进行观察，发现其明显特征。 2.能对事物或现象进行观察比较，发现两种物体的不同。 3.认识常见的动植物，能注意并发现周围的动植物是多种多样的。 4.能感知和发现物体和材料的软硬、光滑、粗糙等特性。 5.能感知和发现动植物的生长变化及其基本条件。 6.能感知和发现不同季节的特点，体验季节对动植物和人的影响。 7.能感知和体验天气对自己生活和活动的影响。 8.主动要求成人讲故事、读书。 9.会看画面，能根据画面说出图中有什么、发生了什么事。 10.了解常见食物的基本形状、颜色等。 11.知道物体在阳光的照射下会出现影子。 12.观察发现颜料放入水中，水会变色。	日常生活观察 教学活动 自主游戏 种植活动 养殖活动 阅读活动
			中班	1.能对事物或现象进行观察比较，发现其相同与不同。 2.能根据观察结果提出问题，并大胆猜测答案。 3.能感知和发现动植物的生长变化及其基本条件。 4.能感知和发现常见材料的溶解、传热等性质、用途。 5.能感知和发现简单物理现象，如物体形态、位置变化等。 6.能感知和发现不同季节的特点，体验季节对动植物和人的影响。 7.能感知物体的形态结构特征，画出或拼搭出该物体的造型。 8.能够专心观看自己喜欢的文艺演出或艺术品。 9.欣赏艺术作品时会产生相应的联想和情绪。 10.能根据连续画面提供的信息，大致说出故事情节。 11.对生活中常见的标识、符号感兴趣，知道它们所表示的意义。 12.反复看自己喜欢的书，说出书中的主要内容。	
			大班	1.能通过比较和分析，发现并描述不同种类物体的特征或某个事物前后的变化。 2.能发现事物简单的排列规律，并尝试创造新的排列规律。 3.能发现生活中许多问题都可以用数学的方法来进行解决，体验解决问题的乐趣。 4.能感受到家乡的变化并为此感到高兴。 5.能发现常见物品的结构与功能之间的关系。 6.能探索并发现常见的物理现象产生的条件或影响因素，如影子、沉浮等。 7.能够细致地观察，知道物品从不同的角度观察的结果是不一样的。	

一级目标	二级目标	三级目标	四级目标		实施途径
爱探究	爱发问	1.有好奇心和学习的兴趣。 2.对周围自然环境、社会环境中的事物好奇、好问。 3.能感知生活中数学的有用和有趣。 4.感知和理解数、量及数量关系。 5.感知形状与空间关系。	小班	1.对周围的事物、现象感兴趣，有好奇心和求知欲。 2.经常问各种问题，或好奇地摆弄物品。 3.对感兴趣的事物能仔细观察，发现其明显特征。 4.能用多种感官或动作去探索物体，关注动作所产生的结果。 5.感知和发现周围物体的形状是多种多样的，对不同的形状感兴趣。 6.体验和发现生活中很多地方都用到数。 7.能感知和区分物体的大小、多少等量方面的特点，并能用相应的词表示。 8.能通过一一对应的方法比较两组物体的多少。 9.能手口一致地点数5个以内的物体，并能说出总数，能按数取物。 10.能用数词描述事物或动作，例如，我有4本图书。 11.能注意物体较明显的形状特征，并能用自己的语言描述。 12.能感知物体基本的空间位置与方位，理解上下、前后、里外等方位词。 13.在数量比较中了解数字大表示数量多，数字小表示数量少，理解数的实际意义。 14.初步建立序数概念，知道序数表示物体排列的顺序。	教学活动 日常生活 自由活动 自主游戏 种植活动 参观
			中班	1.喜欢接触新事物，会提出与新事物有关的问题，敢于尝试接触新事物。 2.感知和体会有些事物可以用形状来描述。 3.感知和体会有些事物可以用数来描述，对环境中各种数字的含义有进一步探究的兴趣。 4.能感知和区分物体的高矮、粗细、厚薄等量方面的特点，并能用相应的词语描述。 5.能通过数数比较两组物体的多少。 6.能通过实际操作，理解7以内数的数量关系，如5比4多1，6比7少1。 7.会用数词描述事物的排列顺序和位置。 8.能感知物体的形体结构特征，画出或拼搭出该物体的造型。 9.能感知和发现常见几何图形的基本特征，并能进行分类。 10.能使用里外、中间、旁边等方位词描述物体的位置和运动方向。 11.能理解并掌握4以内的序数，并从不同角度感受物体在序列中的位置。	
			大班	1.对自己感兴趣的问题能"刨根问底"。 2.有问题愿意向别人请教。 3.能发现生活中有许多问题都可以用数学的方法来解决，体验解决问题的乐趣。 4.初步理解量的相对性。 5.借助实际情景和操作理解"加"和"减"的实际意义。 6.能通过实物操作或其他方法进行十以内的加减运算。 7.能用简单的记录表、统计图等表示简单的数量关系。 8.能感知立体形状之间的不同，并拼搭出事物的基本特征。 9.能辨别自己的左右。	

续 表

一级目标	二级目标	三级目标	四级目标		实施途径
爱探究	敢猜想	1. 乐于想象和创造，对感兴趣的事物有丰富的联想。 2. 能思考自己做过的事并从经验中学习。 3. 在观察后进行初步的推断。 4. 根据阅读、倾听的内容进行联想并说出自己的想法。 5. 能用多种方式表达自己的想象。	小班	1. 能根据观察结果提出问题，并大胆猜测答案。 2. 能将观察到的事物与自己过去的经验进行比较。 3. 尝试根据自己的已有经验来推测结果。	教学活动 自主游戏 日常生活 种植活动 阅读活动
			中班	1. 能根据观察结果提出问题，并大胆猜测答案。 2. 能根据图画书中的部分画面猜想情节。 3. 能对身边发生的事提出自己的观点。 4. 能根据自然物的外形、颜色进行大胆地联想。 5. 能运用多种方式将自己的联想进行表现。	
			大班	1. 能根据观察、实验的结果提出问题，或得出答案。 2. 能根据季节特征进行对外界事物的大胆推断。 3. 对自己种植的植物有比较正确的猜想。 4. 能根据事物的发展情况进行结果的推断。 5. 能根据故事的部分情节或图书画面的线索猜想故事情节的发展，能续编、创编故事。 6. 能根据艺术活动中的形状、颜色进行大胆地联想并进行再创作。	
爱探究	勤动手	1. 对别人做的事感兴趣，喜欢模仿别人做事。 2. 对新事物愿意探索，做事有一定的计划性，能从自己做过的事中总结经验。 3. 在艺术活动中有一定的动手能力。 4. 有自我服务的能力和习惯。	小班	1. 能运用各种感官，动手动脑，探究问题。 2. 常常动手动脑探索物体和材料，并乐在其中。 3. 经常涂涂画画、粘粘贴贴并乐在其中。 4. 能用简单的线条和色彩大体画出自己想画的人或事物。 5. 能通过看图示将分散的人物身体部位拼成完整的人物。 6. 能用黏土搓圆、捏扁。	教学活动 自主游戏 日常生活 种植活动 养殖活动 劳动日
			中班	1. 能运用绘画、手工制作等表现自己观察到或想象到的事物。 2. 能感知物体的形体结构特征，画出或拼搭出该物体的造型。 3. 常常动手动脑探索物体和材料，并乐在其中。 4. 能沿直线较直地画出简单图形或沿边线基本对齐地折纸。 5. 能沿轮廓线剪出由直线构成的简单图形，边线吻合。 6. 能用图画或其他符号进行记录。 7. 能用黏土揉长条，并尝试用辅助材料进行泥塑。	
			大班	1. 经常动手动脑寻找问题的答案。 2. 能用一定的方法验证自己的猜测。 3. 能用数字、图画、图表或其他符号记录。 4. 能按正确笔顺序书写数字 1～9。 5. 在示范画的基础上，结合经验添加自己的想象。 6. 愿意用手工制作的形式，表达对幼儿园、教师、小朋友的情感和自己心中的语言。	

一级目标	二级目标	三级目标	四级目标		实施途径
善表达	能倾听	1.认真听并能听懂常用语言，能听懂普通话。 2.能耐心听别人说完话再说。 3.喜欢听故事，有初步的理解能力。	小班	1.注意倾听对方讲话，能理解日常用语。 2.别人对自己说话时能注意听并做出回应；在群体中能有意识地听与自己有关的信息并做出回应；在集体中能注意听教师或他人讲话并做出回应。 3.能听懂日常说话。 4.能听懂短小的儿歌或故事。 5.与别人说话时知道眼睛要看着对方。 6.主动要求成人讲故事、读书。 7.愿意倾听和学习自我保护的方法。	日常生活 教学活动 游戏活动 与朋友交流 小广播
			中班	1.在群体中能有意识地听与自己有关的信息。 2.能听懂并会说普通话。 3.注意倾听对方讲话，能理解日常用语。 4.能听出文学作品中的主要人物、地名、事件等内容。	
			大班	1.在集体中能注意听教师或其他人讲话。 2.别人讲话时能积极主动地回应。 3.知道别人的想法和自己的不一样时，能倾听和接受别人的意见，不能接受时会说明理由。 4.能听懂较长的文学作品的人物、时间、地点、发生的事件。	
善表达	会说话	愿意说话并能清楚地表达。	小班	1.乐意与人交谈，讲话礼貌。 2.会说普通话。 3.能大方地与他人打招呼。 4.基本会说本民族或本地区的语言。 5.愿意表达自己的需要和想法，必要时能配以手势动作。 6.能口齿清楚地说儿歌、童谣或复述简短的故事。 7.尝试根据已有的经验，用较连贯的语言讲述自己的做法。 8.能用自己的语言说出对图画书中画面内容的猜想。	日常生活 与朋友交流 教学活动 游戏活动 小广播
			中班	1.愿意与他人交谈，喜欢讨论自己感兴趣的话题。 2.会说本民族或本地区的语言，基本会说普通话。 3.能基本完整地讲述自己的所见所闻和经历的事情。 4.能清楚地、比较连贯地说出自己想说的事。 5.喜欢把听过的故事或是看过的图书讲给别人听。 6.能大体讲出所听故事的主要内容。 7.能用完整的语言表述自己对身边人的感谢。 8.尝试仿编诗歌，用多种方式表现对诗歌的理解。	
			大班	1.听不懂或有疑问时能够主动提问。 2.愿意与他人讨论问题，敢在众人面前说话。 3.会说本民族或本地区的语言和普通话，发音正确清晰。 4.能有序、连贯、清楚地讲述一件事情。 5.讲述时能使用常见的形容词、同义词等，语言比较生动。 6.能根据谈话对象和需要，调整说话语气。 7.懂得按次序轮流讲话，不随意打断别人。 8.能根据所处情境使用恰当的语言，如在别人难过时会使用恰当的语言表示安慰。 9.喜欢与他人一起谈论图书和故事的有关内容。 10.对看过的图书、听过的故事说出自己的看法。 11.能说出所阅读的幼儿文学作品的主要内容。 12.与别人看法不同时，敢于坚持自己的意见并说出理由。	

续 表

一级目标	二级目标	三级目标		四级目标	实施途径
善表达	乐交往	1.愿意与人交往，能与同伴友好相处。 2.知道一些交往的方式。	小班	1.乐意与人交往，能与同伴友好相处。 2.能用适当的方式表达、交流。 3.喜欢和小朋友一起游戏，有经常一起玩的小伙伴。 4.愿意在熟悉的人面前说话，能大方与人打招呼。 5.与同伴发生冲突时，能听从成人的劝解。 6.不争抢、不独霸玩具、轮流、分享、分工合作，遇到困难能一起克服。	玩游戏 区域活动 日常生活 畅游日 社区活动
			中班	1.喜欢和小朋友一起游戏，有经常一起玩的小伙伴。 2.喜欢和长辈交谈，有事愿意告诉长辈。 3.与同伴发生冲突时，能在他人的帮助下和平解决。 4.互助、合作和分享，有同情心。 5.会运用介绍自己、交换玩具等简单技巧加入同伴游戏。对大家都喜欢的东西能轮流、分享。 6.活动时愿意接受同伴的意见和建议。	
			大班	1.有自己的好朋友，喜欢结交新朋友。 2.有高兴或有趣的事愿意和大家分享。 3.能想办法吸引同伴和自己一同游戏。 4.不欺负别人，也不允许别人欺负自己。 5.能主动发起活动或在活动中出主意、想办法。 6.主动承担责任、遇到困难能够坚持而不轻易向他人求助。 7.能关注别人的情绪和需要，并能给予力所能及的帮助。 8.尊重为大家提供服务的人，珍惜他们的劳动成果。 9.接纳、尊重与自己生活方式或习惯不同的人。 10.在群体活动中感到快乐。 11.懂得爱护弟弟妹妹，学会用作品表达心中的情感。	
善表达	会合作	1.具有自尊、自信、自主的表现。 2.初步知道合作的方法。 3.能主动与同伴合作。	小班	1.乐意与人交往，学习互助、合作、分享，有同情心。 2.能根据自己的兴趣选择游戏或其他活动。 3.为自己的好行为或活动成果感到高兴。	日常生活 教学活动 游戏活动 畅游日 劳动日
			中班	1.对大家都喜欢的东西能轮流、分享。 2.活动时愿意接受同伴的意见或建议。 3.不欺负弱小。 4.能用适当的方式表达、交流探索的过程和结果。 5.能按自己的想法进行游戏或是其他活动。 6.知道自己的一些优点和长处，并对此感到满意。 7.敢于尝试有一定难度的活动和任务。	
			大班	1.活动时能与同伴分工合作，遇到困难能一起克服。 2.与同伴发生冲突时能够自己协商解决。 3.能想办法吸引同伴和自己一起游戏。 4.能主动发起活动或在活动中出主意、想办法。 5.自己的事情自己做，不会做的愿意学。 6.与别人看法不同时敢于坚持自己的意见并说明理由。 7.知道如何更好地与同伴相处，如何化解矛盾。 8.能喜欢和新朋友交流，感受与人交往的乐趣。	

一级目标	二级目标	三级目标	四级目标		实施途径
爱祖国	知中国节日	1.认识中国的主要节日，知道节日习俗。2.认识二十四节气，初步知道每个节气的特征和意义。	小班	1.认识两三个中国节日及习俗。2.初步了解二十四节气的名称。	节日教育 日常教学 种植活动 大型亲子活动
			中班	1.知道我国的主要传统节日，了解这几个传统节日的时间和主要风俗。2.感受传统节日所带来的节日气氛与快乐，进一步感受我国悠久的文化历史。3.认识二十四节气，初步了解每个节气的特征和意义。	
			大班	1.了解国庆节的来历。2.知道中秋节、端午节、春节等重要节日的习俗。3.喜欢过中国的传统节日，能为节日做环境准备，感受节日氛围。4.能够熟练朗读二十四节气歌。	
爱祖国	承中国文化	1.孝敬父母，尊重长辈。2.诚信、友善。3.勤俭节约。4.勤劳勇敢。5.文明守礼。6.有初步的文化认同感。	小班	1.知道自己的民族。2.爱惜自己及他人的物品，节约粮食、水电，爱护公共环境。3.知道和自己一起生活的家庭成员及与自己的关系，体会到自己是家庭中的一员。	节日活动 家庭教育 日常教学 生活活动 值日生 礼仪员 升旗仪式
			中班	1.知道我国是一个多民族国家，对一些民族的风土人情产生兴趣。2.会说本民族或本地区的语言。3.能体验父母和亲人对自己的爱，愿意用自己的方式表达对亲人的爱。4.愿意帮助有困难的小朋友。5.关心祖辈等周围生活中的人，学习安慰和照顾生病的小朋友，不妨碍周围的人，体验帮助别人的快乐，理解人与人之间美好的情感。6.学习礼貌热情待人。7.懂得谦让晚辈和长辈。	
			大班	1.了解国旗的来源，知道中国国旗是五星红旗。2.知道升国旗时应保持肃立、行注目礼。3.知道中国国土不能分割。4.知道我国有56个民族，是一个多民族国家。5.了解祖国各民族特色及传统文化。6.对汉字文化感兴趣，知道中国文字的起源，感受文字的发展变化，认识汉字的基本形态特征。7.了解入队的仪式以及红领巾、队礼、呼号等意义。	
爱祖国	爱中国艺术	赏中国艺术之美（如民乐、民歌、民谣、诗歌、书法、中国画、戏曲、皮影、相声、剪纸、泥人、面塑）。学会一两种中国艺术表现方式。	小班	1.喜欢听音乐或观看舞蹈、戏剧等表演。2.乐于观看绘画、泥塑或其他艺术形式的作品。3.能模仿学唱简短民谣、民歌。4.能用声音、动作、姿态模拟自然界的事物和生活情境。5.对少数民族舞蹈感兴趣，愿意模仿。	日常教学 小广播 走廊展示 民间艺人进园表演 小社团活动
			中班	1.发现和感受民族传统文化的魅力，激发审美情趣。2.欣赏中国传统美术作品，关注色彩、形态等特征。3.尝试运用多种民族艺术的形式，表达和表现自己的生活愿望，培养想象力和创造力。4.运用捏、剪、染、画等技能大胆尝试制作简单的民间工艺品。5.能用自然、音量适中的声音基本准确地唱民歌、民谣。6.学习一些简单的民族舞蹈动作。	
			大班	1.学唱2~3首爱国歌曲。2.欣赏中国书法，感知中国书法的造型美、结构美。3.了解中国书法的几种代表书体。4.欣赏中国剪纸作品艺术美、纹样美，感知剪纸中的对称美。5.能用自己的方式设计出简单纹样的对称剪纸。6.欣赏青花瓷器，了解其上釉和着色特点。7.感受京剧脸谱的对称，夸张的艺术美和京剧的音乐美。8.欣赏中国古典乐器演奏乐曲，感受中国传统乐曲的韵律美。	请书法爱好者演示 小广播

第五节　遇见课程内容架构及组织实施

一、遇见课程内容设置依据

我园招收全日制3～6岁幼儿，按年龄段设置为小班（3～4岁）、中班（4～5岁）、大班（5～6岁）三个年龄段，并根据幼儿不同的年龄特点设置相应的课程。

（一）以《幼儿园教育指导纲要》为准绳

新《3～6岁儿童学习与发展纲要》指出：幼儿教育活动应通过多种方式进行组织，教育活动内容的组织应充分考虑幼儿的学习特点与认知规律，各领域的内容要有机联系、相互渗透，注重综合性、趣味性、活动性，寓教育活动于生活、游戏中。

（二）以《3～6岁儿童学习与发展指南》为指导

我园以《3～6岁儿童学习与发展指南》为指导，以《3～6岁儿童学习与发展指南》中的目标为基础，结合本地自然资源、人文资源特点和满足幼儿和谐发展的需要以及培养"身体棒、习惯好、爱探索、善表达、爱祖国的中国娃"的培养目标为特点进行设置。

（三）关注幼儿的身心发展特点与需要

遇见课程关注幼儿的身心发展特点，基于幼儿的经验与生活，以幼儿的发展需要为前提，关注幼儿现有发展水平、现实需要，具备挑战性、前瞻性和拓展性。

（四）关注课程价值的多重性

遇见课程关注幼儿身心发展的需要、教师专业成长的需要、课程完善与发展的需要等多重课程价值，以促进课程育人价值的提升。

二、课程的组织形式及内容

（一）基本形式

"生活""运动""游戏""学习"是以一日生活为基本活动的，强调每一种活动的综合教育作用，以及活动之间的互动与渗透，关注幼儿自身的兴趣、经验、需要，使幼儿真正成为活动主体。

（二）课程内容

我园的课程内容主要分为主题活动、领域活动、生活活动、游戏活动、运动、节日活动、大型活动及其他隐性课程。

1.主题活动

我园开展的主题活动主要包括预设性主题活动、生成性主题活动、班级微主题探究、幼儿园主题等。在主题活动开展过程中，我们以幼儿的兴趣与问题为基点，尊重幼儿的自主选择，由教师发起幼儿感兴趣的话题，成为主题活动内容的来源。通过教师的观察、分析与支持，引导孩子对感兴趣的事物进行深入地探索，并在探索过程中，不断更新自己的认知与经验，建构自己的知识体系，培养幼儿成为积极主动的学习者。在实施过程中，教师依据课程的目标、结合课程内容，注重主题活动中领域间的均衡与整合，使得主题内容更加丰富。

2.领域活动

从"遇见课程"本身的理念来说，领域活动既是生成性的，也是期待性的，这样才能保障课程内容与学习过程的足够张力。第一，我们相信幼儿的生活活动与游戏蕴含了丰富的学习资源，幼儿通过生活、运动、游戏等活动能够实现我们所期待的绝大部分发展目标；第二，领域活动生成的条件是幼儿在游戏和生活中遇到的问题，而又由这些问题引发了幼儿浓厚的学习兴趣，教师也认为有必要在幼儿前期活动体验与经历的基础上，推动幼儿经验的形成与发展时，领域活动的契机就成熟了。

3.生活活动

我园课程的生活活动内容包括饮食睡眠、自我服务、劳动日活动。生活活动是幼儿一日生活中的基本活动。它们反映了幼儿现实生活的经验和幼儿的兴趣与需要，而且这些内容有利于幼儿发展自理能力、自我服务能力、自我管理能力、自主规划与社会合作能力，也有利于幼儿积累生活经验、熟悉社会角色和发展社会交往。我园根据《3～6岁儿童学习与发展指南》和《幼儿园教育指导纲要》，合理安排幼儿一日生活作息制度，制定合理的幼儿园一日生活活动。在一日生活各环节中教师根据幼儿的年龄特点将生活和劳动日活动与其他课程内容组织形式相互渗透，在主题活动与领域活动中不断进行延伸、拓展与丰富，使得课程实施更为多样化。

4.游戏活动

游戏是幼儿运用一定的知识和语言，借助各种物品，通过身体的运动和心智活动，反映并探索周围世界的一种活动。游戏是为外界刺激物所捕捉、占据的活动，是一种情不自禁地被卷入或被吸引的状态。在游戏中，儿童是游戏活动的主人，儿童可以体验到自己的力量，同时能获得愉快感，有助于培养幼儿良好的个性品质。我园的遇见课程根据游戏特点，将游戏活动的内容分为自主游戏、活动区活动、规则性游戏和体育游戏。在一日活动中合理安排与设计游戏活动的内容，并将其融入主题教学与领域教学中，最大限度地支持和满足幼儿通过直接感知、实际操作和亲身体验获取经验的需要，发展幼儿想象力、创造力和交往合作能力，促进幼儿情感、个性健康地发展。

5.运动

运动是我园课程的一个重要组成部分。《幼儿园工作规程》中明确规定：幼儿体育的总目标是"以幼儿健康发展为中心，促进幼儿身心和谐发展。幼儿园体能训练要促进幼儿身体的生长发育，发展各种基本动作，培养最基本的身体素质"。体能发展的状况与水平是衡量幼儿身体发展与健康水平的重要指标，也是影响幼儿心理发展的一个重要因素。我园从幼儿的实际情况出发，在一日活动中，将运动合理安排在晨间自选、体能循环、体育活动中，保证幼儿一天两小时的户外活动，其中一小时为体育活动。通过合理、科学地开展各类适合各年龄段幼儿的体育活动，有计划、有目的地组织指导幼儿进行体育游戏训练，促进幼儿身心健康和谐发展，以实现体育活动的有效性。

6.其他隐性课程

（1）关系：第一，"四位一体"共促儿童成长。积极引导家庭、社区、学院、幼儿园协作共赢，充分利用各种资源为儿童服务、为教育助力。第二，教师要尊重儿童、了解儿童、平等对待每个儿童，与幼儿一起学习成长。第三，幼儿园的每个职工都是课程的实施者，相信在每个员工身上都有宝贵的课程资源。第四，家长是幼儿园课程的合作者，充分挖掘家长资源发展课程。

（2）理念：做中学，做中教，孩子自己能做的事由他自己去做，凡是孩子能想的让自己去想。支持教师与幼儿一同生成有教育价值的课程。让师生在构建班本课程的过程中得到提高，实现我园时时有教育、处处有课程、人人有成长的课程理念。

（3）沟通：教师是沟通的纽带，要有效地倾听儿童的声音，将儿童的想法和愿望传达给家长，让家长助力班本课程的生长。教师要向家长传达现代教育观、课程观、儿童观，让家长了解儿童学习的方式，注重与幼儿对话，家园携手实现更好的教育，共建适合每个孩子的教育。

遇见课程的主要内容架构如图所示（如图1-2所示）。

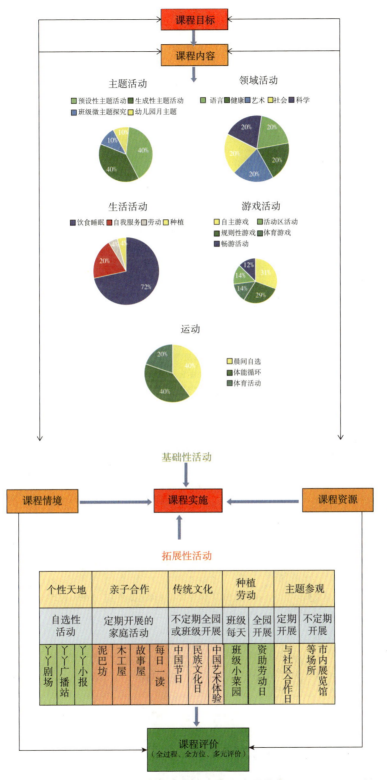

图1-2 遇见课程的主要内容架构图

三、课程内容时间配比

（1）基本课程内容时间配比如表1-2所示。

表1-2　基本课程内容时间配比表

活动类型与总课时比例		小 班	中 班	大 班
		与总课时比例	与总课时比例	与总课时比例
游戏		23.7%	24%	24%
学习	集体学习	5%	11%	13%
	个别及小组学习	6.3%	6.3%	6.3%
生活		54%	53%	49%
运动		11%	12%	14%

注：1.每周五上午开展混龄户外自主游戏（畅游日）。

　　2.每周一下午开展自主劳动（劳动日）。

　　3.每班每周开放一小时亲子阅读时间。

　　4.周四下午全园借阅办理。

　　5.一月一次中国文化日（或主题活动、主题周等）。

　　6.如下雨、雷电天气，户外活动可改为室内自主活动、各功能室活动。

（2）幼儿一日生活活动安排如表1-3所示。

表1-3　一日生活活动安排表

小 班		中 班		大 班	
8:00—8:30	晨间活动	8:00—8:30	晨间活动	8:00—8:30	晨间活动
8:30—9:00	早餐	8:30—9:00	早餐	8:30—9:00	早餐
9:00—11:40	集体（分组）教学/生成活动	9:00—11:50	区域活动	9:00—11:50	自主游戏
	体育游戏（体能循环）		体育游戏（体能循环）		集体（分组）教学/生成活动
	区域活动		集体（分组）教学/生成活动		体育游戏
11:40—12:00	餐前准备	11:50—12:00	餐前准备	11:50—12:00	餐前准备
12:00—12:30	午餐	12:00—12:30	午餐	12:00—12:30	午餐
12:30—12:50	散步	12:30—12:50	散步	12:30—12:50	散步

续　表

	小　班		中　班		大　班
12：50—15：00	午睡	12:50—14:50	午睡	12:50—14:50	午睡
15：00—15：30	起床、整理、午点	14:50—15:20	起床、整理、午点	14:50—15:20	起床、整理、午点
15：30—16：30	自主游戏	15:20—16:40	自主游戏	15:20—16:10	区域活动
				16:10—16:50	体能大循环

四、遇见课程实施特点及对相关人员要求

（一）遇见课程实施的主要特点

（1）凸显主体性（孩子、教师、家长、园所本身）。

（2）坚持活动化（创设环境、提供材料、走向自然与社会）。

（3）注重体验式（尊重兴趣、鼓励探索、培养合作）。

（4）及时反思调整。

（二）课程实施过程中对相关人员的要求

（1）园长：园长是幼儿园课程管理的第一责任人，要依照法规和本园课程管理方案实施有效管理。园长应建立健全各项课程管理制度，编制课程实施方案，对课程资源进行统筹协调，组织课程评价，并在动态的过程中，形成适合本园和幼儿发展需要的课程运作流程。

（2）保教组：保教组是幼儿园课程实施的职能部门，负责对幼儿园课程日常实施进行观察、统整、协调和测评，建立并制订幼儿园课程实施过程中的一系列基本规范和要求并落实到位；定期与园长一起对课程计划、课程内容、教材选用、课程实施过程中的难点、重点问题及课程质量监控展开研究；组织教师开展改进实践的研修并就课程资源的常规配置、课程实施中的相关配合与其他部门建立畅通的关系。

（3）教师：教师是课程有效实施、开发和改革的主体力量，应充分发挥自身的主动性和积极性，提高参与课程和执行各项课程制度的自觉性，把课程实施作为自身专业化发展，提升专业能力的平台。

五、课程实施的配套措施

（一）课程实施的推动策略

同伴互助：我们要充分发挥园级有经验教师的示范、辐射和导向作用，邀请他们承担带教青年教师的任务，这种同伴互助的带教方式提高了青年教师的业务能力，帮带教师也在此过程中获得不少感悟，实现了合作共赢。

园本教研：课程的实施离不开教师的专业能力，而教师的成长与发展离不开教研组的引导和培养。我园教研活动在"研"字上下功夫，努力转变教研理念，改进教研方式，优化教研模式，既保证常规内容的落实，又注重运用创新的思维、新颖的活动形式，以多元的形式开展教研，有效促进了教师的专业发展。

（二）课程评价与修正策略

成立课程实施领导小组。园级领导小组，负责全园课程实施的总体思路和实践研究；课程发展小组承担课程实施效果的信息收集、课程评价与修正的指导工作，定期针对课程理念的贯彻、课程内容的选择、组织形式的运用，幼儿需求、资料准备、师生互动特点及长远效果等方面收集信息，具体途径包括教研活动、各类问卷调查（教师问卷、家长问卷）、家委会、家长座谈会等方式，多途径、全方位地了解课程目标及内容的落实情况及实施效果，作为课程调整和评价的参考。

在全面收集反馈信息的基础上，每学期末由课程发展小组组织相关人员对一学期的课程实施方案进行调整、补充、完善，作为下一学期课程实施的蓝本。

（三）行政与社区支援策略

（1）进行组织机构的调整，成立课程实施组和后勤组。课程组以"教研"的方式来开展工作，负责课程的整体思考、策划与协调；后勤组以服务为主，思考提供的各项服务是否能促进课题的开展。以此增强全园教职工团结合作的意识，营造课改的良好氛围。

（2）不断调整完善本园教育环境，融入更多"以幼儿发展为本"的元素以及"生活化、整体性、教学化合一"的课程理念，调整幼儿活动区布局，为幼儿自主自由地在充满鼓励的环境中学习和生活提供便利，为教师开展富有创意的教育提供必要的支持。根据课程改革和发展的进程，以家长会、家长开放日、家园联系栏等活动向家长宣传本园课程理念、结构以及实施办法，加强家长对课程的了解，增进其对课程的理解，提高课程的隐性教育作用。

（3）与社区联动，通过居委会了解辖区居民的情况，将可利用的教育资源运用到幼儿园的课程中，将幼儿带到社区，参加社区开展的各种活动，也可将社区有特长的人请到幼儿园为幼儿进行教学活动或文化欣赏活动，让社区也成为幼儿园课程建设不可缺少的一部分。

第六节 遇见课程的评价

一、遇见课程的评价体系

我园在课程建设与实践中都进行课程评价，以实现对本园课程实施情况的导向、监控，确保课程实施的过程和效果与本园课程实施方案确定的目标、原则的一致性，确保"遇见课程"的科学性、有效性，从而保障孩子的全面发展（如图1-3所示）。

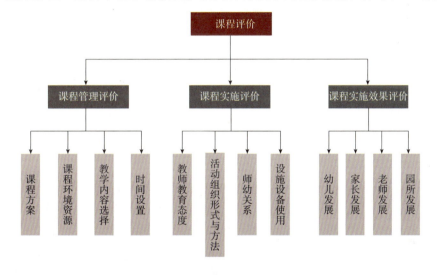

图 1-3 遇见课程评价体系框架图

我园的课程评价主要通过幼儿园课程管理评价、课程实施评价、课程实施效果评价三部分组成，具体内容如表1-4、表1-5、表1-6所示。

表 1-4 课程管理评价

评价类别	评价内容	评价项目及时间安排	评价工具或方法
课程管理评价	课程方案	方案文本审议（含培养目标、教育观、儿童观目标体系、实施方式、评价系统等）	课程审议会 专家评议 课程中期审议会
	课程时间设置	每周、每天各类活动时间的落实及过渡环节占用时间	专家评议 查阅班教学计划 行政每日值班观察与记录
	课程资源、教材内容与教学方法	每学期初，审议教材及教学目标；教学方法与教材的适宜程度；教学内容的难度。	专家评议 课堂观察、查看备课、教师反思

表1-5 课程实施评价

评价类别	评价内容	评价项目及时间安排	评价工具或方法
课程实施评价	教师教育观及态度	随机对教师素质与专业化程度、教育观念、教育态度、教育效果进行评价	教师专业知识考核、专业技能考核、幼儿发展评估、课堂观察、教师备课质量。
	课程实施组织形式与教育方式	对课程实施的方式：分组方式、教育方式、辅导方式、个别教育方式，内容组织形式进行评价	随堂听课、教学录像评析、教师座谈、班本课程案例、教案分析
	师生关系与互动	对交往性质、交往方向、交往频率、交往效果进行评价	日常观察、谈话取样录像资料分析
	体育活动实施	对器械的资源开发、运动活动氛围与主题活动的整合进行评价	器械研发设计、备课及活动方案查看师生运动状态

表1-6 课程实施效果评价

评价类别	评价内容	评价项目及时间安排	评价工具或方法
课程实施效果评价	幼儿发展情况	五大领域发展情况	家长问卷调查 幼儿学期测查 各班幼儿发展情况抽查
	家长参与情况	参与意识与态度 参与程度（时间、形式、作用）与教师、幼儿园的关系 交流频率与反馈效果	家长问卷与座谈 家长活动签到记录 家长反馈 班级月工作报表及经验总结
	教师成长	教师教育观 教师教育方法 教师教育技能	现场观察 技能评比 课程案例集 观察笔记 游戏故事

二、如何评价遇见课程

（一）评价原则

我园将定期开展课程评价，以综合评价为标准，其主要评价原则如下。

1. 一致性原则

为鼓励教师不断提高设计与实施课程的专业能力，引导教师关注课程实施品质，发挥评价的导向作用，本园以课程设计与实施的具体要求为基础，评价教师工作情况。

2. 现场性原则

为了确保课程评价信息的真实性，不打扰教师和幼儿正常活动，评价信息收集力求现场化，尽量在日常课程实施常态下，以自然的方式收集评价信息。

3.主体性原则

评价的过程是教师审视教育实践，发现、分析、解决问题的过程，也是他们不断学习、不断提高的重要途径。在评价过程中尊重教师的主体地位，以教师自评为主，其他评价为辅。

4.多元化原则

我园课程评价采取主体多元的评价方式，包括班级教师评价、其他教师评价、管理人员评价，同时适当辅以家长评价和专家评价。

5.交互性原则

获取课程评价信息，及时向教师口头与书面反馈，达成认识一致，作为教师课程设计与实施改进的基础。

幼儿园课程评价的目的在于发现课程中的问题、找出原因、提出改进的建议和措施，解决问题，调整、改进和完善课程，不断提高教育质量。因此，要发挥评价促进课程改进的作用。

（二）评价要求

1.对幼儿的评价应以促进和谐发展为主

课程评价以尊重幼儿为基本前提，以促进幼儿发展为根本目的。对幼儿发展的评价要承认和尊重幼儿在经验、兴趣、学习特点等方面的个体差异。评价要以发展的眼光看待幼儿，既要了解幼儿现有的水平，又要关注孩子的发展潜能。幼儿发展评价要重视在日常活动中采用观察、记录、交谈，幼儿作品分析以及与其他工作人员、家长交流等多种方式了解幼儿的发展状况。

2.对教师的评价应以促进自主发展为主

（1）对教师教育活动进行评价，是促进教师自我成长的重要途径。注重对教育过程的评价，对教育结果的评价要与对教育过程的评价相结合，评价应贯穿于一日活动，并随着教师的日常工作自然地进行。教育活动的评价主体是教师，为教师调整、改进、完善教育行为提供反馈信息，使教师与幼儿共同成长，并将教师（班级）的课程实施情况记入业务档案与其年终考核相结合。园本课程小组通过以下方式对教师实施课程进行评价：教育环境创设、设计组织教育教学活动、与幼儿的互动。

（2）注重教师自我评价。要强调教师对自己的教育思想、教育态度和教育教学行为及效果的分析与反思。建立以教师自评为主的评价制度，教师可以以反思笔记的方式对自己的教育理念、教育行为、教育态度等进行分析，并贯穿于整个教育过程中。同时，也要经常采用由园长、教师、家长等共同参与的他评方式，在教学观摩研讨等活动中相互交流，鼓励教师与时俱进，教学相长，不断更新知识，提高教育与研究能力。教师在课程实施中的自我检查、自我分析、自我调控的意识，使教师始终处于自我管理的主体地位，通过"自控"与"他控"来保证课程实施的质量。

3.对课程的评价应以不断完善与发展为主

课程评价形式应以形成性评价为主，即通过对课程发展过程中所获得的材料分析和判断，调整和改进课程方案，使正在形成中的课程更加完善。

（1）建立多元的课程评价体系。课程评价不仅评价课程目标、内容、组织实施，还评价环境创设、教师态度、师生互动等。既要评价教师预设的活动，也要评价幼儿生成、教师支持发展的活动。课程评价要考虑到目标的全面达成。

（2）课程评价参与者的多元化。幼儿园管理人员、教师、家长代表是课程审议小组成员。每学期应对幼儿园的课程进行分析评估，针对问题寻找改进对策，注重收集来自家长的信息，并请有关专家对课程实施后的实际效果进行评估，使幼儿园课程日趋完善，形成课程不断革新和更新的机制。充分发挥评价的反馈调节功能，使外部质量监控和幼儿园内部不断追求课程质量的完善相结合，促进课程建设的有效实施。

（3）评价方法多样化。我园的课程评价方法包括观察法、调查与访谈、测试法、审议会、幼儿成长档案、个案记录、教育故事、游戏故事、教师教育随笔等。

（三）评价内容

1.对幼儿发展的评价

对幼儿发展的评价主要是观察儿童在学习过程中的状态，分析其学习行为，对幼儿进行现场评价或记录，以及持续性观察后的评价。对日常教学实施效果，教师应根据本班幼儿的阶段目标和幼儿活动过程进行评价。

（1）主题活动档案。主题活动档案通过照片、记录图表、幼儿作品、主题活动观察记录以及主题活动前后的思考等形式反映出主题实施脉络、实施过程、幼儿在主题活动中的状态等。主题档案的建立有利于教师更全面地了解幼儿在近阶段的发展状况，也便于教师对主题活动进行总结、回顾和反思，积累教学经验，并借助档案展示与交流个人的教学经验，为课程实施提供借鉴性的研究资料。同时，也有利于家长了解幼儿园课程实施情况和幼儿的发展状况。

（2）幼儿综合性成长档案。幼儿综合性成长档案即幼儿的个体成长档案，包括幼儿在园生活、行为、认知等方面的记录与评析。其内容包括幼儿活动中生成的作品、照片、文字描述（教师对幼儿的观察、幼儿的趣事等）、学期评估表（横向的评价）等，其中有幼儿的自我评价（教师和家长帮助记录），也有家长和教师的评价，这是由幼儿、家长、教师共同收集资料、整理完成的，是家园共同评价的有效途径。家园共同评价有利于反映幼儿在园三年的全面发展状况，使评价过程既有过程性又有阶段性。

（3）幼儿活动评估表。这是在领域活动、主题活动、区域活动、游戏活动结束后，教师根据指标，对幼儿在活动中所反映的情感与态度、能力、知识等各方面的发展情况进行评估，初步了解幼儿在活动中的投入程度、经验获得、能力发展状况等，有利于为后续活动提供相关依据与标准。

2.对教师的评价

对教师发展的评价从教育环境创设、设计组织教育教学活动、师幼互动、反思分析、教师自主发展等方面进行自评、互评和园评。

（1）现场活动评价。在"遇见课程"中，我们更多地关注教师的教育实施过程，力求在过程中评价，确保幼儿充满兴趣地、积极主动地投入活动。我们通过表格对教师组织的活动进行系统地观察记录，并针对观察到的现象从教学目标的制订、教学活动的设计、教学情境的创设、教学策略的运用、教学效果等方面对教师的教学进行评价。另外，还可以通过教师个人的自我反思以及教师之间的活动审议（集体研讨式的反思），对教师的教学水平和教学效果进行综合性的评价，以促进所有教师课程实施能力的提高。

（2）教师撰写的各种笔记。教师的反思是教师对自己在课程实施中对所遇见的问题、所经历事件的感悟与思考。教育故事、观察笔记、教学反思往往是教师较为真实、深刻的思考，渗透着教师的真实情感。阅读教师的教育故事、观察笔记、教学反思能够从中获得一些真实素材，对教师的教育理念、教学方法有一定的促进作用，能较为全面地把握教师在课程实施中的态度、行为和情感，使其课程理念不断更新、课程行为不断完善。

（3）教学工作总结。工作总结是教师在一个阶段的工作完成后，对自己在这段时间内教学及课程实施情况的总结，是教师对自己教学效果的概述与分析，是教师进行自我评价的一种方式。在总结中教师可以发现自己在教育教学中存在的问题，为自己的进一步发展寻求方法和策略。通过总结，还可以了解教师在课程实施中所遇到的困难和仍然存在的问题，所获得的成长以及自己的期望与规划。

（4）信息搜集。在"遇见课程"中，我们通过对家长、本园教师、外来参观人员等以问卷调查和交流访谈的形式，多渠道地了解课程建构与实施情况、幼儿的发展情况、教师的师德素养与保教行为、幼儿园管理等信息。

（5）对班级环境的评价。我们定期组织教师对班级区域创设和主题环境进行评价。通过对环境的评价了解班级教育教学开展情况以及幼儿的学习、生活、游戏情况。

3.对课程的评价

（1）幼儿园建立课程领导和管理小组，创建工作制度。每月进行一次课程领导、管理小组工作会议，定期或不定期开展主题活动审议会议，汇总来自各方面的信息，研讨课程开发、实施与改进的措施和方法。

（2）每学期教师根据课程执行中的自我检视和幼儿的发展水平，对本园课程实施方案进行相应的回顾与梳理，提出完善课程方案的建议，督促课程实施方案的修改与更新。

（四）评价项目具体时间及基本方式

（1）为每位幼儿建立成长档案册，进行幼儿发展性评价。其内容应包括幼儿基本情况、幼儿典型作品、操作记录表；主题活动中幼儿的发展情况评价；活动照片；生活、学习花絮等。对幼儿的作品和照片要能反映幼儿的发展水平。

（2）教师根据班级幼儿发展情况，每月一次对班级幼儿做专项评估分析。

（3）每学期期末以年级组为单位制定学期幼儿发展评价指标，对幼儿进行全面测查并进行评估分析。

（4）幼儿园每学期采取教师评价、家长评价、幼儿自评与互评的方式对幼儿发展进行评价。

（5）定期组织教研活动对幼儿的发展进行评价。

（6）关注幼儿个体差异，不以同样的标准对幼儿进行评价。

（7）评价指标与过程要关注幼儿的发展速度、特点和倾向。

（8）每学期期末召开课程审议会，园长对课程开展情况向家长、专家进行汇报，收集课程开展过程中的意见和建议，对下一步工作提出指导性意见。

（9）每年对幼儿园课程方案进行一次评议和修订。

（五）参与课程评价的人员

1.专家

定期邀请专家来园针对课程方案、实施效果等进行全方位指导、评估。

2.家长

每学期发放教师家长问卷，从多角度、全方位指导、评估。邀请家长到园对孩子在活动中的发展情况进行实地现场评价。教师拟定主题活动评价内容问卷，家长配合教师完成对课程的进一步实施和开展提出改进方案。

3.教师

教师一方面完成对幼儿活动的评价，另一方面完成自我的评价以及对其他教师的评价。

4.课程编制委员会综合评价

课程编制委员会定期开展例会，围绕本阶段课程实施关键点和项目组实施情况展开研讨，实现对课程的引领、指导、反馈，全程动态式管理。

第七节 遇见课程的管理

一、课程管理机构的建立及人员分工职责

课程管理的根本目的是提升课程实施成效，以更好地促进幼儿全面和谐发展，同时促进教育者自身的专业发展。

在园长领导下，幼儿园成立课程领导组、课程审议组、实施发展组、资源保障组等组织机构。其具体任务为规划幼儿园总体课程，决定幼儿园各类型活动之间的时间以及比例，制定和调节不同季节的作息安排，负责课程与教学评估，组织有关调整和发展的会议，落实课程配套措施以及负责组建幼儿园主题资源库（如表1-7所示）。

表1-7 课程管理机构及人员分工职责

机构名称	具体人员（职务）	具体职责
课程领导组	组长：园长 副组长：副园长 组员：保教主任	1. 总体的构想、规划和调控 2. 课程实施研究、监控、协调 3. 课程内容设计、方法研究、组织评价 4. 特色活动内容设计、方法研究、组织评价、保育协调 5. 组织实施幼儿发展评价
	组员：高校专家、社区代表、家委会代表	参与幼儿园的课程编制与实施，并从多角度提出各项课程实施方案的意见和建议
课程审议组	组长：园长 副组长：副园长	1. 课程内容实施的方法研究 2. 课程资源的调查研究，审议教师生成内容，开发课程 3. 进行课程实施的日常监控 4. 对课程实施情况进行总结、评价
	高校专家、骨干教师	
实施发展组	全体教师	以教研组为单位，实施具体课程方案，并反思、调整、充实方案
	保健教师、保育员	协助生活活动中的保育落实，反馈信息
资源保障组	信息组 组长：保教主任 组员：全体配班教师	各类信息资料的提供与收集
	环境创设组 组长：保教主任 组员：全体主班教师	幼儿园整体环境、班级环境创设等方面的设计、布置及相互协调、指导
	后勤保障组 组长：后勤主任 组员：后勤教师	配套完整的保教资料，保障幼儿园各项课程得以全面贯彻和实施

二、课程资源管理

（一）建立"四位一体"教育生态

充分发挥我园与高校关系良好的优势，不断请高校专家、教授对幼儿园的课程发展情况进行观察、评价、指导。对幼儿园存在的问题和师资建设、发展问题及时纠正；定期开展教师培训提高我园教师理论水平。在课程发展中如遇到比较聚焦的问题在高校教师的引领下开展课题研究；请社区领导和家长参与我园课程建构，利用社区中的人力资源为儿童服务，利用社区场地和生态让我园课程更生活化、整合化；充分调动家长参与幼儿园课程建设的积极性，发挥家长的职业优势、性别优势、个体优势，让儿童的教育更加真实，从而获得更多的经验。

（二）建立遇见课程资源库

以我园课程目标体系为主导，基于遇见课程的教育观、儿童观和课程特点，教师可自由选择各种优秀的教育资源作为参考，也可借鉴《幼儿园渗透式领域课程》《幼儿园活动整合课程教学指导用书》《幼儿园和谐发展课程教师用书》。各年龄段的教师针对本班幼儿的年龄特点、兴趣爱好，对其内容进行改编、合并、删减、补充，在实施过程中注意课程中幼儿基本经验的完整和平衡。

教师有责任整理实施遇见课程中好的教育主题、游戏案例、学习故事等，收集包括主题计划、主题网络图、活动过程记录、家园共育、游戏观察记录和案例分析、主题活动教案与反思以及制作或收集多媒体课件、游戏活动材料。教师应将电子文档提交幼儿园共享，对课程中涉及的录音带、录像带、多媒体软件等进行分类管理，形成尽可能完整的配套资源。

（三）建立和完善遇见课程推广发布平台

更新云岩一幼微信公众号，不断丰富和调整公众号内容，让家长通过幼儿园公众号及时了解幼儿园课程信息和实施过程，发挥家园交流的作用。完善幼儿园局域网，让其担当本园课程的互动载体，成为家长通过幼儿园网站及时了解幼儿园课程理念和实施情况的窗口，成为幼儿发展、教师研修、家园共育沟通、园长课程领导的高效平台。目前，我园已建立的网站有云岩区第一幼儿园微信公众号，各班家园联系 QQ 群、微信群、云岩一幼教职工群、公会群、党支部群等。

（四）建立和完善丫丫小报、丫丫小广播、丫丫小剧场

将课程实施中适合以广播方式进行的内容设计在广播内容中，如幼儿讲故事、听音乐、童话剧等，家长、幼儿通过参与小广播和小报活动，积极参与课程建设中来。

下篇　遇见最美的童年
——云岩一幼园本课程构建与实践案例

第二章　有能力的学习者——幼儿园课程实践中"学"的故事

在"遇见课程"中，儿童"学"的时候，我们常常发现幼儿会做一些意料之外却又在情理之中的事。很多时候，我们会发现幼儿想表达的和我们看到的、以为的不一样。在一些看似意外、鲁莽、重复、幼稚的行为中，幼儿正在以自己的方式成长着，正在用我们"看不懂"的"N"种方式表达着对世界的思考。遇见课程的理念是"六化"并举，让幼儿自己学，自己探索，自己去提出问题，自己去解决问题，成为身体棒、习惯好、爱探究、善表达、爱祖国的现代中国娃。

在"遇见课程"理念的引领、指导下，我们在尽其所能赋予幼儿力量之前，需要学会观察和了解幼儿，试着从不同角度解释幼儿的行为，探讨幼儿可见行为之下不可见的变化，努力让自己更贴近幼儿、理解幼儿，以"N"种不同的方法发现幼儿藏在行为背后的秘密。为此，教师应反思当下幼儿游戏的水平和意义，应当站在儿童的视角，支持幼儿高水平的游戏，以引发幼儿深度学习。首先，我们需要把握"高水平游戏"和"深度学习"的关系，明确其目标；其次，我们要以"支持幼儿高水平游戏策略"为主要目标，来推动对教师、幼儿游戏案例的深度研究；最后，以引发幼儿深度学习为导向，梳理和运用策略。在幼儿游戏中，我们应深入地观察、反复地研读。面对当下幼儿的游戏，教师会进行这样的思考：幼儿进行的都是好游戏吗？幼儿的游戏水平如何？幼儿的游戏对幼儿的学习和发展都有积极的促进意义吗？在幼儿游戏中，教师需要做些什么？应该如何做？面对这些问题，我们通过聚焦幼儿深度学习，围绕幼儿高水平游戏，以游戏案例为载体，通过深入地学习、研讨、实践，力求站在儿童的视角，寻求适宜有效的策略来"支持幼儿高水平游戏，引发幼儿深度学习"。

在幼儿的一日生活中，幼儿在游戏中充满了种种不确定性和未知感，我们将从"自主游戏案例篇""区域游戏案例篇""畅游日儿童案例篇""问题探究小主人案例篇"四个板块将幼儿隐藏的"秘密"呈现出来。

在你读完整个篇章之后，在孩子的背后，只要教师等待，试着多问几个问题，就能发现孩子们无限的学习能力。

区域游戏作为孩子在园的活动之一，其游戏材料的提供是孩子对未知事物的认知、探索以及学习的一个重要组成部分，游戏材料的操作能够引领、激发幼儿对外部事物探索的兴趣，纸杯作为幼儿园区域游戏常见的材料之一，孩子在探索的过程中又会隐藏什么"秘密"呢？

区域自选游戏：纸杯趣多多（小班：片段1）

今天的游戏中，我们班的幼儿开始了用纸杯来进行游戏搭建，田博元、周译承、小妤欣等加入了其中。周译承和小妤欣将纸杯排列起来搭建了金字塔的第一层，接着小妤欣拿起自己面前的纸杯递给了周译承，往上进行垒高。当周译承将手里的纸杯垒高到第五层时，纸杯"哗"的一声就倒了下来。周译承和小妤欣将掉在地上的纸杯捡了起来，开始从纸杯倒的地方继续往上垒高。接下来周译承将手里的纸杯垒高到第八层时，纸杯"哗"的一声又倒了下来，两人又将纸杯捡了起来，继续往上垒高。

在这个案例中，你又会发现孩子们的什么秘密呢？你也许会直接告诉孩子们搭建的方法，也许会静静地等待观察……但在这个案例中的教师在游戏结束后，对参与游戏的幼儿进行分享。分享中引导孩子进行想法的再呈现并进行提问，激发孩子们的无限能力，你们是否也有所期待在"畅游日"和"问题探究小主人"中发现未知又充满惊喜的"秘密"呢？让我们在案例中去了解幼儿，知道孩子们内在的想法和需求，以便我们提供教育策略，更好地支持孩子的发展。

我们常说，幼儿不是一张"白纸"，而是有能力、有自信的学习者和沟通者。幼儿身上有很多值得我们成人学习的闪光点，有着不同的个性、想法及成长经历，有着不同的"味道"。

对教师来说，每次和不同的幼儿接触都是一种缘分。第一次接触，我们会发现有的幼儿是"甜"的，有的尝起来有点"苦涩"；第二次接触，味道可能就变了，甜的变酸了，苦了反倒有点甜；第三、四次接触，"味道"还是没有定论。幼儿的真实想法藏在心里，难以观察和感受。当这样的秘密存在时，教师难以准确判断幼儿的发展情况，家长也不了解幼儿真正的心理需求及所需要的情感支持，就连幼儿也无法对自己进行合理的评估。如果我们不仔细观察探究，这些秘密就悄悄溜走了。那我们应该如何细致地观察，全面地分析，提供专业的教育策略，以支持幼儿的发展呢？也许，读懂孩子的"学"就是我们可以依据的方法。

在《课程实施中儿童"学"的案例》这一篇章中，我们云岩一幼团队开始了一段以幼儿"学"的案例为课程实施的研究，案例以叙述游戏故事的方式，呈现了团队成员在观察中的体会和经验，更记载了一段经历、一种变化、一份追求，实实在在的行动和真真切切的收获，在研究中实现了专业蜕变，在探索中形成了持续发展的不懈动力。

（薛丽娟）

自主游戏：坚固的大桥（中班）

柏贵菲

✎ 一、游戏背景

在幼儿园游戏中，小朋友们最喜欢的就是各种各样的积木。班上到了一批新的积木，小朋友们非常喜欢。对于积木，小朋友们已经能够用基本的拼搭方法进行叠高、平铺、围合、架空。因此，新的积木一到来，加上原有的材料，小朋友们的造型拼搭开始了。

✎ 二、游戏过程

片段一：太不坚固了

活动开始了，景林夕和杨承山选择的是建构区。当我走过去的时候，只见他们在材料框上面铺了几块长木板，两边也摆放着长木板。两个人正拿着小车在木板铺成的平面上移动。教师：你们这是在做什么？景林夕：我们在搭桥，车可以在桥上走。杨承山：对，我们搭的是一个大桥。说完，两个人继续拼了起来。杨承山拿了两块长木板立在中间，景林夕：对，桥上是有这个的。接着，景林夕拿了一块短木板搭在了上面。杨承山拿着小车开始上桥，景林夕也拿起压在桥面上的木板，嘴里说着：允许通过。旁边的熊子堂和简千杰看到了，也拿起了自己的车上桥。当小车开始按顺序上桥时，桥面的木板翘了起来，掉在了旁边。景林夕回头看了看，直接把框拿了起来：这个桥太不牢固了，我们重新搭一个。

反思与支持

小朋友们对于大桥的经验是不足的，只能通过自己的已有经验来搭出自己印象中的大桥。但是桥的结构以及对班上新投放的积木材料都还不是很清楚。因此，当车上桥时，桥面倒了。

我看到筐后，就对小朋友进行了询问，筐的作用是什么？景林夕告诉我这个是水，桥下面的水。因此，我便开始引导他们想一想，在桥的下面还有什么。景林夕大声说了出来，还有柱子。接着，拿了两块长木板在地上立了起来。接着，拿筐放在两块木板上，筐倒了下来。景林夕：不行，这个太长了，不能做柱子。接着，杨承山在材料柜里看来看去，找到了一筐圆柱积木，说：这个可以。

片段二：桥太小了，一点也不大

杨承山看了看材料柜，抬了一筐圆柱材料。杨承山：你看，这个刚好做柱子。景林夕：对。两人开始摆了起来，将圆柱按照一定间隔和距离摆好后，在柱子上摆起了木板。两块木板铺好了，景林夕用手在下面移动，说：可以通过。接着就是桥面，选择了同样厚度的长木板。景林夕拿来了小圆柱积木摆在了桥面位置，景林夕：这个是扶手，不然会掉下去。说完又拿了一块长积木板挡在了扶手前：这个是警示牌，不能随便上桥。说完，在另一边也放上了木板，张若涵拿着自己的小车开了过来，说：你们的桥从哪里上去啊？景林夕把两边的长木板放了下来，杨承山拿着长木板从桥面铺到地面，景林夕铺另外一边，铺好之后，在桥面刚开始的地方加了一根木棍，说：这样也可以当警示牌。杨承山拿着小车开始上桥，但车子太高了，警示牌被撞倒了。景林夕：这个桥太小了，车子都不能过去。

反思与支持

小朋友们从最开始的桥不牢固到寻找适合的材料，到发现桥太小了，车不能通过，慢慢地实现了材料和经验的整合，以及在这一过程中不断思考怎样用材料搭建一个大桥，并且能够让小车在上面顺利通过。

为了让小朋友们能够更直接地观察桥的结构和形状，在区域游戏总结时，我去打印了图片并拿给小朋友们看。通过观看不同造型的桥，小朋友们选出了自己最喜欢的桥。景林夕指着图片对杨承山说：我们一会搭这个桥吧，这个桥一看就很坚固。杨承山点了点头。景林夕：但是这里太小了，拼不了超级大的桥。而且，要用螺丝才可以拼出坚固的桥。杨承山：三楼那里有螺丝，我们可以去那里拼。我将打印的桥的图片给了他们，两个人在那儿讨论了起来。接着，杨承山过来问我：老师，我们能把小车拿上去吗？上面没有车。我点了点头，并告诉他们，需要用的材料都可以拿上去。景林夕和杨承山去拿了搭桥需要的材料，并喊了其他小朋友和他们一起上去。

片段三：我们的桥，很坚固

　　景林夕带着小朋友们来到了三楼平台，顺便把需要的材料带了上来。来到场地后，便把需要的材料抬了出来。杨承山把木桩搬了出来，一个接着一个挨在一起，摆好了一边再在旁边摆放木桩。接着，他拿出了长的带孔木板搭在了上面，拿了三块长木板铺在下面后，又去拿了长木板铺在了上面。张旭尧拿着螺丝与螺帽过来，找到两块木板对应的洞口开始拧螺丝。景林夕从旁边递来了更多的螺丝。安好螺丝后，张旭尧去安另外一边的螺丝，结果整个桥面从木桩上掉了下来。景林夕：一点都不牢固，桥都掉了。说完又去拿来桥的图片，说：我们就拼这个桥，这个桥很坚固。然后在地面上用手指了起来：这个木桩一会要从这里开始，再放在这里。而且，桥下面要有水通过。说完，宋厚坤拍了拍头：我懂了，我知道要怎么拼了。接着，小跑着过去，将两个木桩分开，将长木板放在两个木桩上面，接着又搬了一个木桩到另一个位置，在上面铺上木板，并将两块木板挨在一起。宋厚坤又发现了其他形状的木板，把它拿了过来，说：这里我们可以做一个拐弯的地方。桥越做越长，张旭尧也开始帮忙。桥越来越长，景林夕拿着自己的小车开始上桥。景林夕：我们的小车能够通过，这个桥很坚固。

　　反思与支持

　　在搭建过程中，宋厚坤和张旭尧展现了较强的专注力与表现力。杨承山则一直在思考桥的下面能不能铺路。景林夕经常跑前跑后地这里看看，那里瞧瞧，然后拿车在桥上通过。但不清楚自己要做什么。我请他们先想一想要搭什么样的桥，第一步应该做什么？第二步又该做什么？宋厚坤说，我们应该先做桥柱子，才能做桥。时间结束了，但搭建并没有完成。回来之后我们进行了讨论，请小朋友们说一说大桥还可以怎么做，张旭尧说：我们还需要做路灯。景林夕说：还有扶手和人行道。宋厚坤说：我们的桥太小了，只能通过一辆车。下次要做更宽一点的桥。

三、游戏中幼儿的学习与发展

（1）游戏能够增强幼儿的学习品质。在游戏中，幼儿专注于通过将车子在桥面上行驶来探究如何搭一座稳固的桥，耐心地验证自己的假设，体现出明显的目的性、坚持性，在幼儿解决问题的过程中，不仅充分调动他们的已有经验，整合新经验，还能使大小肌肉动作协调配合，积极主动、认真专注、不怕困难、敢于探究和尝试、勇敢坚强等积极的学习与心理品质也在悄然形成。

（2）游戏促进幼儿身心健康。游戏是幼儿健康发展的重要手段，游戏的意义在于培养幼儿活泼开朗的性格，通过游戏，幼儿能够在身心健康方面全面发展。在本次游戏中，幼儿自动自发地展开游戏，并在游戏过程中从最初的和同伴一起玩游戏的快乐，转变为解决问题的快乐，搭建成功作品的快乐。并且，幼儿能够在游戏中进行角色分工，尝试多元化的游戏体验。

到了中班之后，小朋友们的搭建水平已经不再是平铺和叠高。因为在小班时，我们就提供过架空的作品给孩子们做参考，但孩子们搭建的作品依旧停留在城堡上。现在的他们，不管是在户外还是在教室，搭建的作品中慢慢地出现了桌子、椅子、楼房等。桥是孩子们日常生活中常见的建筑物，也是基础的架空结构作品。在孩子们一次又一次的探索中，桥的搭建慢慢地有了结构，有了规模，也有了一定的情境。更重要的是，孩子们开始慢慢地理解计划的意义，计划并不是随口说说，而是能够帮助我们更好地实现作品的好帮手。

四、教师的反思与提升

在本次活动中，幼儿从最开始的没有桥的搭建经验，到教师提供桥的图片后，幼儿能够根据例图选择自己想要搭建的大桥以及发现适宜的材料。发现场地和材料不足以搭建更大的桥时，需要征求教师的同意更换场地，设计大桥，能够按照设计图纸搭建作品以及在这一过程中尝试分工。教师在一步步放手幼儿的游戏并给予最大的支持与鼓励。得到了教师的肯定，幼儿才能够更大胆、更放心地去做自己想做的，这也是本次游戏能够持续近两个小时的原因。及时激发幼儿兴趣，支持幼儿观点。在本次活动中，依旧坚持以观察为主，指导为辅，当孩子在搭建过程中出现了三次桥垮了的时候我并没有急于去帮他们解决问题，我认为这三次桥垮，每一次都是孩子们提升自己建构经验的良好契机，孩子们一次都没有放弃，一直提出积极的改进方法并大胆尝试，这让我又一次认识到孩子是天生的学习者。

在本次活动中我只是一个观察者、支持者和欣赏者。

（1）适时地对幼儿的活动进行提问。在幼儿活动陷入瓶颈和困难时，以询问的方式引导幼儿思考解决方法。

例如，桥的下面有什么？我们还需要哪些材料？

（2）支持幼儿活动。在幼儿活动时，对幼儿的需求提供最大程度的支持与鼓励。

例如，打印不同的桥的图片，供幼儿参考；允许幼儿更换活动场地以及携带材料；时间结束后依旧支持幼儿的搭建。

（3）做好经验的巩固与传播。在活动结束后，帮助幼儿巩固搭建经验以及引导幼儿向他人介绍自己的搭建活动。

例如，搭建结束后，回到班上展示图片，请小朋友们介绍自己的活动，以及请其他幼儿一同讨论下次搭桥我们可以做些什么？

自主游戏：搭桥记（中班）

詹慧中

✎ 一、游戏背景

今天在作计划的时候，吴璟阳提出一个新的想法，他想将后花园的小轨道接到水池里，将小球滚到水池中，然后捞小球。

✎ 二、游戏过程

片段一：水泵压不出水

来到后花园后，孩子们迅速找到自己的操作工具，但是在第一个水泵处的时候他们发现水泵压不出水，于是孙沐雅建议把轨道搭建在第二个水泵处，孩子们陆续搬过去，但是尹昌俊和张治臻还在尝试用第一个水泵压水。在经过了一系列尝试之后，尹昌俊和张治臻发现没有用，我请尹昌俊去叫维修师傅王爷爷，但是王爷爷没在，保安师傅马叔叔来了，他接了一些水灌进了水泵里，压了水泵，水泵就能压出水来了。

　　尹昌俊又呼叫刘洪位、孙沐雅，让他们把搬过去的工具再搬过来，在第一个水泵处继续搭建。在马叔叔的帮助下，小朋友们知道了要往水泵里面先加一点水才能压出水来，于是孙沐雅压水泵，吴璟阳、刘洪位负责搭建轨道，他们将轨道横着搭建，摆放了两个最高的支柱，将 PU 管放在了支柱上面，接着他们又换了一个矮一点的柱子，在上面摆放了 PU 管，和第一个 PU 管连接在一起，他们用这样的方法继续往水池方向搭建，吴璟阳在接近水池的地方放了一个塑料小水车，孙沐雅压水，水流进了水车里，孩子们发现水流到水车上面会产生小小的旋涡，流进去的水会流到地上，他们更加专注了。

　　随后，吴璟阳将这个水车当成一个支柱，在上面放了一个 PU 管，并叫张治臻把球放在轨道上，他说："我要让小球滚到水池里，也要让水流进水车里面。"我告诉吴璟阳："如果你既想要球滚进水池里，又想让水流进水车里，你就得留一个空间让

水能流到水车里。"随后，吴璟阳将接好的 PU 管分开，留了一个缺口，这样水球就能滚到水池里，还能看到水流进水车里的样子。后来，他们又在 PU 管道的初始位置放了几个球，其中有一个球被卡住，浮在了水车的顶部，我提醒孩子们："你们快看，这个球怎么了。"刘洪位和罗昕薇说："它浮起来了。"我问他们："为什么会浮起来呢？"吴璟阳说："因为水的浮力大于球的重量。"我请孩子们再试一遍，这次小球没有浮起来，我又问孩子们："为什么这次水球没有浮起来呢？"刘洪位说："因为这次水的浮力不够了。"

（一）幼儿行为分析

大班幼儿的合作水平较高，以合作性游戏为主，随着年龄的增长，喜欢与同伴一起玩游戏，他们的注意力有了很大的提高，每当我们的游戏场地选在后花园时他们总是选择玩小水池，在无数次玩水泵的经验积累下，孙沐雅知道一直压一个坏掉的水泵是不会出水的，转而向大家提议选择另一个好的水泵。而尹昌俊、张治臻重复性压水泵是因为他们本身对于水泵能压出水这件事是抱有极大兴趣的，在以前每一次水泵压出水时他们都会高兴得尖叫起来，虽然这次水泵坏了，他们依旧不肯放弃。

（二）教师的支持与回应

一开始我并没有中断尹昌俊和张治臻的游戏，我想等他们自己发现问题，找到解决的办法，但是我发现尹昌俊和张治臻一直重复压水泵并没有找到好的办法时，我就请尹昌俊去请教更专业的王爷爷，王爷爷没在，保安马叔叔来了之后很快找到解决的办法，大家掌握了方法之后游戏顺利进行。当我发现小球能在水车上浮起来时，我引导孩子们去观察，思考小球能浮起来的原因，发现生活中的物理现象。

片段二：不怕困难的小小建筑师

在玩过水车之后，吴璟阳打算继续搭建轨道，他将支柱放进了水池里，把轨道放在支柱上，就像是海上的"桥"，可是桥不够牢固，这是两个轨道的接口处，容易垮，我请吴璟阳看看有支柱的地方，看看容易垮的地方还差什么。吴璟阳又拿了支柱放在轨道交接处，这次"桥"没有垮。吴璟阳叫熊俊淇放球，小球滚的时候被卡住，滚到了水里，浮在水面上，刘洪位把小球捞了上来，可是当孙沐雅再次压水泵的时候没有水了，他们不肯放弃，往水泵里面加水，过了一会儿之后还是没有水。孙沐雅就到了第二个水泵处，告诉他们那边的水比较大，叫他们搬过去，在我的劝说之下他们将材料搬了过去，在那边搭建轨道。

第二个水泵处有一个木制的水车，张治臻想浇花，孙沐雅帮他压水，张治臻浇了花，而尹昌俊他们玩起了水车，我问他们现在最重要的问题是什么？孙沐雅说："现在最重要的是搭建轨道。"他们在第一个水泵处搭起了横向的能转弯的"桥"，由于第二个水泵处地面有高低落差，当他们准备在水中搭的时候发现搭不了桥，轨道与轨道之间无法衔接，他们继续尝试了一会儿，还是无法衔接，我提醒他们是因为摆放的方法不对，于是他们改变了摆放的方法，将轨道调整角度，搭成了像一条直线的"桥"。这下他们将小球放在轨道上时，球就能顺利滚到水面上了，吴璟阳又开始了新的尝试，他想在轨道上面覆盖一个PU管，做成像山洞一样，但是PU管放上去会掉下来，我请吴璟阳试试更大的PU管，这下PU管不会掉下来，但是球却滚不下去了，因为空间不够，我请吴璟阳把PU管送了回去。我问刘洪位有没有什么更好的方法可以将水里的球更好地收集起来，刘洪位打算用放球的袋子捞球，可是捞不起来，于是他们继续搭轨道，将轨道搭在了草地上，让球滚到草地上进行收集。

（一）幼儿行为分析

由于大班幼儿身体活动能力和语言的发展，活动的范围扩大了，喜欢尝试探索，幼儿的游戏自主性提高，他们不再满足于追随和服从，而是有了自己的想法和主见。

当孙沐雅提议大家搬到水更大的地方去时，有一部分小朋友去了，另一部分小朋友还在坚持。同时，大班幼儿游戏的创造能力在不断提高，从以前在地面上搭建大桥转变为将桥搭在水面上，体现了他们能够有效地将以前的经验进行迁移，所以在玩耍的时候他们并不局限于一种玩法，而是能够想出多种玩法。

（二）教师的支持与回应

当我发现张治臻和孙沐雅的注意力转移到了大水车上时，我及时提问并引导他们自己调节了注意力，完成搭建任务。在搭建过程中遇到了他们无法解决的困难，在我的启发和引导下，孩子们发现桥是需要"桥墩"的，解决了小桥容易垮的问题。第一个水泵处和第二个水泵处的地形是有一定差别的，我引导孩子们观察地形的物理特征，从而调整轨道的摆放方法和方向，孩子们顺利将小球引入水中。

🖊 三、活动特点与价值

（一）幼儿在游戏中的学习与发展

一是游戏有利于幼儿的人际交往，通过游戏中的合作与冲突，孩子们获得了情感的共鸣与更广阔的认知视野，每个人分工合作，共同完成自己的游戏任务。

二是在游戏中发展了幼儿手臂小肌肉和大肌肉，在搭建和搬运的过程中孩子们通过自发的行为促进了四肢的协调。

三是在游戏中培养了幼儿空间与抽象思维能力，在搭建过程中孩子们借鉴了以往的经验和想象，先在脑海中进行设想，最后付诸行动，发展了对空间的认知。

四是游戏有利于培养幼儿不怕困难的良好品质，当小桥一次又一次地倒下时，就意味着孩子们要进行一次又一次的搭建，无形中培养了孩子们的坚持性。

（二）教师行为的适切性

本游戏最大的特点在于将学习融入了游戏情境中，本游戏结合了建构游戏和玩水游戏的特点，将两种游戏的优点进行结合，孩子们自发将材料组合、重建，发展了幼儿的动手操作能力和创造能力。

（1）老师在游戏中有明确的角色和定位，在游戏开始前，我确定了自己的身份是观察者和支持者，在游戏中我引导幼儿进行自我探索、自我成长，激发幼儿参与游戏的兴趣。

（2）在游戏中我不断观察，发现幼儿当下的游戏状态，把握幼儿的游戏水平，采取适当的措施引导幼儿将游戏不断生成和深入。

（3）尝试用隐性的、自然的方式把游戏活动引入正向积极的发展轨道上来，充分利用环境和材料引导幼儿进行学习，从而完成游戏任务。

（三）下一步的支持

（1）请幼儿将自己的游戏故事画出来，老师做成游戏主题墙进行展示，其他的幼儿可以学习和讨论。

（2）可以把后花园的建构游戏迁移到自己班上，孩子们利用班上的建构材料不断改进和完善，在尝试的过程中不断进行空间的重组，提升幼儿的游戏经验。

（3）通过以大带小的游戏形式传授游戏经验，请我们班的小朋友带领中小班幼儿在畅游日继续进行游戏，增进幼儿之间的情感交流，丰富幼儿的学习经验。

自主游戏：CS 基地（大班）

张艳梅

✐ 一、游戏背景

一次户外游戏中发现幼儿对"枪战"游戏有极大的兴趣，幼儿在幼儿园自由活动时，部分幼儿会自主开展"枪战"追逐游戏，于是我们利用幼儿园后院和小朋友一起创设了一个简单的 CS 基地的环境，并投放了头盔、迷彩背心、手套等 CS 用具，接下来就看小朋友们准备怎么玩，玩什么，于是就有了我们的第一次体验。

✐ 二、游戏过程

片段一：游戏初体验——"枪"从哪里来

活动开始时的装备准备。

刚进入装备室，小朋友们都迫不及待地去挑选自己喜欢的物品，戴帽子的戴帽子，穿衣服的穿衣服，每个小朋友都玩得不亦乐乎。

小宝：老师，帮我戴一下帽子吧！

水星：老师，帮我穿一下衣服吧！

一番手忙脚乱之后做好了前期准备。

一一：老师，我们没有枪吗？

水星：是呀，老师，没有枪，我们怎么打仗呀？

幼：是呀是呀，怎么办呀？小朋友们开始七嘴八舌地讲起来，热闹极了。

师：是呀，我们没有枪怎么办呢？

一一：老师，我们可以用手来当枪，就像我这样。（比画手枪的姿势）

豆豆：我们可以用那个棒棒，就是那个跨栏用的棒棒呀。

甜心：还可以用玩具水枪呀。

（最后，小朋友更多的是选择用棒棒来当枪，少部分小朋友选择了用手来当枪）

所有小朋友都做好了前期准备，接下来就到户外 CS 场地玩了起来。

幼儿行为分析

幼儿在游戏前期遇到了难题——没有手枪怎么办？部分幼儿在遇到困难时，想到的第一个办法便是求助。

可见部分幼儿还没有形成自主思考的意识。为了让部分幼儿有进一步的思考，我没有直接告诉他们怎么办，而是反问他们该怎么办？于是幼儿便想出了用手、用跨栏的棒棒当枪的好办法，推动了幼儿游戏水平的发展。

幼儿通过发现问题、解决问题、实践验证，发现了枪可以利用身边的资源来充当，幼儿的想象力和创造力得到充分体现。另外，新的游戏主题也激发了幼儿的兴趣，每个幼儿都沉浸在游戏的快乐中。从小朋友的提问我们可以看出，不管是游戏还是真人的 CS，在小朋友的认知里，有枪才能开始对战，也由此引发了疑问"枪"从哪里来，我们用什么来充当枪呢？于是就有小朋友从身边的资源中发现可以用跨栏的棒棒当枪，在这个过程中小朋友的想象力和创造力得到了充分的体现，也让我们发现，在小朋友遇到困难的时候是有能力自己解决问题的。

片段二：角色扮演——不断挑战

游戏一开始小朋友们都兴奋地四散开来，一部分在玩楼梯，一部分在玩轮胎，一部分在四处乱跑，还有几个小朋友迅速地抬起梯子搭在了小房子上面，豆妹说，快点，那边还有梯子，我们一起把它抬过来，我们搭建一个秘密基地，于是若晨和牛奶合力将梯子抬过来搭在了旁边，就这样结束了吗？其实并没有，紧接着就看见萌萌开始尝试着爬上竹梯，准备继续往上爬的时候就站在梯子上不动了。

我问她：萌萌，你怎么了？

萌萌：老师，我害怕。我想下来了。

豆妹：萌萌，你下来，我想上去。

于是，萌萌下来以后，豆妹和几个小女生轮流上去尝试了一下，最终——最先爬上了屋顶，她无比的开心，也给了后面的小朋友无声的鼓励。

旁边的几个小男生跃跃欲试，都想爬上竹梯，于是跟小女生商量。

小杜：我们可以来玩一下这个梯子吗？

然然：是的，我们也想玩一下，可以吗？

小宝、含含等也跟着附和，让我们试一试吧，于是几个男生开始一个接着一个地爬上了楼梯，很快爬上了屋顶，坐到了屋顶上，小朋友们都很享受成功的喜悦，内心得到了极大的满足，也让我看到了小朋友的坚持不懈和敢于挑战的精神。

其中，我发现小杜在玩的过程中先是将一个梯子搭在了叠放着的轮胎上，然后从梯子上爬上去又跳下来，重复了几次以后，小杜开始觉得无趣，又开始尝试新的玩法，于是将一个梯子搭在了树上，并快速地爬上梯子，最后又将多个梯子叠放在一起，再一次爬了上去，在这个过程中我看得心惊胆战，就怕小朋友从上面摔下来，而事实上，我的担心是多余的，在重复几次的攀爬游戏中我看到更多的是小杜在游戏过程中不断地挑战高难度的动作和尝试新的玩法，是一次次成功给予了小杜更多的勇气和信心，在这个过程中，沐沐小朋友也想要尝试一下，因为沐沐的胆子很小，在平时的走矮板凳游戏都会害怕掉下去，我也很想看看沐沐会有怎样的表现。

沐沐开始小心翼翼地爬上了竹梯，爬了几梯以后沐沐开始害怕了，怎么办，我好怕呀！虽然嘴上这样说着，但并没有见她停下来，而是坚持爬着。

到了顶上，沐沐也非常开心，在这个游戏中沐沐虽然害怕，但还是坚持往上爬，不断挑战自己。

幼儿行为分析

幼儿在开展游戏的过程中，更多的是进行攀爬，而不是利用 CS 用具进行"枪战追逐"、躲藏，体现幼儿利用游戏资源自主、自由地开发自己感兴趣的游戏，也是安吉游戏的特别之一。让我感到惊喜的是沐沐小朋友，作为一个胆量很小的小朋友，沐沐战胜了自己内心的恐惧，勇敢地爬上了竹梯。可见，游戏不仅能锻炼幼儿的各种能力，还能培养幼儿的品质。小杜在游戏中利用游戏资源自我开发游戏，搭一个梯子在树上、搭几个梯子在树上，是小杜在进行游戏思考后做出的举动，他享受游戏成功之后的喜悦以及内心极大的满足感，丰富的游戏材料和自然放松的环境能够激发小朋友去自主地游戏和锻炼，并在这个过程中享受合作、挑战带来的满足感和自豪感，户外主要是开展幼儿走、跑、跳、钻爬、平衡、攀爬和大肌肉群、小肌肉群协调运动的主要场所，打破了幼儿的年龄界限，为幼儿创设了一个自由活动的空间，有助于调动幼儿的积极性，从而提高幼儿的身体素质。

片段三：对抗意识的萌发

在小朋友攀爬的过程中，我偶然听到若晨小朋友说了一句："破坏环境的人，我们一起去消灭他。"说着几个小朋友开始互相追逐，有的爬到了树上，有的爬到了房顶上，还有的小朋友说"站住，别跑，看我不抓住你"，小朋友们拿起手中的"棒棒枪"做打枪的姿势，一个个玩得不亦乐乎。

幼儿行为分析

若晨小朋友提出破坏环境是不对的，我们要制止这种行为。可见，幼儿对保护环境的意识是很强烈的。游戏中，幼儿知道保护环境的重要性，同时呼吁身边的小朋友也要保护环境，让我非常惊讶。

在游戏中，向幼儿灌输正确的思想观念，引导幼儿如何去做，是幼师在游戏过程中要做到的非常重要的一点，从而培养幼儿良好的道德品质。

三、游戏中幼儿的学习与发展

CS游戏是一种户外的自主游戏，有最自然的环境和最基础的材料，正是因为简单，才让小朋友在游戏过程中充分发挥自己的想象力，去做有挑战、有竞技、富有冒险性的游戏活动。在这个游戏过程中，我们会看到孩子们在体能上的提高，动作更加协调、灵敏，并有较强的自我控制能力，合作意识也有所增强，这个游戏虽然没有按照我预想的去开展，但这样不是更能让老师惊喜吗？小朋友在游戏过程中的表现让我看到了幼儿自主的游戏更能让小朋友获得直接的经验，在游戏中学习，我想应该是一种最好的学习方式吧！

从平时小朋友之间的游戏和相处过程中我们会发现，小朋友喜欢的游戏是能够带来探索欲望、想一遍接着一遍玩的。大班幼儿好奇心强、爱提问、能够理解游戏规则，并不停地创造和改变，经常在追逐打闹的过程形成新的游戏，自从设置了CS区以后小朋友对这个区域非常地感兴趣。在玩之前，小朋友通过观看成人CS游戏来增加自己的经验。

四、教师的反思与提升

本次开展的活动是基于幼儿的兴趣出发的，利用开放的环境让幼儿自主、自由地进行游戏，支持幼儿按照自己的想法来探索和发现。在游戏初期，没有给小朋友投放儿童枪，在没有枪的情况下怎么办呢？老师并没有第一时间为小朋友解决问题，而是将问题抛给了他们，让他们带着问题进行游戏，在这个过程中，小朋友根据自己对幼儿园的了解选择了用塑料棒来当枪，而部分小朋友则选择了用手来当枪，就这样开始了他们的第一次游戏。在第一次游戏结束以后和小朋友共同讨论这次游戏带给他们的感受，一致认为CS游戏必须要有枪，所以他们计划在下一次开展活动的时候自己从家里带一把枪到幼儿园。在游戏活动中，我们应该尽量做到倾听儿童的声音，赋予儿童发言权，让儿童做游戏的主导者。

自主游戏：我们是消防员（中班）

蒋鸿雁

✎ 一、游戏背景

中班孩子自主游戏场地在小花园，花园中有一条"小河"，孩子们不断地探索用渔网在"小河"里捞鱼、用水桶在"小河"中打水，用玩具水枪抽水浇花，穿着捕鱼裤下河摸鱼。老师看到孩子们越来越喜欢在"小河"边玩了，于是提供了更多的玩水工具，如塑料大桶、手动抽水泵、油壶等。最让孩子们兴奋的要数中班云龙爸爸从百花湖捕来的三十多只牛蛙，孩子们把牛蛙捞上来又放下去，玩得不亦乐乎。

在全园开展自主游戏教研活动中，我想固定观察对象，看看中班小朋友在自主游戏中合作意识、合作方法、合作水平的发展，也想了解孩子们在玩水游戏中有什么新发现。

✎ 二、游戏过程

片段一：我们在灭火

活动一开始我便看到梁远智和何楷航一起抱着一瓶水走过来。何楷航拿了一个红色塑料瓶并在瓶中插了一个手动水泵，梁远智则拿着水泵出水管。两人将瓶子放在地上开始了他们的"工作"。何楷航左手拿着水泵管，右手用力抽拉活塞手柄，让水从水泵的软管部分流出来。梁远智双手握着距软管口10厘米左右的地方向何楷航说的方向喷水。何楷航嘴里一直不停地说："这边、这边，灭火、灭火"，他俩"灭"完一处的火又换一处。

每当一壶水用完，何楷航与梁远智都会自主地走向"小河"边将红色的大塑料瓶整个瓶身按在水面下，让瓶子吸满水后，又继续进行游戏，只是他们不停地换"灭火"的地点。

片段二：请你给我加点水

两个孩子来来回回往瓶子里加了七八次水，没有为谁去打水、谁拿喷头等事争抢，配合得很默契。梁远智握着水管喷头部分非常小心，没有一次喷到周围的人。转眼20多分钟过去了。突然玩果汁店的佳佳提了满满一壶水很吃力地走过来大声喊道："哎呀哎呀，我的水太满了，太满了。"听到这句话何楷航马上放下自己的水泵迎了上去并说："把你的水倒在我的瓶子里吧。"他帮佳佳抱着壶晃晃悠悠地来到他们的红色大瓶子前一起将水对准瓶口倒进瓶里。装满水后何楷航、梁远智继续他们的"灭火"游戏，佳佳又拿着水壶去"小河"边打来一壶水。等瓶中的水喷完了，梁远智帮着佳佳一起将壶里的水灌入瓶中。

片段三：不一样的取水

30分钟后，我发现他们俩蹲在"小河"边，梁远智熟练地拔出抽水泵，何楷航将水瓶深深地放入小河中取水。当他取出水瓶时发现瓶里的水还没满，他便拿过梁远智手中的水泵，将水泵的一头插入"小河"里。将原来的软管喷头插入瓶口，仍然是何楷航操作活塞手柄，梁远智手执喷头。当水抽满时他们熟练地将吸水管一头插入瓶口，软管掏出来当喷头。

片段四：我们是消防员

这次灌满水后他俩正准备"灭火"时，在他们旁边的浩浩一手抓住了喷头。何楷航并没有生气，而是笑着更加用力地抽动活塞手柄，他们三人都没有放手。我问他们："你们是想做喷泉吗？"浩浩将手指塞进软管口，说："我们是消防员。"这时何楷航更加用力了，只见一股细而有力的水从软管口喷出，超出了之前一直是50厘米左右的距离。三个孩子都非常兴奋，他们一起用力，终于将水喷到了约2.5米远的地方。浩浩继续探索着如何喷得更高更远，何楷航不断用力地抽、压。他们一次次将水射向更高的地方，我惊叹道："你们可以做高楼消防员了！"这时，三个孩子脸上露出得意的表情。

三、游戏中幼儿的学习与发展

在我们眼中，中班的孩子往往是不太会合作的，也喜欢争抢，但在今天的游戏中，我看到的是他们的合作意识，如何楷航与梁远智在40多分钟的游戏中一直在一起游戏，没有发生争抢。当有小朋友说"水太满"时何楷航还能主动邀请别人参与自己的游戏，说明孩子们是主动交往、善于合作的。当浩浩"不请自来"抓住水管喷头时，我想可能会发生冲突，可出乎意料的是孩子们拥有包容心，不仅没有发生口角，而且在这种包容中使游戏发生了创造性的转折，达到了高潮。

通过今天的观察，我看到孩子们自由自主地选择游戏方式、合作伙伴，他们彼此信赖，心态平和。在这种状态下，游戏从开始的两人游戏变成了四人的合作游戏，从单一的取水方式变为多种方式取水，而且还灵活地运用工具取水，通过同伴合作取水，游戏层层深入，引人入胜。

游戏中发现梁远智在前30分钟里一直手握喷头，他没有将喷头对着任何一个小朋友喷。他在游戏中表现出了较强的责任心，守规则，乐于与别人合作，是一个非常认真的小朋友。但是，我发现他一直没说话，这也是下一步值得教师关注的问题。

四、教师的反思与提升

在我园开展自主游戏探究以前，教师总会按自己的想法写好教案再让孩子按自己的教学计划去"游戏"，游戏中孩子们按教师分配的角色、制定的规划无创造性、娱乐性可言。在观摩研讨活动中，教师让孩子自己选择玩具、玩法，没有干预孩子。孩子能专注地、创造性地开展游戏长达40分钟。教师在其中只是一个旁观者、记录者，没有去打扰他们的游戏，游戏却出乎意料地精彩。从此游戏中我发现了孩子们能主动探索，不断创新，彼此支持。

通过观察我认为幼儿园应该尽量给孩子们营造这种宽松自由的氛围，提供低结构的工具和材料，让孩子们有创造的空间和时间，让孩子能按自己的想法去游戏，教师应该更相信孩子，他们的世界是充满友善和乐趣的。

下一步可以增加有关水的压力的工具和玩具，让孩子们进一步探索水的变化和奥秘。关注梁远智小朋友语言表达方面的能力，多与他进行交流，提高他的语言表达能力。

自主游戏：烈火英雄（中班）

刘文

一、游戏背景

到了中班下学期，我班幼儿越来越喜欢组队游戏。周末王晟懿和爸爸一起看了一部名为《烈火英雄》的电影，对电影中的消防队员很是崇拜。幼儿园近期又开展了一次消防宣传讲座和模拟演习的活动，孩子们对消防队员和灭火救灾活动很感兴趣，于是一个关于消防员的游戏就开始了！

二、游戏过程

片段一：油罐起火大救援

（一）幼儿活动记录

在周五的畅游日活动中，我值守的区域是滑滑梯，活动开始没多久，王晟懿和几个小男生跑了过来。在王晟懿的指挥下几个小朋友搬来了两个竹梯，把梯子靠在了滑梯的吊桥处，小朋友"噔噔噔"地往上爬，边爬王晟懿边喊道："油罐就要爆炸了，快去救人！"于是爬上竹梯，他们又准备翻过吊桥的护栏。我询问他们正在玩什么游戏，王晟懿说："我们是消防员，油罐起火了，我们要赶快去救援，还有人被困在里面！"我提醒他们在救援前做好防护措施之后再行动，孩子们铺好垫子又爬上了竹梯。此时，佟皓枫做手捧状向我走来，把手里的东西放在了我身旁的轮胎里，他说："这是我救的小宝宝，你带她去医院吧，我要去救别人了！"田睿杭和谢沁余手做握水管的动作，我询问谢沁余手里拿的是什么？他说："是水管。"我提出在前操场有没有东西可以用来做你们的道具呢？谢沁余挠挠脑袋看着我，我说："水管是什么样子的？"谢沁余说："是长长的""那前操场有没有什么东西可以代替？"龙泽熙马上跑到巷道里找到了长条状的泡沫条说："我要用这个当水管！"其他小朋友见状也去玩具架里翻找起来，一会儿就见到好几个小朋友手拿"高压水龙头"使劲往高处"喷水"，玩得更起劲了。

在这一片段中，小朋友们有明显的分工意识，每个角色都有自己故事，执行任务的过程中全员配合默契。虽然孩子们没有真实地接触过火灾，但是利用在生活中的各种间接经验，丰富了自己的游戏故事。能看出孩子们组队游戏的能力比较强，王晟懿也在游戏中表现出了极强的领导能力。

（二）教师的反思与支持

在该片段中，我是观察者和引导者，第一，我在孩子们游戏时及时提出有安全隐患的地方，提醒幼儿做好安全防护措施。第二，在孩子们使用无实物道具的表演方式时，以询问的方式，鼓励孩子们可以根据自己的需要寻找可以使用的道具。

片段二：自制小道具

（一）幼儿活动记录

在区域活动中，王晟懿、于沐钊等小朋友计划在表演区玩消防员的游戏，在做游戏计划时，王晟懿说："我们今天要去表演区，演的是《烈火英雄》第一集，也是有油罐爆炸了，情况非常紧急，我们猛虎队接到任务要去救援。"我询问他们分别扮演什么角色？需要什么装备？王晟懿说："我是队长，其他人是队员。我们要穿防护服，需要佩戴防毒面罩，带上水管，我们还要用对讲机保持联系。"我问："用什么来做对讲机呢？"队员们一开始先是准备无实物表演，后来其他的小朋友们也提出了自己的建议，周西子说："可以用建构区的乐高积木来拼一个。"尹皓晨说："可以在美工区用黏土做一个。"队员们最后决定在美工区用彩泥来做，做好了粘在身上，又将表演区的面具找来戴在嘴巴的位置，王晟懿介绍，这是他的防火面罩。将书包背上做消防背包来灭火，其他小朋友也都纷纷效仿，在队长的带领下大家开始了今天的救援。

　　在制作对讲机时，小朋友们很有自己的想法，在分享环节他也提出，按钮可以用豆子做，并且看到吸管比较像接收信号的天线，就用这些辅助材料来进行制作，动手能力较强，也很会利用材料。

　　（二）教师的反思与支持

　　在做游戏计划时，我适时提出疑问引导孩子们进一步做好表演前的角色分配、道具准备，并且鼓励幼儿进行集体讨论，利用集体的智慧来解决问题。同时，在活动之后我引导孩子们又展开了总结讨论，孩子们提出了表演的优点，比如表演得很流畅，道具选用很形象。也提出了故事情节比较单一，每次都是油罐起火，消防员除了救火会不会做其他事情的疑问，这引起了"消防队员们"的思考。在游戏过程中，王晟懿小朋友也体现出了极强的组织能力和语言表达能力。

片段三：消防员的工作

（一）幼儿活动记录

在参加完"消防讲座"后孩子们了解了更多的起火原因，我在班上开展了讨论活动，在活动中小朋友们分享了自己知道的一些起火原因，孩子们说了电视机起火或是厨房起火的故事，但是消防员除了救火还会做些别的什么吗？于是，我在班上和小朋友们一起观看了关于消防队员的视频，也请小朋友们回家和爸爸妈妈一起查阅相关资料。在讨论中大家提出消防员平时还会进行各种训练，如烟雾室训练，也会有其他的救援任务，如救援被困在高处的人，有小朋友被栏杆卡住了，也可以寻求消防员的帮助。

在今天的游戏中消防员计划要救援一个被困在高楼上的人，王晟懿先是对着雨棚大喊："你不要怕，我们马上来救你！"这时田睿杭和陈佳松拿来了一个软垫，让几个队员分散开来，拿稳垫子站好。又对着雨棚处大喊："你轻轻跳下来，我们接着你呢！"过了一会他又装作扶人的样子，把被困者从垫子上送下来，嘴里还嘟囔着："不用谢！下次一定要小心！"

在这一片段中，孩子们通过多种方式更进一步了解了消防员的工作，通过分享讨论，丰富了孩子们的经验。同时，孩子们也对消防员的生活产生了很多疑问，我们也打算在之后的讲座中再去和真正的消防员交流。在救援过程中，"消防员们"配合默契，想象出了非常合理的游戏独白语言，表现出了良好的合作能力，无论是队长王晟懿的领导力还是队员们的执行力，都超出我的预料，他们很快就把"被困者"营救成功。

（二）教师的反思与支持

当游戏情节停滞不前时，我带领幼儿观看相关视频，引导幼儿回家与家长共同查阅资料，并开展集体的讨论交流，分享大家的发现，了解消防员平时的工作与生活，丰富孩子们的经验，帮助幼儿找到游戏的方向，推进游戏的开展。

片段四：消防小队再出发

（一）幼儿活动记录

　　最近的表演区一直都是热门区域，男孩子们喜欢演消防员的故事，女孩子们喜欢穿着漂亮的裙子跳舞。由于场地有限，两边的小朋友都觉得对方影响了自己的游戏，纷纷来向我投诉。在前一天做游戏总结的时候，我把情况告诉了小朋友，请小朋友来提意见，叶瑾辰就说："可不可以让大家一起演？"于是，表演区的小朋友有了一个新的想法，在第二天做计划时，男生和女生一起讨论，表演区有了一个新的故事。几个女生先穿上小裙子，在舞台上表演节目，正跳着舞，符溪月突然说："哎呀，不好，你们看，着火了！"这时候微唯手作打电话状说："消防员，我们这里着火了，快来救我们呀！"男孩子这边，一开始都是躺在平台上的，他们说我们正在寝室休息。接到微唯的电话后，王晟懿发出"叮铃铃"的警报声。然后大喊，有地方着火了，大家快穿装备。其他小朋友也快速爬起来，冲到放衣服和装备的地方，赶紧穿戴好装备，出发救援。此时的舞蹈演员们也都捂着嘴巴弯着腰，向门口逃去。

在这个片段中，先是孩子们由于场地发生了一些矛盾，在集体讨论的时候叶瑾辰就提出新的想法，可以将不同的故事组合起来。孩子们讨论出的故事的逻辑性很强，在一次次表演的过程中孩子们的表情和状态越来越到位，该片段也是得到了小观众们的一致好评。

（二）教师的反思与支持

在活动过程中，我通过观察了解到幼儿游戏的现状，及时组织开展有效的总结和计划。利用各种问题对幼儿进行启发，鼓励幼儿将不同区域之间和相同区域内的不同游戏结合起来，丰富了游戏故事的同时，也切实解决了孩子们在游戏中的矛盾。

在之后的游戏中，孩子们最初选择用小单车来做消防车执行任务，可是他们又觉得小单车不太像，他们利用教室门口的小椅子自己搭了一个消防车，有驾驶位、副驾驶位，坐在后方的队员也整装待发，随时准备出动呢！

随着游戏的推进，烈火英雄的故事越来越精彩，孩子们也将自己的故事进行编排，并在"丫丫小剧场"开展了表演，表演中有打119报警、火场救小狗、消防员受伤、看望受伤的消防员等情景。孩子们在表演中体会着各种角色的心理活动、语言和表情。

三、活动特点与价值

（1）游戏活动持续了很长一段时间，符合幼儿的兴趣，幼儿在诸多领域获得了多方面学习与发展的机会。通过本活动，发展了幼儿解决问题的能力、想象力、语言表达能力、创造性、批判性思维、关怀的情感等，有助于培养其适应未来社会需要的素质和能力。

（2）在一次又一次的游戏中孩子们越来越投入，烈火英雄的故事越来越精彩，道具也越来越丰富。幼儿对消防员这个职业有了更多的了解，同时对遇到火灾时的应对方法和措施有了更深刻的体会。

（3）在每次游戏开始前，孩子们利用游戏计划做好角色的分配、故事情节的创编。在每次游戏的总结环节，孩子们在遇到问题时更多的是通过集体的讨论和分享来解决，也鼓励孩子们一同去探索、去发现。

（4）游戏时孩子们会将各个区域联动起来，有同区域内不同游戏的结合，也有不同区域内不同游戏的交互。在游戏过程中，幼儿的交往能力、合作能力都有了进一步的提升。

四、教师行为的"适切性"

烈火英雄的游戏是一个基于幼儿持久的兴趣和不断衍生的问题，教师持续关注并积极支持的深度游戏，此游戏经历了四个阶段，在每个阶段幼儿都遇到了不同的问题，但在教师显性或隐性的支持下，这些问题最终都得到了解决。

在游戏前，我引导孩子们唤醒、梳理了前期经验，游戏中仔细观察，及时给予幼儿帮助，进一步推进游戏。游戏后与幼儿进行回顾与反思，对新经验进行概括与总结，提出新问题、新挑战，在游戏中我也真切地看见了孩子们的热情和成长。

在整个活动中，我给孩子们提供了充足的时间和场地，鼓励幼儿利用替代物借代一些所需的道具，在通过对孩子们游戏的观察后才买了一些基础的服装和道具，同时提供各个区域内的材料，鼓励幼儿自己制作表演所需物品。同时，在游戏过程中，我也在不断反思：这个游戏到底能促进幼儿哪些方面的发展？能够做些什么去支持幼儿的发展？对此，《3～6岁儿童学习与发展指南》给我提供了观察和分析的框架。

最后，在专业引领与同伴互助中，在参加了责任区组织的王芳芳"幼儿园如何以游戏为基本活动"讲座，以及通过园内解说游戏比赛和责任区内解说游戏比赛后，我对游戏又有了更深层次的感悟和发现，如如何将游戏中的经验内化在实际生活中，材料的提供是不是可以更丰富和低结构一些。

五、下一步准备

（1）继续利用集体讨论的机会，通过总结和计划，推进游戏的开展，丰富故事情节，提高幼儿的表演能力。

（2）在材料的提供上，我更倾向于提供低结构的材料让孩子们自己去制作、拼搭表演中需要的道具。同时，给孩子们提供更加宽敞和多样的游戏场地。

（3）在相关经验方面，利用家园合作，寻找家附近的消防装置，了解生活中常见消防装置的作用和用法。我们也会提供园内的消防装置和一些废旧装置来让孩子们进行实际操作，在丰富经验的同时，也希望他们能够有保护自己的意识和方法。

六、结束语

幼儿是游戏的主人，作为教师，每个有关幼儿游戏的观察记录都应展示幼儿游戏的多维性，尊重幼儿游戏就是尊重全面发展的幼儿。

自主游戏：水球滚滚（小班）

柏贵菲

一、游戏背景

在后花园有一套运水玩具，是幼儿园新增的材料，小一班小朋友还没有去后花园玩过，这一次他们在后花园发现了什么呢？

（一）儿童的兴趣和前期经验

小一班小朋友还没有到后花园玩过，但在前操场玩自主游戏时，小朋友们都非常喜欢玩皮球，积累了很多经验。当我们把小朋友带到后花园时，小朋友们都非常喜欢让小球在运水管道里面滚下去。

（二）玩教具材料

游戏过程中用到的玩教具有运水管道、支架、海洋球、水泵、小推车。

二、游戏过程

片段一：小球滚下去了

在这一周我们的自主游戏来到了后花园。在游戏开始之前小朋友们会发现什么呢？小朋友们发现了后花园有山洞、果树、植物的标本、动物的标本，还有帐篷、小厨房，还发现了水池与水桥。另外，小朋友们还发现了玩具框里的海洋球。陈贤一见到这么多海洋球，立马就把海洋球倒进了水池里，小朋友们开始使用各种工具来捞球，魏帆海忽然将海洋球拿到了运水管道上面，小球滚了下去。魏帆海走了过来，大叫"老师我的小球滚下去了"。说完，好几个小朋友一起将水球放到了运水管道上，让小球从管道上滚了下来。

教师的反思与支持

在小朋友们探索的过程中，他们发现了小球会从运水管道上滚下去，但是小球滚到一半的时候，有的小球会停下来。为了帮助小朋友们思考管道的摆放与滚动的关系。我将运水管道截取了一部分拿到课堂中，和小朋友们探索了管道的摆放位置与小球滚动的关系。

片段二：小桥修好了，球才会滚下去

这一次我们来到后花园，邱椋粲拿着小桶来到了运水管道的终点，在那里等着小球滚到桶里面。张若涵在那里按着水泵，肇兴一捏着水管，让水能够顺利地流到运水管道中。马雨桐把小球一个个放到了运水管道上。可是没多久，小球停在了管道中间。邱椋粲看到小球迟迟没有滚下去，就沿着管道开始检查。他发现了停在中间的小球。邱椋粲先用手推了推小球，小球还是没有滚下去。当他把头低下去检查时发现原来是运水管道的位置出现问题。高的运水管道摆到了低的运水管道下面，水都从中间的缝流下去了。邱椋粲立刻将管道的位置进行了调整，接着继续观察这两个小球，小球成功地滚到了水桶里。

教师的反思与支持

在本次活动中，邱椋粲成功地将上次获得的经验，运用到了本次活动中。尤其是邱椋粲能够跟着小球，沿途去检查管道的位置摆放是否正确。在本次活动的回顾与整理中，我们也引导其他小朋友去检查管道的位置是否正确。在这次活动的总结中，小朋友们发现了要想让小球从用水管道上滚下去，需要很多人一起合作。比如，需要有一个小朋友压水泵，需要有一个人压着水管，还需要有人负责将小球放到管道上面去，更要有人维修管道，最后还需要一个小桶接着滚下来的小球。

片段三：水球滚滚

这一次来到后花园，小朋友们都去了自己想去的位置。景亦诚推着小车，负责将水球放到运水管道上。何润泽压着水泵，纪睿菲负责捏着水管。邱椋粲拿着小桶来到了运水管道的终点。景亦诚将小球一个一个地放到了运水管道上。很快，在小朋友们的共同努力下，水球很快地滚到了邱椋粲的小桶里。小球很快地装满了整个桶，邱椋粲又去拿了一个小筐来装。没过一会儿，邱椋粲在终点大叫了起来："装不下了，装不下了，球太多了。"这个时候，邱椋粲来到老师面前说："老师，球太多了，装不下了。"景亦诚刚好在旁边说："没有球了。"我问他们："那我们可以怎么做呢？"尹艺洁在一旁说："我们可以把滚到终点的小球用小车运到前面来，这样就可以一直有小球滚起来了。"邱椋粲听完把已经装满的小桶拿到了前面，递给了景亦诚，自己又跑到终点去接球了。

教师的反思与支持

回到了教室，我们将图片展示给孩子们看，询问幼儿当用水管道里面没有小球可以放的时候，我们还可以怎么做？尹艺洁说："我们可以把终点的小球拿到前面来，重新放到运水管道里面去。"陈贤一说："水池里面也有很多小球，可以把小球捞起来，放到运水管道里面去。"张骞月说："我可以负责捞水池里面的小球。"在本次活动中，小朋友们能够通过自己玩的过程去发现和思考如何解决问题，去思考如何让小球一直滚起来。

✎ 三、游戏中幼儿的学习与发展

由于小班幼儿在各类活动以及游戏中更多时候以自我为中心，社会性交往能力及合作能力较差，但在本次活动中，我们发现小朋友们在一次次的尝试中去发现问题，开展合作，解决问题，这是在日常活动中不容易体现出来的。幼儿的学习与发展如下：

（1）试错体验。在游戏过程中，一次又一次地调整运水管道的位置，体验管道移动对水流和小球的影响，以便帮助小球顺利滚到终点。

（2）感受合作。本次活动并不是一个人能够完成的，在材料的提供上就能明显看出需要的人数是较多的，但孩子们并没有放弃游戏，也没有因为某一个位置而发生争吵。他们在活动中感受到了一个人不能完成所有的事情，合作能够促进游戏顺利地进行。

（3）学会思考。在游戏中发现问题、解决问题是一个非常重要的能力。在这次游戏中，当小朋友们尝试将水球滚下去时就发现了管道位置对水流的影响。"小球滚不下去"那我们就想办法让小球滚下去。发现问题，并尝试用自己的能力与方法解决问题，让孩子们探索更多的玩法。

小朋友们在本次活动中不断地体验、尝试新的方法和经验，让小球成功地从运水管道上滚动了起来。这不仅是小朋友们能力上的发展，还是小朋友们在与他人合作与相处上的进步。学会完成一个游戏，实现一个目标，并在这一过程中发现合作的好处。

四、教师的反思与提升

在这次游戏中，我依旧想退出孩子们的游戏。因此，在游戏过程中，我一边记录，一边思考。例如，在游戏过程中，当发现问题时，我并没有立刻去帮助幼儿解决问题，而是先观察幼儿的活动。当发现幼儿没有进一步的思考与发展，我再介入，引导幼儿我们可以怎么做，怎么样去解决这个问题？为什么小球会滚不下去？我们可以怎么做？以及回来之后，关注幼儿的经验发展。在每一次活动结束后，利用图片和实物的展示引导幼儿回顾游戏过程，利用提问的方式，引导幼儿思考如何解决问题，这不仅是帮助幼儿学习和发展新的经验，还是帮助已获得经验的幼儿巩固自己所获得的本领。

经过思考，也寻找到一些我们下一步可以调整的方向。例如，由于班级人数较多，幼儿年龄较小，自主服务能力较弱，以至于每一次去后花园的人数并不多，这样就导致一部分幼儿不能够完整地获取游戏经验。所以，每一次的游戏总结环节就显得非常重要。在幼儿经验的总结与展示环节仅利用图片和视频的形式，并不足以让幼儿对下一次活动有计划。因此，教师可以把每一次幼儿经验的总结利用图画的方式记录在墙面上，帮助幼儿巩固和记忆，以便下一次活动时幼儿能够根据墙面上的信息自主分工与合作。

自主游戏：玩转水枪（中班）

彭惟楚

✎ 一、游戏背景

后花园的水枪一直是人气最高的玩具，很多时候男孩子喜欢拿着水枪四处扫射，后来树上挂起了气球和小动物的图片后，男孩子们有了瞄准的目标。对于中班的大部分男孩子来说，这样的游戏较为简单，孩子们很难在简单的游戏上保持兴趣，缺乏挑战性，使得他们开始自由地拿着水枪发挥。于是，告状声不绝于耳……

"老师，王晟懿用水滋我！"

"老师，陈懿轩把水滋到我雨衣里面去了！"

显然，继续放任孩子们过渡自我发挥，绝非长久之计，关于水枪的玩法创新势在必行。一次在后花园，有几个孩子选择了涂鸦墙，他们拿着画笔，蘸着颜料肆意表达。这几个孩子并不是我主要观察的对象，我没有将视线停留太久，可当我在巡视孩子们的游戏时，我看见谢沁余将调了蓝色颜料的水倒进了水枪里，并开始对着涂鸦墙喷射，这个举动让我眼前一亮，我想是时候组织一次关于水枪游戏的"头脑风暴"了。我组织孩子们进行了"水枪，你能想到哪些玩法？"的谈话活动。

叶瑾晨说："可以将小桶摆在很远的地方，然后我们从远处朝小桶射击，两个人比赛看看谁桶里的水多，谁就赢。"

喻悦灵说："可以把小球全部丢进水池里，然后用水枪射击。"

李悦晗说："可以用水枪滋水车让水车转动。"

我问："你觉得能转得动吗？"

李悦晗说："我觉得可以，但是人要多一点。"

我继续问："要多少人呢？"

王晟懿抢答："我觉得12个，15个人应该能用水枪将水车转起来。"

佟皓枫说："还可以调有颜色的水放进水枪里去喷射涂鸦墙，大家可以用不同的颜色。"

我帮助他补充："大家水枪里的颜色不同，滋在墙上也许会发生颜色的变化呢，这个想法可以试一试。"

汤子熙说："还可以先修一个水渠，然后把小球放上去，再用水枪滋着它往前走！"

于是，我请孩子们把自己的想法用画笔记录下来，帮助我们记忆，以便在接下来的游戏中逐一去尝试。

二、游戏过程

片段一：水枪推水车

我们最开始尝试的是水枪推水车这一玩法，由符溪月带了 12 个小伙伴一起操作，一开始孩子们很随意地找了一个地方站定，便开始朝水车开枪。有的孩子站在了与车轮面平行的位置，从侧面射击，孩子们丝毫没有考虑射击方位对水车转动的影响。

于是，我出言暗示："你们得先想好，让水车从哪个方向转。"

此言一出，孩子们立马明白了我的意思，短暂考虑之后他们确定了射击方向，然后调整了一下位置就开始随意射击，水车纹丝不动。

"想一想，为什么水车不动？"我问。

"因为大家都在乱开枪，应该大家一起去开枪。"汤子熙说。

"符溪月都没瞄准，全滋在我脸上了！你是瞄准的我吗？"远扬大声抱怨。

"看来需要一个小队长来主持大局，确定射击点和发出射击指令。"我自言自语道。

孩子们都选择了汤子熙来做队长。汤子熙帮助他们调整站位角度，确认射击点。随着发射口令的发出，小水枪一起发射，水车依然不动。

"看来还是要用盆或者桶才行啊。"涂子轩说。

"因为水枪的推力不够啊，水车太重了。"汤子熙对我说道。

在游戏回顾环节，符溪月做了一个完整的总结："虽然我们人多，但是水枪射出来的水像线一样细，挤出来的水太小了，根本就推不动大水车，还是需要用盆和桶来帮忙。"

经过实践论证，孩子们知道了水枪推水车行不通，于是又开始尝试其他的办法。

教师的反思与支持

在这一游戏环节中，孩子们提出要用水枪推动水车，成年人其实很容易就能想到，这是不易实现的，但是孩子们不这么认为，他们觉得只要人多就可以实现。因此，我没有急于从成人的经验出发去反驳他们，而是鼓励他们去尝试，自定人数，组织站位，确定瞄准点，开始尝试操作。最终，实践出真知。

在游戏回顾环节，当孩子们分析实验失败的原因时，有的孩子说水车太重了，有的孩子说水的推力不够，符溪月说："因为水像线一样细，所以推不动水车。"孩子们对问题分析得很到位，符溪月甚至用了比喻句来表达观点，非常值得大家学习。

作为教师，在游戏过程中我适当地提出一些问题引导孩子们进行探索和思考，使孩子们学会了认真合作，共同解决问题。在游戏过程中记录不完全，没有记录孩子们后续的解决方案，在过程中应当鼓励孩子们大胆探索。我认为该活动未达到让孩子们探索水枪新玩法的目的，活动有待于进一步完善。

片段二：水枪比赛

水枪游戏继续开展，由周西子带队进行水枪比赛，一开始由谢沁余对战于佳鑫，此时水桶距离两人都比较远，孩子们总是无法命中，不是射歪了，就是射超过了。第二轮由于沐钊对战李悦晗，发现还是同样的情况，水桶里的水非常少。于是我问："怎么办？"感觉比赛进行不下去了！水都射不进去。于沐钊却不肯放弃，说道："我再试试。"一旁的周西子也没有就此放弃的意思，两个人继续比赛。周西子是女生，身材瘦小，力气也小，操作水枪有一点难度，旁观的裁判李悦晗主动说："要不我和你一起吧。"于沐钊对此倒是没什么意见，于是变成了周西子、李悦晗两人对战于沐钊一个人，孩子们各就各位，调整了姿势，将水枪拿得稍高一些，枪头稍低一些，这样射出的水形成了一条抛物线，并且孩子们将人和桶的距离移的近了些。经过这次调整，桶中总算有水了。品尝到了成功的喜悦之后，孩子们的积极性又高涨了，几个孩子又开始一对一较量了起来。

经过练习之后，孩子们的命中率提高了很多，小桶的水位可以达到五分之一。可问题又来了。于沐钊说："这两个桶不一样，好像比不出哪边水多。"我下意识地回答他："嗯，应该需要一个量杯，这样我们能准确看到水位的差距。"但现在的情况无法改变，只能请孩子们另想办法。周西子说："那就找两个一样的小桶就好比了。"于是，几个孩子找桶去了。找到了合适的小桶之后，水枪射击比赛又开始了。

孩子们还根据自己的设想搭建了水渠，让水枪推着小球前进；用调有颜料的水放进水枪里在涂鸦墙上射击；在小池塘中，用水枪推着小球过桥。这些玩法让后花园的水枪游戏丰富了起来，孩子们不再只停留于单纯的射击活动。

教师的反思与支持

当孩子们提出比赛的想法，我们便到后花园去实践了，他们自己邀约小伙伴，自己选择使用的工具和材料。当我发现孩子们的命中率不高时，我自己亲自操作，切身体会到了孩子们在操作时由于材料的限制影响了成效，因此我更加理解孩子们，也帮助孩子们提出解决的方法，保持孩子们对游戏的兴趣，从而让游戏一直进行下去。但作为游戏的观察者和引导者，我有点操之过急地让孩子们调整了人和桶的距离，改一改姿势，应让他们共同探索解决问题的方法。

🖊 三、游戏中幼儿的学习与发展

在这两个有关水枪的游戏中，孩子们体会到了分工与合作的重要性。在汤子熙这一组，每个孩子作为整体的一部分，他们参与其中，发现问题，不断调整，各司其职的同时又向着同一个目标，合作能力和任务意识都得到了提高。在游戏回顾时，孩子们总结出的"推力"，比喻句的表达"水像线一样细"。这些都是通过亲自参与游戏活动而总结出来的，语言表达能力、发现问题的能力、总结概括的能力都有所发展。

在片段二中，孩子们通过比较两个水桶中水量的多少，发现了不同的水桶，比较水位的高低并不公平，即使他们不明白"控制变量"这个专业名词，但是通过游戏他们已经收获了控制变量的实质含义。这些都是单纯的说教和集体教学所难以言明的，这正是儿童游戏的精妙之处。

🖋 四、教师的反思与提升

我们对孩子们提出的每一个游戏设想都进行了实际的操作，操作过后发现实际情况和自己的设想完全不一样。但这样的游戏就没有收获吗？也不是的。比如，符溪月观察到了水枪滋出来的水非常细小，在游戏回顾时她用了一个比喻句"水像线一样细"形象地剖析了游戏失败的原因。汤子熙在游戏中承担了一个队长的职责，履行了队长的使命，并用"推力"一词来形容存在的问题。这些都是孩子们的收获。在水枪比赛中，我通过观察，发现了孩子们的命中率低，然后自己尝试发现确实存在一些问题，于是建议孩子们调整改善，在游戏中于沐钊还发现了不一样的桶可能无法准确对比水射中的量这一现象。

无论是成功的游戏还是失败的游戏，只要孩子有自己的想法，明确了目标，或者说明确了自己要做的事，那么在游戏过程中，孩子们会有自己的游戏感受和体验，正是这些感受和体验建构了幼儿的经验，在经验不断累积之下促进幼儿游戏的发展，我想，这就是游戏对幼儿的意义所在。

自主游戏：轮胎竹梯好朋友（大班）

穆欣悦

🖋 一、游戏背景

在户外活动中，大班小朋友很喜欢玩攀爬架的游戏，每次去前操场就想玩这个，可是小朋友对攀爬架下面的轮胎却视而不见，几乎没有小朋友玩轮胎很重，他们也没有探索轮胎的玩法。在一次体能大循环中，一班小朋友利用轮胎和竹梯进行循环，我们班小朋友也参与了进去，这次活动后我们对轮胎游戏进行了讨论。

（1）幼儿的兴趣和前期经验：幼儿对攀爬类游戏比较感兴趣，在前期的准备中引导幼儿讨论，轮胎可以做什么，竹梯可以做什么，两者可不可以一起游戏。幼儿提出了可以搭建攀爬类型的（障碍物），轮胎高低不同，攀爬可以上下结合。

（2）玩教具材料：轮胎、竹梯、垫子、小凳子。

✏ 二、游戏过程

片段一：轮胎和竹梯牵牵手

游戏即将开始了，我们准备玩什么呢？小朋友们说可以玩轮胎竹梯，在教室里我们一起讨论了这个游戏如何玩，小朋友有很多的想法，如"可以一边摆放高一点的轮胎""竹梯可以斜着"。我们来到前操场，小朋友们开始了自己的游戏，有一部分小朋友则继续讨论游戏，几个小朋友抬出轮胎放在操场上，另一部分小朋友和老师一起去拿了竹梯，材料一拿过来，小朋友赶紧放上竹梯，竹梯有点长了，轮胎放得太近，小朋友又赶快移了移轮胎，这边放轮胎，那边放梯子，可是最后发现每个人都在做，却始终搭不好，每个人都在做但是彼此都没有计划与商量，老是差一点儿。最后我请小朋友们一起从一个地方开始搭，最后终于搭好了，小朋友们开始了他们的攀爬游戏。

教师的分析与支持

小朋友在搭建这个游戏时，需要与其他小朋友合作才能完成。在合作过程中，这个小朋友想抬上去，另一个小朋友却想放在旁边，对游戏没有商量，搭建过程十分困难。老师应该引导幼儿主动去发现问题，并讨论如何解决。合作中应该有不同分工，不能大家都抬轮胎，也不能大家都来拿梯子，让幼儿进行讨论，分清楚谁负责抬轮胎，谁负责拿梯子，谁来搭建，有明确的分工后才能开展游戏。

片段二：可以更好玩

游戏结束后，我和小朋友对这个游戏进行讨论，他们都觉得这个游戏很好玩，好像冒险一样。在讨论中，有小朋友提出可以加入不一样的材料进去，如垫子、呼啦圈、攀爬架等，小朋友说轮胎与梯子搭出来很像攀爬架，所以她觉得轮胎与梯子可以和攀爬架一起搭建。有了这次的讨论，小朋友们在游戏时把攀爬架也运用了起来，来到操场，我们先拿出轮胎、梯子、攀爬架，小朋友们比上一次更有经验了，这一次有了分工协作，有人抬轮胎，有人拿竹梯。小朋友可以自己选择想要搭什么，每搭好一个板块，我和小朋友们会讨论接下来想搭什么，就这样搭了一会儿。突然，有个小朋友提出想要围成一个圆，这样就可以一直转圈不用下来了，在小朋友的提议下我们最后用梯子、轮胎、架子做成了一个圆形攀爬架。

教师的分析与支持

在这个游戏过程中，我不仅仅是游戏的引导者，也是游戏的参与者，和幼儿共同游戏。这一次小朋友有了初步的分工意识，但是却不能很好地进行搭建，需要老师在一旁进行引导，下一步需要做什么。在搭建过程中，攀爬架的架子需要固定在木板上，许多幼儿没有注意到这一点。所以，在活动前我引导小朋友们观察了攀爬架架子和木板之间连接的地方是什么样的，怎么样才能更稳固？

<h3 style="text-align:center">片段三：我给你建山洞</h3>

在这次游戏中小朋友可以自己很好地完成任务，他们很快将架子搭建好并开始在上面爬着玩。他们玩的时候，旁边有小朋友在用小凳子做房子，小朋友说了一句："好热啊，可以遮太阳就好了。"玩小凳子的小朋友听见后对他说："可以呀，我们来帮你做一个遮太阳的。"几个小朋友说完抬出小凳子，在竹梯两边开始修建起来，一边一堵凳子墙，最后他们需要在两边凳子上放一个垫子用来遮阳，太高了放不上去，

便请我帮忙把垫子放了上去，搭好后她们说："这是我给你们做的山洞，你们可以在里面躲太阳了。"几个小朋友继续攀爬，不过这一次他们多了一个山洞。

三、游戏中幼儿的学习与发展

幼儿在游戏中的学习：

（1）学习在游戏中合作游戏。

（2）在游戏中能够分工配合完成游戏。

（3）能够利用多种玩具游戏。

幼儿在游戏中的发展：

（1）在游戏中发展了幼儿的创新能力，一种材料多种玩法。

（2）游戏中培养了幼儿之间的合作能力，能够共同完成一个游戏。

（3）游戏的搭建发展了幼儿的思维能力，如何使几种材料搭配在一起并且有不同的变化。

四、教师的反思与提升

（一）教师教的适切性

在幼儿对轮胎感兴趣的时候，教师及时地引导幼儿去讨论，而不是教师直接告诉幼儿游戏方式。活动中，教师适地的引导参与，不盲目观察或者直接教，让小朋友在游戏中去探索、去发现。最后大胆创新，使用不同的材料进行游戏。

（二）教师的不足之处

教师在引导幼儿讨论游戏的过程中，缺乏对游戏计划的引导，幼儿在活动时，并没有一个明确的计划，缺乏游戏经验。

自主游戏：水上乐园（中班）

刘梅琴

一、游戏背景

幼儿园里投放了一批新的垫子。我们班的小朋友看到垫子后，便对垫子充满了浓厚的兴趣，垫子也成为他们常玩的游戏材料之一。我班幼儿用垫子铺在大型滑梯的下面反复滑下来，玩水上乐园的游戏。为了搭建水上乐园，我班幼儿借助梯子、木板和垫子搭建了起来。

二、游戏过程

片段一：提议搭建水上乐园

户外活动时，我班幼儿来到跑道，几个小朋友想玩水上乐园的游戏，发现这里没有大型滑梯，孩子们会想到什么办法呢？

周芷悦："这里没有大型滑梯吗？我好想玩水上乐园。"

罗孝喆："真的没有，我想玩水上乐园。"

冯嵩洋："我也没有看到，我也想玩水上乐园。"

杨知予："那我们就搭建一个水上乐园吧！"

大家非常赞同杨知予小朋友的提议，决定搭建水上乐园。那他们会用什么材料搭建呢？怎么搭建呢？

周芷悦："我看到了高高的梯子，我们可以用这个来搭。"

罗孝喆："这里还有长长的梯子，也可以用来搭。"

杨知予："这里有木板，可以用来当水上乐园的滑梯。"

冯嵩洋："我看到那里有垫子，我们用来当水池吧！"

于是，材料找好后，大家就开始搭建起来。分别去抬梯子和木板，准备把梯子和木板架在楼梯上，反复抬起来，架不上去，还是掉了下来。

李星狄："刘老师，好重，我们抬不起来。"

周芷悦："刘老师，好重，快来帮帮我们。"

杨知予："太重了，刘老师，我们需要你的帮助。"

冯嵩洋："刘老师，我好想玩水上乐园，快来帮帮我们呀！"

看到孩子们迫不及待地想玩水上乐园的游戏，为了保持孩子们的游戏兴趣，我以同伴的身份参与到游戏中，给予了力量上的帮助，一个水上乐园就搭建好了。

游戏结束后，我们回到教室把发生的游戏故事用画画的方式记录下来，通过游戏故事，我看到孩子们玩儿得非常开心。

片段二：搭一个比之前高的水上乐园

孩子们这一次想搭一个什么样的水上乐园呢？又是怎么解决遇到的困难的呢？

第二天，孩子们的游戏计划是这样的，想搭一个比之前还要高的水上乐园，于是我们又来到了跑道搭建。

周芷悦："你们两个一个抬上面，一个抬下面（罗孝喆和冯嵩洋照做，还是抬不动，这时范成硕用推车推楼梯）。"

罗孝喆："往前拉，121,121……（大家喊着口号，一边拉，一边推）"

冯嵩洋："快，转弯。"（楼梯位置摆放好，接着他们去抬木板）

周芷悦："有没有力气大的。"（旁边两个小朋友听见后，帮他们抬着木板中间的位置，大家一起合力把木板抬到楼梯处举高，木板架上去了，又去抬另一块木板，用同样的方法把木板架了上去）

罗孝喆一个人去抬梯子，他大声地呼唤着同伴：快点帮我一下。（杨林熹和龚晨晔帮着一起抬到楼梯处，把梯子举高架了上去）

接着把垫子抬到木板的下面铺好。就这样，一个比之前高的水上乐园就搭建好了。

大家抢着，挤着玩水上乐园，出现了拥挤的情况。此时，孩子们又会怎样做呢？

片段三：搭建主题水上乐园

新的一天开始了，孩子们再一次做起了游戏计划，这次的游戏计划和上一次的游戏计划有什么不同呢？让我们一起来看看吧！他们想到了搭建主题水上乐园，由游戏区、冲浪区、排队区来解决拥挤问题，我们再次来到跑道搭建。

孩子们认真地按照游戏计划搭建起了主题水上乐园，有游戏区、冲浪区和排队区，搭好后，几个小朋友围着看了看。

李星狄："这个水上乐园怎么那么小呀？"

周芷悦："我看见的水上乐园更大，那我们再搭一个水上乐园吧！"

于是，几个小朋友用同样的方法在旁边搭建了第二个水上乐园，看上去比之前的还要大。一个大大的主题水上乐园搭好后，孩子们有序地爬上排队区和游戏区，从冲浪区上滑下来，大家玩得非常开心。

三、教师的反思与提升

几个小朋友想玩水上乐园的游戏，因为跑道没有大型滑梯，就提议搭建水上乐园。从请求老师的帮助再到想办法解决遇到的困难，最后在大家的坚持与努力下，一次又一次地完成挑战。

精彩的游戏是教师教育理念的改变，"儿童在前 教师在后"观念正越来越被我们所接受，但"当孩子的游戏中出现学习的契机或当孩子在游戏中表现学习的倾向时，教师该怎么做"？我尝试以批判的精神发誓我们"习以为常的方式"，从环境、资源、兴趣、时间、组织等要素入手，为儿童的游戏和学习创造条件，给予孩子更多自主选择内容、自主选择场地、自主选择时间的机会。

自主游戏：滑梯设计师（中班）

太荣琴

一、游戏背景

滑梯是幼儿最熟悉、最喜欢的玩具之一，在小区、游乐场、公园等地方，总能看到孩子们开心地玩着滑梯。我们班的后门正对着户外的滑梯。一天，帅帅问我："太老师，幼儿园滑梯没有外面主题乐园的滑梯好玩，为什么呢？"我们的谈话引起了其他孩子的注意，大家开始激烈地讨论着幼儿园的滑梯和外面滑梯的不同。经过大家的讨论，孩子们决定在建构区搭建滑梯玩。就这样，我们班拉开了"滑梯设计"的序幕。

✐ 二、游戏过程

片段一：滑梯应该是斜斜、直、长长、弯弯、卷卷的滑梯

在搭建过程中，小朋友们各自进行对滑梯的建构。赫唯小朋友用纸筒支撑，再将两块硬纸板对放在纸筒上，当作双向滑梯。葫芦小朋友用圆筒泡沫积木支撑，搭了高空滑梯。

孩子们建构好滑梯后，进行了活动分享。

莽弟："滑梯没有台阶怎么上去呢？"

项泊然："滑梯还缺扶手。"

欣灵："滑梯没有围栏容易摔下去。"

宝妹："滑梯没有顶棚。"

大钊："旋转滑梯没有搭出来。"

孩子们经过讨论决定到幼儿园建构区搭一座滑梯。

片段二：滑梯扩建记

第二次在建构区活动时，我将班级建构区延伸到了外面的公共区域——大型建构区。

在搭建滑梯之前，我和小朋友一起回忆了上一次搭建时他们提出的问题，他们取来了很多的木质积木进行叠高。当积木的高度和自己小腿差不多高时，滑梯的台阶搭好了。

接着翰翰找来三块长板积木，分三个方向搭在叠高积木的平台上，另一端落在地上。紧接着看到赫唯又拿了一块长板积木放置在另一块长板积木的旁边，并自言自语地说道："幼儿园里的滑梯是两个滑道挨在一起的。"于是，孩子们又在滑梯旁边搭建了大树、玩耍的拱形门。

翰翰说"小滑梯搭好了，可是没有旋转滑梯，我觉得不好玩。"

果果说"那我们搭个旋转滑梯吧，我去找积木。"

小朋友用叠加的积木支撑起了半圆形积木，又用小块积木搭建了上滑梯的台阶，可是台阶总是塌。赫唯找来薄一些的直板积木支撑也不成功，又找来圆柱体积木支撑，还是往下掉，翰翰抬头看着我，寻求帮助。

我说："它总是往下掉是什么原因呢？"

翰翰说："我们找不到东西支撑它。"

我说："有什么办法可以解决呢？能不能像搭楼梯一样，让积木躺在上面呀？"（以前有搭建楼梯的经验）

于是，赫唯找来平板积木，在"台阶"下面每垫一块积木，都会观察积木是否支撑住了"台阶"，最后搭了三块积木，台阶终于不倒了。

台阶、平台和旋转滑梯都搭好了，小朋友商讨还要搭一个高一点的滑梯，于是赫唯和翰翰又抱来一些积木。赫唯先将积木叠加堆高，翰翰想在积木旁边摆放斜坡滑梯，可是他发现斜坡不牢固，会掉下来，于是赫唯主动把积木放在斜坡下面，用来支撑坡道，最后完成了坡道的建构。

　　宝妹："没有台阶，我们怎么上去滑呀？"
　　赫唯："我们来搭台阶吧！"
　　宝妹主动去找积木来拼搭台阶。翰翰将积木由下向上逐渐增高，拼搭成台阶。

　　翰翰："台阶搭好了，可是滑梯那么高，还是上不去呀！"
　　宝妹："我们把它搭高一些吧！"
　　翰翰和宝妹将积木放在台阶下面，防止台阶倒塌。赫唯先找来一根细一点的圆柱体积木，用来支撑高台阶，发现高度不够，积木矮了一些，又找来一根粗一点的圆柱体积木放在台阶下面，台阶还是够不到平台，翰翰发现从上往下搭容易一些，后来三人互相合作，高台阶搭好了。

紧接着宝妹和翰翰找来了小积木代替自己玩滑梯，他们在滑梯口轻轻一推，积木就从斜坡上滑了下去，滑得很远。滑梯搭好了！

一座孩子们心中的"滑梯"完成了，孩子们在活动中探索、发现问题，尝试解决问题。通过不断"试验"解决如何支撑积木。在搭建过程中，当孩子提出意见时，其他孩子能尊重并采纳。在活动中，孩子们有自己的主意和想法，并乐于参加合作性的游戏，这些是对课程游戏化最好的诠释！

自主游戏：小小建筑师（小班）

杨秀敏

✎ 一、游戏背景

积木是幼儿园里最常见的"玩具"，也是幼儿的基本学习材料之一，因为它的使用方法灵活多样，深受不同年龄幼儿的喜爱。环境和材料是重要的教育资源，应通过环境的创设和利用，有效促进幼儿的发展。为此，我园打造了安全、适宜的户外游戏环境，如在"操场"中投放轮胎、垫子、安吉架子、圈、骑行车等材料。除此之外，还投放了形状、高矮不等的圆形、半圆形圆柱体、长短不一木板的碳化积木块，为幼儿提供了丰富的游戏材料，获得游戏性体验。

幼儿对探索各种各样的工程产生了浓厚的兴趣，吸引着他们在建构的过程中去观察、发现和探究问题，建构出属于他们的工程，成为一名小小的建筑师。不仅是发展幼儿"灵活多变"观察的过程，还是培养幼儿主动思考，不怕困难、坚持专注、敢于探究、尝试等良好品质和合作能力的重要契机。

✎ 二、游戏过程

片段一：修建一条马路

户外游戏的时间开始了，孩子们带着愉悦的心情来到了他们玩耍的场地。几个孩子开心地拿起积木，开始在地上摆弄、拼搭。郭泓宇先拿起积木敲敲打打，然后又将两块积木并在一起看了看，接着把积木摆在地上，将短边接在一起。紧接着，他又去拿了积木，用同样的方法将短边接在一起，余知秋从框里将积木拿出来递给郭泓宇进行平铺延长，然后蹲在地上看着自己的作品。站在一旁巡视孩子们搭建情况的我，听到了郭泓宇对余知秋说："昨天你不是修了一栋房子吗？要不今天把路修到我的房子里来，我这是游乐园，可以来我这里玩的！"余知秋回应道："好的。"余知秋想了想对着郭泓宇说："修大大的路。"在一旁搭建的郭泓宇看了一下余知秋，说："对的。"那我们就一起来修大大的路，熊子沐和汤晨轩走了过来，说："我们也想要修路。"我站在旁边静静地观看，几个孩子向我介绍了他们在修的马路。我仔细看了看"马路"，几个孩子搭了多条短短的、初具马路模型的作品。

教师的反思与支持

（一）对儿童行为的识别

1.探索材料

郭泓宇对积木敲敲打打，并在一起看，才将积木放在地上拼接，这说明郭泓宇就是在通过敲打、对比探索积木的特性，并将积木进行短边拼接、平铺延长。幼儿的游戏发展就是在反复操作、敲敲打打、不停尝试的过程中完成的。

2.初步合作

余知秋从筐里将积木拿出来递给郭泓宇搭建，体现了孩子们的合作意识。

3.初步探究能力

几个孩子虽然都是搭建的马路，但是他们的马路各不相同、各具特色，不仅有平铺延长的矮马路，还有竖立并拢的高马路，更有大大的马路，这体现出孩子们虽然都是在相互模仿搭建马路，但是他们又有自己的想法，能通过和材料的互动搭出和别人不一样的马路。

（二）教师的回应

（1）遵循幼儿兴趣，鼓励幼儿依据自己的已有经验开展感兴趣的活动，培养幼儿的内在动机。

（2）尊重幼儿的游戏创意，肯定幼儿搭建的作品，鼓励、表扬幼儿的表现，让幼儿在轻松自由的环境里愉快地游戏。

片段二：有隧道的马路

搭建好马路后，几个孩子围了过来，汤晨轩说："你们知道我们是怎样修马路的吗？"郭泓宇指着他的马路说道："接在一起就好了。"鹏鹏指着围在边上的积木问道："那这是什么呢？"汤晨轩说："护栏。"鹏鹏又问："怎样让马路变长变宽的呢？"郭泓宇说："接在一起啊。"熊子沐说："这真是一个好办法。"鹏鹏说："马路上还有黑黑的洞，我们的马路都没有洞。"郭泓宇跑过来对我说："那怎么样做呢？"我没有直接告知孩子，我鼓励他去找可以用的材料。接着郭泓宇找来很多的积木，在地上拼搭起来。鹏鹏去拿积木，熊子沐将短边积木一块一块地拼接在一起，他选择了一个半圆形的积木搭建在马路上变成了隧道，汤晨轩拿了一块短边积木接在马路上，然后又拿起积木翻看一下，接着把积木长边和马路上的短边接在一起，并将顶端对齐，很快一条长长的马路就出现了。

熊子沐将一块积木放在马路上来回滑动，嘴里还发出"嘟嘟嘟"的声音。汤晨轩盯着熊子沐看了看，然后跑到积木筐里拿了一块积木，轻轻地将积木平放在马路上，接着把手掌放在积木上推，木块没有动，熊子沐则蹲下来，两只手一起扶着积木，用力一推，积木推动了，也把马路的护栏挤倒了。汤晨轩跨过马路，把倒了的护栏扶起来了。

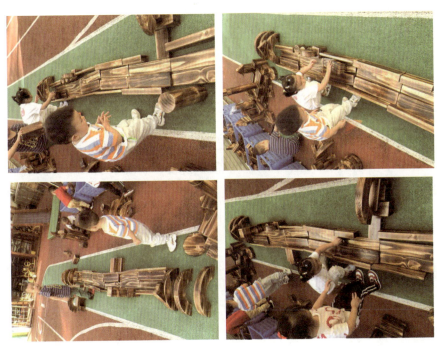

教师的反思与支持

（1）孩子们在搭建马路时，有的孩子拿积木，有的孩子搭建，虽然没有商量、没有计划，4个孩子却一起合作搭了一条长长的、有隧道的马路，产生了良好的合作行为。

（2）在马路搭建的过程中，熊子沐把积木当作小车放在马路上推，体现出以物代物的情景游戏，出现了更为丰富的情景游戏，说明了孩子对马路和车已有丰富的经验并能自然地迁移到建构游戏中。

（3）在游戏过程中，一个问题接一个问题地出现，幼儿不仅是问题的创造者，还是问题的解决者。有问题就会有学习，在解决问题的过程中，幼儿的自信心、自尊心都有所提高。

（4）教师要学会等待，孩子们遇到问题时会寻找教师的帮助，但老师没有直接告知方法，而是不断鼓励幼儿思考游戏材料，并将自己的想法付诸实践。

三、游戏中幼儿的学习与发展

（1）幼儿在游戏中能表达自己的想法，与同伴进行交流、协商，提升了语言的表达能力，游戏时能够潜移默化地形成良好的社会情感。

（2）幼儿的搭建是一种表征符号，反映了对搭建物的认知水平。在游戏过程中，经过孩子们不断地观察、探索和调整，设计出属于自己的作品。

（3）活动中，幼儿能按自己的想法进行游戏，体现了《3～6岁儿童学习与发展指南》目标中自尊、自信、自主的表现。

（4）他们学会了合作游戏，提高了搭建水平，小心翼翼抽取木块的动作，锻炼了幼儿手部的精细动作和控制力。

（5）游戏中孩子们积极参与问题讨论，想出加宽加长的方法，下一步是孩子们通过实际操作真正地去解决问题，这也是一个学习内化的过程。这不仅培养了孩子们主动思考问题、解决问题的能力，还激发了幼儿对下一步游戏探索的兴趣。

（6）游戏中出现两次倒塌，孩子们都重新拼接，表现了孩子们不怕困难、坚持不懈的良好学习品质。

教师的反思与提升

（1）丰富建构材料。马路上玩汽车出现的矛盾可能会引起孩子们对交通规则的思考，教师可为幼儿提供交通标志、各种各样的车等材料。在孩子们搭建各种类型的马路时，单一形状的积木块难以满足孩子们的需要，还可以提供形状、大小、颜色不同的积木，或者提供易拉罐、纸板、瓶子等低结构废旧材料，支持孩子们玩出情景丰富的交通游戏。

（2）学习搭建技能。当孩子们搭建内容越来越丰富时，对搭建的技能水平要求就会越来越高，教师需要适时指导孩子学习架空、对称等建构技能。同时，指导孩子学习上坡、下坡、环岛、十字路口等搭建小技巧。当然，相关搭建技能必须是符合小班幼儿身心发展特点，是幼儿在游戏活动中主动学习并获得的。

（3）丰富游戏情景。积极鼓励孩子丰富马路上的情景游戏内容，如发生车祸、小小交警、马路工程师、开车去兜风等情景游戏，引导孩子处理同伴之间的问题，促进与同伴间的交往，从而获得更好的游戏体验。

（4）为了让活动更丰富，在游戏材料的提供上应多元化，不应局限于一种积木的材料，应给孩子提供更多想象和创造的空间。

把游戏还给幼儿，教师应做到放手去支持和满足幼儿的直接感知、丰富幼儿的亲身体验。我们要相信孩子是有能力的主动学习者，一切对孩子的行为观察都是经过深思熟虑而并非偶然的。教师的描述也应是实际看到和听到而非想到的，真正做到"从记录中学习，在反思中成长"。通过观察幼儿游戏，在游戏中不断地去调整改变，为以后游戏奠定良好的基础。游戏带给我们的不仅仅是震撼，更多的是思考，只要我们慢慢摸索，慢慢改变，幼儿能拥有宽松的游戏氛围，真正享受游戏带来的快乐，拥有更美好的童年记忆。

自主游戏：风火轮比赛（大班）

危明

✏ 一、游戏背景

（1）材料：前操场有很多玩具，包括滚铁环、小单车、皮球、垫子、木推车、积木、滑梯等。

（2）时间：6月11日下午放学的时候刘洪位邀请我当风火轮比赛的观众，6月12日刘洪位小朋友组织风火轮比赛。

（3）起因：最近这段时间，小朋友们都很喜欢玩前操场的玩具，很多玩具都已经玩过了，如积木、滑梯等。最近，小朋友们比较喜欢玩滚铁环这个游戏。刘洪位带着邀请到的小朋友，一起去玩了风火轮的游戏。在这一过程中，教师可观察幼儿对游戏的把控情况，以及对计划的执行情况和游戏比赛的完成程度，并培养团队协作能力。

✏ 二、游戏活动

片段一：我的计划

（一）幼儿行为观察

刘洪位小朋友昨天下午放学的时候（6月11日）邀请我当他们比赛的观众，刘洪位说："我已经选了角色，但是没有观众。"所以邀请我当他们比赛的观众。我说："好的，期待你的比赛，我会为你加油的！"

第二天做计划的时候，刘洪位就和我说："老师，我今天要和刘夕陌比赛，罗昕薇是啦啦队，孙沐雅是裁判，危老师是观众。我准备用四个风火轮，四个钩子，然后四个人参加，其他人是啦啦队。"在做记录的同时，孙沐雅计划说："今天要举办风火轮大赛，我是裁判。"刘夕陌说："我计划和刘洪位一起玩滚铁环。后来，陈思琪、罗昕薇、赵家源的计划中也说道："要和刘洪位一起玩风火轮。"

（二）幼儿行为分析

我观察到刘洪位做计划的时候，她其实已经有了明确的角色分工和人物定位。而且通过计划可以看出她对自己的材料进行了分门别类（比如画一个轮子，旁边标上要四个轮子），可以看出刘洪位是一个非常有计划性和组织能力的小朋友……

（三）教师的支持与反思

为了继续观察他们是否针对自己的计划去完成比赛，我全程跟随他们这一组并进行了记录。

片段二：你是做什么的，你是当什么的

（一）幼儿行为观察

来到操场以后，刘洪位和罗昕薇、赵家源他们一起去过道上拿滚铁环游戏的道具，拿到铁环的小朋友有陈思琪、刘夕陌、刘洪位、冯思睿，伍妍雯和孙沐雅拿了塑料铁环和塑料棒。他们拿到玩具以后，刘洪位走到操场上对着他们说："赵家源，你和罗昕薇是裁判，冯思睿、刘夕陌、陈思琪，我们是比赛的。孙慕雅和武妍雯，你们当啦啦队，要加油的。"

（二）幼儿行为分析

在这个游戏中，刘洪位是一个组织者，进行角色的分工和分配，可以看出小朋友们是服从并且执行的。

（三）教师的支持与反思

在刘洪位进行角色分工时，我观察到啦啦队拿的道具不是很合理。除此之外，还有刘洪位对裁判的选择也是不合理的，只挑别人愿意当的来当。为了让比赛顺利进行，我没有过多的干涉，而是将此情况记录下来，以便后续的分享和交流。

片段三：我们的比赛

（一）幼儿行为观察

刘洪位、陈思琪、刘夕陌、冯思睿四个小朋友，并排在一起。然后赵家源看到了就说："准备……开始……"刘洪位和刘夕陌他们就滚着"风火轮"向前走了，滚回来的时候刘洪位说："不行，人有点多。"然后赵家源接着说："那重新开始吧！"于是，刘洪位叫冯思睿回来了，赵家源喊刘洪位准备好，然后滚出去时，刘洪位跑了回来，和刘夕陌、赵家源分享这个滚铁环的"柄"。她说："不要拿把手，要拿中间，这样比较好玩，而且会好滚一点。"另一边，伍妍雯他们拿着塑料棒一边在地上敲打一边说："加油，刘洪位。"加油……我问他们："你们在做什么？"她们说："在给比赛的小朋友'打气'。"

（二）幼儿行为分析

在这个过程中可以发现比赛的小朋友和裁判虽然知道他们的角色是什么，但是在游戏过程中，由于执行力不高和受到各种因素的干扰，比如比赛的小朋友受到操场上其他班小朋友的影响，他们的铁环滚出去的时候，由于人多不能顺利地滚到终点。他们比赛的时候忽略了啦啦队的小朋友具体要做什么事情？于是，啦啦队的小朋友只能干坐着。

（三）教师的支持与反思

观察到这个现象，我就去问刘洪位为什么要向小朋友介绍这个"柄"，刘洪位说："为了让比赛的小朋友更好地参与滚铁环这一游戏。"同时，我也询问了啦啦队的小朋友了解他们具体想要做什么？针对啦啦队比赛时加油的不专心，及时询问他们，了解他们的想法。

片段四：为什么失败了

（一）幼儿行为观察

铁环滚到最后，刘洪位和冯思睿走到拱形桥上，将滚铁环在拱形桥上滚下去。啦啦队的小朋友，有的去玩滑梯，有的去玩小单车。裁判赵家源也和刘洪位他们一起玩把铁环从拱桥上滚下去的游戏了，然后我走过去问刘洪位："你们这是在玩什么呀？"刘洪位说："我们在玩这个。看滚铁环能不能从这个拱形桥上滚下去？"我问刘洪位："为什么不玩风火轮了？这个比赛没有结束呀？"刘洪位说："因为啦啦队都没人了，我们没有动力了，就不想玩了，玩其他的……"

在班级讨论中，我问：今天刘洪位小朋友组织了一场风火轮比赛，但是这场比赛到最后都没有进行下去，也没有谁获得胜利，你们觉得是什么情况导致比赛终止的呢？

　　刘洪位说："刚开始以为这个比赛很好玩，结果啦啦队去玩别的了，所以我觉得有点无聊就玩别的了，其他人也不想玩了，我就同意了。"于是我又问："有什么更好的方法能让比赛不中断？"刘洪位说："让他们再开心起来。"兰辰毅说："再来一次比赛。"赵家源说："有人想比赛的，就请他们来比。"冯思睿说："如果有人想跑，我们可以加一个高高的围栏。"杨子墨说："所有的人要聚集在一起玩，团结才是力量。"刘洪位还说："如果这么多人都在操场上，这样怎么比，当然是在宽敞的地方才行，就像滚着滚着，有个东西挡住，那么就会停下来，就比不了了。"

（二）幼儿行为分析

　　通过这个活动，刘洪位和其他小朋友都知道导致比赛不能正常进行的因素有很多，能够发现问题，并且总结原因。

（三）教师的支持与反思

　　应小朋友和刘洪位的建议，重新举办一场全班参与的大型风火轮比赛，比赛期间需要小朋友们自己掌握好让风火轮滚动的技巧。由于自主游戏不是本班一个班，因此不能完全将人员流动的可能性排除在外，而是需要另规划一个比赛时间，尽量不在自主游戏的时候进行。比赛时间视情况而定。同时，也带着全班小朋友了解了关于运动会项目比赛的经验。针对此类比赛，对幼儿有效的可实现的材料和环境的支持进行有针对性地提供，如场地、围栏、终点线的准备。

三、活动特点与价值

（1）幼儿在游戏中的学习与发展，在探究中培养幼儿发现问题的意识和反思总结的能力。通过此次游戏活动，既能锻炼幼儿在游戏中发现影响游戏活动的因素，也能通过反思总结失败的原因，为下一次更好地开展活动做准备，为下次比赛积累经验。

（2）探究幼儿在游戏过程中对游戏的把控以及幼儿对计划的执行情况和游戏比赛的完成程度。我们每天都有各种各样的计划，而计划对孩子来说是一种前期的规划和准备。这一环节对孩子在游戏中的把控以及对孩子在整个自主游戏环节中起到了关键性的作用，帮助孩子积累了大量经验。"计划—工作—回顾"每个环节层层递进，环环相扣，每一步都是游戏活动的关键因素。

（3）游戏故事对幼儿游戏经验的帮助，提高了幼儿的合作能力、表达能力，增加了人际交往的经验，提高了语言表达的能力，提升了计算能力。

（4）下一步的支持。通过回顾发现整个游戏比赛的结果是不如意的，但是综合小朋友们的意见，准备再举行一场（有准备的）全班的风火轮比赛。

自主游戏：好玩的喷泉（中班）

危明

一、游戏背景

幼儿园的后花园里有各种各样的玩具，如水枪，小厨房也投放了很多锅碗瓢盆、漏勺等材料，以及水池里还没来得及修好的两根水管。

在这一个月的时间里，我们班小朋友很喜欢玩后花园的水，经常玩打水仗的游戏。平时那两根水管不冒水，突然有一天后花园水池里的两根水管里有水冒出来，很多小朋友用手堵住这个冒水的洞洞。小朋友们玩水的时候非常好奇，于是就开始对这两根水管进行了一系列活动。

二、游戏活动内容与过程

片段一：有点像喷泉

这天，水管里的水冒了出来，有个小朋友说了一句："这个水管，有水冒出来了。"然后小朋友们就跑到这个水管的旁边。王怡舜跑到小厨房拿了有孔的漏斗回来，旁边李子涵和周佑樽用手去堵住这个水管洞，王怡舜和徐周壕跑到另一根水管的旁边，用手堵这根水管的洞洞。然后王怡舜用漏斗开始堵住水管里冒出的水。水管里冒出的水变成了一股股细细的小水柱往上喷。王怡舜说："这个好高呀，有点像喷泉。"

片段二：弧形喷泉

徐周壕也拿了一个漏斗盖住管子顶部，水从漏斗的孔里冒了出来。徐周壕将漏斗放在冒着的水上面，水就从漏斗最底部慢慢往上升，直到升满。徐周壕两只手抬起了漏斗，把漏斗调高。漏斗里的水慢慢地漏了下来和水管里的水对冲。徐周壕说："老师，你看，喷泉。"然后徐周壕又把漏斗放到水管的洞里面，水管里的水又慢慢地积了上来。徐周壕第二次把漏斗抬起来，漏斗里的水慢慢地漏了下去，和水管里冒出的水接触在一起变成了一个"圆弧形"的喷泉。

片段三：倒过来的漏斗

第二次徐周壕把漏斗倒过来，尖锥形的一端朝上，然后把另一端放到水管的顶部，小水管里的水向上喷了出来，喷过了徐周壕的头顶，水落下来把徐周壕的头发淋湿了。徐周壕说："这次的喷泉好高呀。"

然后我问："那你觉得哪种喷泉比较高？为什么？"

徐周壕说：就是倒过来的这种。水全部从这一根管子（手指着漏斗尖尖的一段）

里面出来了。

说完，徐周壕开始用白色的漏斗继续插在冒水的管子里，等到漏斗里积满了水，徐周壕用两只手将漏斗慢慢地抬起来，然后漏斗里的水就会慢慢地落下去，圆弧形的喷泉又出现了。

通过几次尝试，徐周壕举着漏斗的手的高度慢慢地从低处往高处抬高。他的手放低的时候，喷出的水是小的，然后他慢慢举高，大的喷泉出现了，他又放下去，让漏斗积水，从靠近喷水口，慢慢举高到中间，最后把手固定在中间……

这个时候黄铭基说："徐周壕，我能不能和你一起玩这个。"徐周壕说："可以。"然后黄明基小朋友用漏斗压住了另一边的水管，于是管子里的水，全喷了出来……

这时候徐周壕问："老师，我能不能去小厨房拿点东西，来这边玩？"我说："可以。"然后他去拿了一个白色的小球，放在了他的漏斗里，等漏斗里的水积满了，他放了下去。我问："你为什么会想到这样做？"徐周壕说："把球放进去，水漏了，球也会跟着漏，我就可以看到水到哪个位置了？"最后，徐周壕和其他小朋友用黄色和白色的漏勺和漏斗叠在一起。

等到活动结束，回顾的时候，我问全班小朋友：今天有人玩了后花园的小水池，你们是怎么玩的？有没有发现什么有趣的事情？

徐周壕说："我先把那个漏斗装满水，然后放在喷水口，就有喷泉了。"我发现我做的那个喷泉有大的有小的。就是把漏斗反过来、反过去喷泉就出来了。

我问："没反之前是什么样子的？"

徐周壕："没反之前是大喷泉，反了之后是小喷泉。"

黄铭基："我用黄色的漏勺做的，有的喷泉的方向是往两边喷的，有的是向上喷的，直直的……"

（一）幼儿行为分析

我观察到徐周壕在玩漏斗的时候，不断地更换工具和方法，去尝试不同大小的喷泉，而且还能发现并比较喷泉形态的变化。比如：在没有进行互换工具之前，他只是觉得喷泉变高了。在更换了白色漏斗以后，他就一直用白色那个不停地翻转，来观察喷泉形态的变化。

在这个过程中，我觉得最好的一点是，徐周壕把漏斗的高度渐渐地降低和升高来观察喷泉的大小变化。最后把漏斗固定在了他觉得喷泉一定能形成的高度，以至于在后来不断尝试的过程中，他的漏斗都在那个位置进行试验。

（二）教师的支持与反思

为了让徐周壕和其他小朋友更好地游戏，我没有限制他们场地和材料的选择，比如：他们想去拿小厨房的漏勺和白色的小球来进行操作的时候，可以发现他们对不同场地的材料进行了一个联动，在后续的操作中，甚至去拿了整个活动中最关键的道具：白色漏斗。同时，在探索形成喷泉的方法中，他们发现了好几种方法：一是用黄色的漏勺做成的喷泉；一个用白色的漏斗做成的喷泉；发现是用黄色加白色的漏斗做成的喷泉。在这个过程中，他们还观察到将这几种方法和工具组合会得到不同方向、不同高度和不同形态的喷泉。

自主游戏：不一样的水上花园（中班）

曾洋

一、游戏背景

《3～6岁儿童学习与发展指南》的"说明"中明确指出："幼儿的学习是以直接经验为基础，在游戏和日常生活中进行的。"并且要求幼儿每天的户外活动时间不少于两个小时，教师要为幼儿创造自由探索的环境。我们要充分利用身边的环境资源，让幼儿在游戏中得到发展。

水是柔性的自然物，也是幼儿天然、方便的玩具。亲近这些自然物，对孩子的身心发展有很大的好处。你看，孩子玩水的时候多么开心，可见水有愉悦身心的作用。孩子玩水的时候总是不停地活动，动手做这做那，既能活动身体，又能发展动手能力。

孩子玩水的时候总是变换花样，还能玩出情节，玩出道理来，这就是在体验，在动脑、在创造，由此感知物品的性质，获得不少物理的感性知识，充分发挥创造性，动手动脑。这么多的好处，胜过人造的玩物。

在日常活动中，我发现幼儿对于玩水很感兴趣，我们也在后花园为幼儿提供了生活中常见，不易损坏且利用度极高的材料，如海洋球，废旧杯子、水枪、水管道等。这些材料可以让幼儿充分发挥自己的想象力，把水玩出花样。

✐ 二、游戏过程

片段一：如何利用管道运输海洋球？

（一）幼儿行为观察

每天下午都是孩子们的"户外自主游戏"时间，这一周中二班的小朋友来到了"后花园"，刚刚进入后花园的小朋友们左看看右看看。新奇的材料，有趣的玩具都在吸引他们的目光。"呀，你们看呀，这些小球怎么都掉在水里了，是谁把他们丢进去的？"周西子苦恼地看着这些小球，突然余悦灵眼睛一亮："那里有专门装小球的筐。那些小球肯定是从筐里面跑出来的。""我觉得这些小球好像胖胖的小鸟呀，可是小鸟现在掉到河里面去了。我们帮助小鸟回家吧！"有爱心的谢欣妍提议送"小鸟"回家，立刻得到大家的赞同。

于是，小朋友们开始展开"救小鸟"活动：王晟懿穿上蛙衣小心翼翼地将"小鸟"捡起来抱在怀里，随着王晟懿坚持不懈的努力，小鸟们都被王晟懿送回家了，那么同一时刻其他小朋友在做什么呢？

原来，符溪月提出："小鸟真是太调皮了，总是到处乱跑。虽然现在我们把它们送回家了，可是下一次它们又偷偷跑出来，还是会掉到水里面去的呀！我们必须想一个办法，不让小鸟掉进水里，你们觉得怎么样？""好呀好呀，小鸟肯定也很开心，我们应该怎么做呢？"谢欣妍开心地拍手。周西子表示："我觉得我们可以用管道架在小河上。"余悦灵补充道："我们可以多架几个管道，有很多条路。这样的话，小鸟就不会觉得拥挤啦。"这时，我问道："你们认为这样可以帮助小鸟吗，这个办法是否可行？"这个决定获得大家一致同意后，以符溪月为队长开始展开活动。

（二）幼儿行为分析

在这个游戏过程中，体现了幼儿丰富的想象力，以及他们对于身边事物的爱惜，愿意帮助"落水的小鸟"找到回家的路，也愿意去思考：如果"小鸟"再次落水应该怎么办？为了避免这样的事情发生，他们开始想办法去探究，小朋友们开始以分工的形式去开展，在遇到问题时，符溪月愿意去帮助自己的同伴，这样的行为也感染到其他小朋友，之后几个孩子采用了合作的办法，一起保护小鸟过河。可是，他们的尝试没成功，频繁地出现一些问题："这样太矮了，小鸟会掉到河里"；"不行，这个管道是会漏的，小鸟会掉下去"。这样的活动过程，并没有让幼儿放弃他们的初衷，反而更加热切地希望尽快搭上过河的小桥……

（三）教师的支持与反思

该片段中，我更多的是在一旁鼓励幼儿。他们对比自己弱小的事物会产生一种爱惜之情。那么，我希望我可以维护好他们的这份爱心。我也会适时地提出我的问题，引导幼儿去发现可以解决问题、创新思维的更多办法。

在这个过程中，我会引导幼儿突破当前困难，也会给他们创设困难。我把小球放在他们拼接好的管道上，用水一喷，果然没有支撑力的管道就立刻倒塌了。如何让这些管道可以牢固地搭建在小河上方？留下这个问题，以及整个后花园的材料，把这一切交给幼儿。

片段二：可以利用哪些外在能量冲击海洋球

（一）幼儿行为观察

这一天的户外自主游戏中，由符溪月与约定好的几个人来到后花园继续进行搭建，有了前期经验，这一次他们很快地选择好了可用材料：管道、三角支架。为了更好地完成搭建，经过符溪月和组员的商量后一致决定：在草地上进行搭建小桥的练习，这时我说道："你们可以在进行练习的同时，思考一个问题，草地上和河水中是否会遇到不同的阻碍。"针对这个问题，小朋友们进行了短暂的商讨，有小朋友认为，只要提前练习好在草地上搭建，那么水中选择相同的材料也会完成小桥；也有小朋友认为，如果在水里搭建小桥，那么支架会不会被水冲走，这需要想一个办法。孩子们将这些问题留在了心中，投入到练习中，这一次，他们非常熟练地利用三角支架将管道拼接在一起。接下来，他们进行了运输小球的尝试：符溪月将小球放在拼接好的管道上，由于管道太平稳，小球没有办法自己前进。这时我说道："思考一下，可以用什么帮助小球过小桥？"有小朋友提议："我们可以在放小球的时候就用很大的力气，让小球一下子冲过去。"也有小朋友说道："我觉得可以用水去冲这个球，它就会顺着管道一直往前走。"还有小朋友说："我们可以试试水枪，将水枪里面的水射出来，推动球前进……"针对他们提出来的方法，我们分组进行了操作。

（二）幼儿行为分析

在这个片段中，相比上一次行动的小朋友们，这次就少了很多孩子的身影。幼儿之间存在差异，有的小朋友遇到问题会想着算了，还有其他玩的。但是片段二中的小朋友能够坚持，遇到任何问题，先想到的是如何解决。这个也在片段中体现了出来，小朋友们在商讨的过程中存在分歧，每个人的想法各不相同。但是任何一个小朋友都在尊重对方的想法。

在幼儿操作过程中，大家不约而同地把符溪月当作队长，听从她的指挥。但是这个小女生从始至终都在遵循：遇到问题，大家一起商量，一起面对，一起解决，一起成功，最后一起欢呼！

（三）教师的支持与反思

在整个搭建过程中，为了给孩子们新的启示，这一次我充当的是参与者的角色。我和他们一起拼接小桥，在这个过程中，把我的疑问，或者建议说给大家听，孩子们也会把我当作同龄小朋友。在我拼接不够完美的情况下，他们会立刻指出，并建议我应该怎么做。

片段三：正式实施，水上的小桥

（一）幼儿行为观察

在孩子们有了完全成熟的"拼接小桥"经验后，这天下午孩子们拿上道具，开始了他们的工程。他们拿好之前放在草地上的材料，高矮不一的三角支架，长短不一的水管管道。那么，我们一起来看看，孩子们在水里能不能搭建成功。

刘潇睿先是拿了一个高的三角支架，放入了管道。他准备再拿一个同样高的三角支架支撑，这样开头就完成了。接着，孩子们按照之前的想法。这一次，应该给小桥一个矮一点的支架，使其刚好坐落在水中。刘潇睿将支架放入水中，却没有支撑力，因为太轻，所以漂走了。这一次，我再次提出那个问题：在水中和在草地上，遇到的问题会是一样的吗？孩子们立马更换了更高的三角支架，小桥搭建完成，孩子们欢快地把小球放在管道里。这一次，他们搭建的小桥更加坚固。

（二）幼儿行为分析

在这个片段中，小朋友们的搭建手法已经非常熟练了，甚至他们认为拼接小桥是非常简单的，不再具有挑战性。在搭建过程中，孩子们还是遇到了因为环境不同而造成的困难，这也说明幼儿只能解决当下的问题，一些小朋友可能会思考之后可能会发生的阻碍，但是并没有想办法去避开它，而是当困难出现时再去想办法解决。

（三）教师的支持与反思

在这次操作过程中，我扮演的角色是帮助者，由于他们分工后人手紧缺，于是我会在他们需要支架，或者管道的时候帮他们拿。当他们发现小一点的管道会被水冲走时，我会提醒小朋友们应该怎么做，在不同环境下很可能会遇到不同的困难。

片段四：新的尝试，会转弯的海洋球

（一）幼儿行为观察

1. 试试转一个弯

在之后后花园的小桥搭建中只剩下符溪月一个人在尝试新的玩法。之前他们搭建的都是直直的小桥，之后她希望可以看到小鸟宝宝通过多个方向到小河另一端。那么，需要改变的就是管道的位置。这一次她尝试设置了一个弯道，但很快发现设置的弯道无法让小球顺利通过。于是，她改变了弯道幅度。后来她得出结论：弯道不能太垂直。弯道设置好后，她便开始运输小球。新的小桥引来西子和其他小朋友的围观。他们也没光看着，纷纷带上小球，利用水枪、水盆等物品冲击小球。小球便顺着弯道的方向往前冲。

2. 是否可以有多个弯道的小桥

在符溪月的带领下，会转弯的小桥受到小朋友们的喜爱，更多的幼儿想要尝试搭建。在遇到问题时，小朋友会主动地找符溪月询问解决问题的方法，符溪月也会细心地讲述问题所在，应该如何改进。这一次我提出：小桥有了第一个弯道，我们是否可以加大难度，让小桥同时存在多个弯道呢？我的问题刚说出来，小朋友们就迫不及待地想要去尝试，但这一次，孩子们在搭建的过程中，远比之前的态度严谨多了。

（二）幼儿行为分析

在这个过程中，孩子们试着去交流，表达自己的想法，商量该如何做最好。孩子们能学习符溪月的方法，通过"转弯"的方式创造出不同的玩法，进而产生了更多不同的玩法，并相互模仿学习。在游戏过程中，孩子们的空间思维能力、动手能力、合作能力、问题解决能力、沟通能力都得到了提高。

在游戏过程中，符溪月的细心、坚持也时刻影响着周围的小朋友。幼儿也学会了用心思考，在遇到问题的时候想办法解决，并且在他人遇到问题时能伸出援手。本次幼儿之间的合作达到了一个很好的效果，分工明确，孩子们会专注地做好被分配的任务，齐心协力。遇到问题的小朋友，也会谦虚地询问他人，得到完美的解决方案。在产生分歧的时候，符溪月也会主动把问题摊开，大家一起商量，最后得到所有人同意，再一起实施。

（三）教师的支持与反思

在这个片段中，孩子们的发展更多体现在合作方面，比如管道摆放的位置，转弯处的拼接以及对小球发射冲击的水桶……幼儿分工明确，在遇到问题时，大家以商量、分析的方式找到解决问题的办法，或是向能力较强的小朋友寻求帮助，体现游戏的真实性和自主性。有趣的新玩法也会吸引更多的幼儿进行挑战和探索，游戏难度也随着幼儿能力的提升而慢慢增加；用手或者眼来衡量管道之间空间的大小，以及支架间隔的长度是否适宜。在这个片段中，我更多的是帮助幼儿回顾之前的游戏经验，在已有的能力上提高幼儿的游戏水平。在幼儿缺少人手时，我依然会作为帮助者参与到幼儿的游戏中。下一步，我还可以将木板提供给幼儿，让幼儿尝试是否可以在木板上顺利通过，冲击小球的道具还可用水杯、小球、木桶等材料代替。教师在回顾分享的环节，除了教师说，还应该让其他小朋友说，这样既能尊重儿童，又能听到更多不同的评价、想法或建议。

自主游戏：孩子眼中的幼儿园（中班）

一、游戏背景

户外投放了感觉统合玩具类、建构类、万能工匠、安吉积木等数量充足的玩具，都是可移动、可组合的游戏材料，这给幼儿带来了一个无限探索的空间，满足幼儿在游戏中持续探索和学习的需求，让幼儿有东西玩。

我们班最爱的游戏材料则是万能工匠。最初，孩子通过自己的观察，经常会把万能工匠想象成黄色的、圆形的蛋糕。于是，我将孩子们无意中用万能工匠搭建物体的照片放到屏幕上与大家分享。从那以后，我们班便开始用万能工匠建造简单的物体。

幼儿从一开始将积木当作手机、将万能工匠当作蛋糕，运用以物代物的游戏经验进行假想游戏活动，一个学期后，可以利用积木、万能工匠等游戏材料，运用平铺、垒高、拼插的技能进行简单的物体建造。例如，我们班的王唐果在一次户外活动中搭建巨型蛋糕，由于身高不够，就在周围找来了万能工匠垫在脚下。活动结束后，我把照片放在屏幕上，让王唐果和大家分享游戏经验，在那之后大家便开始利用万能工匠搭建各种物体。

🖊 二、游戏过程

片段：初试搭房子

周一上午，户外自主游戏开始了，几个孩子围在一起，你一言我一语。

李玉斌："我们搭一个大房子。"

杨毓杰："我也要和你一起搭。"

王唐果："我也想和你一起。"

周熙然："我也来帮忙。"

搭建房子对于他们来说不是难事，但赵琳溪向大家发起了新的挑战……

赵琳溪："今天太晒了，我们还要搭一个房顶。"

几人合力将垫子搭在了万能工匠上，但房顶总是往下掉。

于是，我们展开了讨论……

片尾：房顶为什么往下掉？

周熙然："因为我们长得太高了。"

王唐果："因为那个房顶不好，它会从中间滑下来。"

赵琳溪："是因为中间没有万能工匠棍子支撑。"

我："哦，原来是房顶不够稳固啊，那我们怎么办呢？"

杨师睿："我知道了，我们可以在中间插上棍子，就能支撑住了。"

在这次游戏中，孩子们尝试着如何搭房顶，但房顶却总是往下掉，于是，在游戏回顾环节，大家针对"房顶为什么往下掉"展开了讨论，最后在你一言我一语中得出的结果是"房顶不够稳固",而杨师睿的建议是"在中间插上棍子"。

片段二：分工合作 学搭顶

第二天区域活动时……

周熙然：谁要和我一起搭房子？

天诚、罗天信、蒋俊峰："我！我！我！"

周熙然："那等一会儿，你们就跟我走，我来搭，你们帮我递玩具。"

蒋俊峰："我也会搭！"

周熙然："好，那你也来和我一起搭。"

周熙然："我来放高的奶酪（圆形万能工匠）。"

蒋俊峰："好！那我来插棍子！"

天诚、罗天信："那我们放矮的奶酪。"

搭呀搭呀搭，几人很快就把房子的框架搭好了，等到放屋顶（垫子）时，又遇到了难题——周熙然没有这么大的力气把垫子举起来放好。

于是，大家一起来帮忙。

游戏刚开始，幼儿运用之前的游戏经验，快速地搭好了房子的雏形，并如杨师睿说的那样，在房顶的中间插上了棍子。但在将垫子放上去时，却因力气、身高等问题犯了难，于是，周熙然提出："我们一起用力，力气就变大了！"周熙然邀请其他伙伴与自己合作搭建房顶，最终在大家的努力下，此次房顶搭建成功了。

片段三：熟练搭建 房升级

第三天，天空下起了绵绵细雨，却丝毫没有阻挡他们想继续搭房子的心，刚吃完早餐就开始讨论。

罗天信："杨师睿，昨天你没有和我们一起搭房子，我和天诚他们一起搭了。"

杨师睿："那我们等一下再一起搭一个更大的房子吧！"

罗天信："可以啊。"

周熙然："今天下雨了，我们还可以搭一些窗帘挡风。"

罗天信："窗帘？那要怎么搭？我还真有些好奇。"

天公作美，不一会儿雨停了，地面湿漉漉的。

原来是用感觉统合玩具当窗帘搭在棍子上。

回到教室，杨师睿和吴龙阅为我们介绍他们搭建的房子。

杨师睿："我们搭了一个客厅和一间卧室。"

罗天信："我还搭了一个厕所。"

赵琳溪："你们为什么要用积木铺在地上，不用垫子呢？"

吴龙阅解释道："因为下雨了，铺上积木就不会'打滑'。"

李思铜："你们的客厅没有桌子和椅子啊，客人去了坐哪里？"

吴龙阅："因为我们这个房子是新房子，还没有装修啊！"

装修？是个好主意，但是要怎么装修呢？

在这次游戏中，幼儿结合自己的生活经验尝试着根据空间的大小将搭建的房子划分成不同的区域，但在回顾环节，李思铜提出"客厅没有桌子和椅子"，于是，又引发了之后的"装修"游戏。

片段四：小小客厅 放桌椅

第四天，李思铜和周熙然如约来到万能工匠的游戏区域。

李思铜："我来搭下面的万能工匠，你搭上面的。"

周熙然："好，那我先给你递奶酪和棍子，一会儿你再给我递。"

两人根据已有的经验，很快就搭好了房子，其他小朋友看到了也想加入进来。

于是，从两个人的队伍变成了三人、四人、五人、六人……看着不断壮大的队伍，李思铜拿来了万能工匠（圆形）当椅子，又拿来了玩具架上的隔板当桌子，最后还放了一个积木玩具在桌子上作为招待客人的"蛋糕"。

看着拥挤的小客厅，却不断有人过来询问："我可以进来吗？""我可以和你们一起玩儿吗？"

李思铜和周熙然只好不停地拒绝："不行，人太多了，坐不下。"

到了游戏回顾环节，不少人抱怨"李思铜她们搭的房子太小啦！""我都没有进去玩过。"

李思铜："那你们自己搭呀！"

大家纷纷回答到："自己搭就自己搭。""我们搭一个幼儿园吧。"

游戏中，李思铜将万能工匠假想成椅子，将玩具架上的隔板当桌子，感统玩具作为招待客人的蛋糕，吸引了很多的小伙伴，可是因房子坐不下这么多人而遭到拒绝的小伙伴们也抱怨起来"李思铜的房子太小"，最后大家决定搭建一个幼儿园，或许在孩子的心中，只有幼儿园才能装下这么多人。

片段五：搭建幼儿园 齐上阵

在搭建之前，我提出一个疑问：幼儿园这么 大，我们要搭哪些地方？又怎么搭呢？

杨师睿："我要搭一个教室，可以坐着休息，还可以看电视。"

田维恩："我要搭一个睡房，可以躺着休息。"

钟祉竹："我要搭一个玩具区，可以在里面玩。"

……

就这样，最美幼儿园开工了！

三、幼儿的学习与发展

幼儿在游戏中体验成功的快乐，在自主参与、自己调整游戏难度且在回顾中反思。除此之外，幼儿通过一次次的游戏分享活动，提高了自己的游戏水平与游戏经验，这种游戏回顾和分享的活动能够帮助他们认识和反思自己，培养他们的洞察力和深度思考的能力，构建持久学习以及不断发展的知识体系。与此同时，他们在游戏中正慢慢获得空间知觉能力，摸索着形状知觉、大小知觉、深度与距离知觉、空间定向等，如他们通过游戏中的探索了解到万能工匠的"圆饼"表面是滑的，运动的体操垫可以用来搭顶，搭建的房子框架需要长短不同的圆柱与圆饼相连接，将房子划分不同大小的区域。并且，幼儿参照自己生活中的房子、幼儿园搭出简单的三维立体建筑物，用语言表达自己的建构想法和计划，给自己的搭建物取名字，都是在培养幼儿的空间想象能力。最后，幼儿之间通过相互协商、分工合作才能完成任务。在此过程中，他们学习如何处理个体与集体的关系，学习如何与他人沟通协作。

四、教师的反思与提升

（一）从孩子的游戏兴趣出发

提供与幼儿的游戏兴趣相关的活动材料和照片，通过大家的经验分享和回顾引发幼儿进一步的思考。这样的反思潜移默化地引导了幼儿认识自己的经历，促使幼儿进一步探索，从而培养他们的洞察力和深度思考的能力，将"经历"转化为"知识"，鼓励幼儿在下一次的游戏中验证自己的想法，我也能从中理解幼儿的游戏，并有效地支持幼儿有深度而丰富的学习。

（二）从孩子的游戏需要出发

（1）在幼儿向我求助时，根据游戏情况抛出问题，引发幼儿的思考和探索，培养幼儿养成自主探究和思考的学习品质，提升探究物体的结构、运用建构的技能，做到最低程度的介入，最大限度地放手。

（2）活动结束后不仅要将游戏过程中的图片放在屏幕上，简单地让幼儿回顾一下游戏过程，还要引导幼儿回顾分享与游戏主题相关的经验，帮助幼儿理解经验并将经验转化为知识和技能。

五、小结与提升

一次房子的搭建，引出了各种问题，也推动了孩子们的思考和探索。在一次次的尝试下，遇见了新的问题，也有了新的解决办法。在解决问题的过程中，我也在努力唤起孩子的好奇心和行动力。最终，从一间小小的房子变成了一座美丽的幼儿园。

自主游戏：凳子乐翻天（大班）

牟婷婷

✎ 一、活动背景

为贯彻落实《中共中央 国务院关于学前教育深化改革规范发展的若干意见》，我园所在的民办幼儿园也转为公办，于是一场革故鼎新的行动正式拉开帷幕！而"我"跟随着幼儿园的体制转变也开启我职业生涯充满挑战与机遇的"教育旅程"。

为深入贯彻落实《幼儿园教育指导纲要》《3～6岁儿童学习与发展指南》中提出的"幼儿园以游戏为基本活动"的理念，落实教育部"安吉游戏"推广计划，我园也尝试开展安吉游戏活动，"如何提供游戏材料，如何放手把游戏的自主权还给幼儿，让幼儿在自主、自由的真游戏中，去获得经验、形成想法、表达见解、完善规则等问题"，我对此进行了研讨，总结出要想提升孩子玩游戏的能力，需要解决游戏材料问题，我们利用家长资源，收集大量的低结构材料，如鹅卵石、奶粉罐、硬纸箱、彩色凳子等物品，只有材料充足，孩子才能玩出水平。随着物品的投入，孩子们会带给我们意想不到的惊喜，于是关于"凳子乐翻天"的游戏故事也就这样发生了……

✎ 二、游戏过程

片段一：凳子垒高高

户外活动开始，幼儿朝三楼平台飞奔而去，我跟随幼儿，一起去看看他们在干什么？原来，他们在用凳子进行拼搭，没过多久，凳子高过了头顶，幼儿开始分工合作，有的当指挥、有的抬凳子、有的沿边爬，大家忙得不亦乐乎，一会儿，10层高的凳子墙搭好了。

在游戏中我看到幼儿快乐、自主、乐此不疲地进行搭建，他们用生活中常见的凳子代替积木，搭建成自己喜欢的样子。

片段二：快乐城堡

下午，幼儿又来到了活动场地，这一次，他们提高了难度，将凳子墙搭建成凳子城堡，很快，凳子城堡就搭好了。

童年的冒险游戏使他们养成了坚韧、创新、不怕困难的品格。在游戏中，我看到幼儿能够在原有搭建平面墙的基础上，有了新的想法，他们通过分工合作，完成多维立体建构作品，真是太厉害了！

片段三：楼房平地起

一天早上，我看见幼儿又有了新的创意，他们抬来了凳子和垫子，我还在想，抬垫子做什么呀？原来，他们早已有了计划，一层凳子一层垫子，就这样，3层楼房搭好了，幼儿开心地坐在楼顶聊天。

新游戏方式的出现，让我们看到了幼儿在原有经验上，使用了辅助材料垫子。垫子的使用，不仅让楼房更稳固，实现了在楼房上坐人，同时在搭建到高处时，幼儿为了完成计划，他们团结协作，将手中的垫子往上垒高，有序地进行新建筑的搭建。

片段四：凳子梅花桩

彩凳的出现真是让幼儿乐此不疲、不厌其烦地游戏着……这一次，幼儿将凳子摇身一变又有了新玩法，大家将凳子进行高矮不一的重叠，同时也拉开了凳子之间的距离，制造出了翻山越岭的感觉，爬的爬、跨的跨，他们玩得不亦乐乎。

幼儿自发地行走在自己搭建的游戏情景中，侧身走、往上攀、往下跳、往前爬等动作，让他们平衡能力得到发展的同时，幼儿在凳子周围摆放了垫子，也证明幼儿有了自我保护的意识及能力，为了实践自己想法而不断寻找解决问题的新办法。

片段四：恐龙扭扭蛋

活动快结束了，我发现有一个幼儿将凳子反扣，自己蜷缩在里面，并用另一张凳子将自己盖住，班上的另一个小朋友看见，也想学，可块头太大，只能坐在上面，并用另一张凳子当帽子，戴在头上，真是太可爱了。

幼儿的兴趣总是存在于其经验范围之内，他们在自己生活经验的基础上产生兴趣，他们将凳子反扣想象成生活中的"恐龙扭扭蛋"，体现了幼儿在游戏中通过模仿表达自己对生活中已有物体及情境的诠释。游戏给他们留下的是积极的感受，如喜悦、开心、快乐。

三、游戏中幼儿的学习与发展

幼儿学习具有"具身性"的特点，他们通过"手有所触、足有所履"的活动进入"情有所感，智有所开"的崭新的心智情境。游戏伴随着幼儿的成长，没有游戏就没有幼儿的学习与发展。

（1）游戏中的学习与发展体现在对生活中常见的塑料圆凳感到好奇；在几次垒高搭城墙的游戏中，幼儿通过不断调整城墙的形状再现幼儿在已有经验的基础上不断尝试，在自主发起的游戏挑战中，感受新的游戏体验。

（2）在一段时间内幼儿持续专注于活动；遇到挑战，坚持完成活动；喜欢自己的事情自己做，为实现自己的目标而迎接挑战。幼儿的每次游戏都是对行为—目标关系的探索，对操作方式、工作步骤合理性的一次次尝试。幼儿在游戏实践中所获得的关于有效方法、合理步骤和正确思路的经验对他们将来的学科知识学习是非常重要的，因为这些经历会从根本上改变孩子们的学习方式和学习态度。

（3）每一个游戏场景中幼儿都有自己的想法，如快乐城堡，不仅如此，幼儿还能在游戏中寻找解决问题的方法；在恐龙扭扭蛋的游戏中幼儿能将游戏想法与喜欢恐龙的情感联系起来；同时，幼儿在高楼平地起游戏场景中，为了能坐在高处玩耍，幼儿积极解决问题，为达成目标而做计划、做决定。

（4）幼儿在游戏中的挑战性行为与活动都是对自己能力的突破。通常，我们可能只关注幼儿最后突破时的情景与动作，而忽略了幼儿挑战的过程，也就是冒险之前的试探。从试探到最后的冒险行为是一种"小步递进"式的过程，也是幼儿尝试突破自己"最近发展区"的行动。

幼儿的学习不一定是游戏，但幼儿的游戏一定是学习，游戏对于幼儿的重要性就如同睡眠、呼吸、食物一样。我们必须将游戏、运动视为幼儿生命的基本活动，没有游戏就没有童年。

四、教师的反思与支持

"幼儿在前 教师在后"的观念正越来越被我们所接受，但"当幼儿的游戏中出现学习的契机或当幼儿在游戏中表现学习的倾向时，教师该怎么做？"我尝试以反思和批判的精神质疑我们"习以为常的方式"。从环境、资源、兴趣、时间、组织等要素入手，为幼儿的游戏和学习创造条件。

首先，适宜游戏环境的保障。充分拓展室外空间，将幼儿的游戏活动场地向室外转移，把幼儿从室内解放出来，使游戏场地无边界，场地的使用不受限定，原来的我们，只考虑凳子放在室内，可以不被风吹日晒，当幼儿进行搭建时，发现场地的局限性，使幼儿不能放手进行活动，我们立马调整活动场地，将室内游戏改在户外，让幼儿充分发挥自己的想象力，随意创新各种游戏的玩法。

其次，充足游戏资源的保障。提供适宜的材料让幼儿在游戏中有东西玩，是保障幼儿游戏权利的条件之一，幼儿园为幼儿提供了 300 多张彩色凳子，200 多张大小不同、形状不同的椅子，供幼儿操作，让幼儿随意搬运、移动，不受玩法和空间的限制，大胆创新。

最后，保障合理的游戏时间。《3～6 岁幼儿学习与发展指南》中明确提出，要保障幼儿每天两小时的游戏活动时间，保证幼儿每天至少有一个小时完整且连续的游戏时长，所以幼儿会利用空余时间进行游戏时的计划。当游戏一开始，幼儿就直接进入游戏，减少了游戏前的准备时间，老师会根据幼儿的情况，将活动时间进行延长，确保幼儿能够有充足的时间完成自己的计划。

这么精彩的游戏，是教师教育理念在慢慢地改变，给幼儿更多自主选择内容、自主选择场地、自主选择时间的机会，作为管理者的我，更多的是给予老师游戏上的支持。

五、下一步的工作

游戏——绽放梦想！我今天分享的游戏故事也进入了尾声，可幼儿的游戏还在乐此不疲地进行着。我们始终认为，游戏与教育相伴，与课程、教学相随，是课程规划、实施、管理和评价中的过程性"事件"，只要幼儿教育存在一天，游戏就会随影相伴。

接下来，我会……

（1）教研引领，深入实践。我会与其他教师一起开展主题为"为幼儿发起的游戏与学习中无限的可能性而规划"的专题研究。

（2）扬长避短，提升观察评价能力。为帮助教师掌握幼儿观察评价、信息解释与运用的方法，旨在提高教师开展幼儿观察评价的能力。

（3）更新备课机制，为无限可能性而"规划"。打破原来以预设为主的备课形式，游戏活动采用反思性的备课方式，有效提升教师对游戏教育实践的专业能力。

关于"游戏是幼儿园基本活动"的实践研究我们一直在路上，我会与其他教师一起把研究解决问题的策略、路径和方法带到日常工作中，使之成为一种"常态"，扎根于幼儿园，根植于管理者、教师，让游戏真正成为幼儿园的"软实力"、管理者的"真功夫"、教师的"好本领"，最终让幼儿获得健康、快乐地成长。

区域自选游戏：轨道变形记（中班）

张艳梅

一、游戏背景

由于玩具花样层出不穷，小朋友们对常见的桌面搭建玩具已经失去了兴趣，于是小朋友们开始在教室里寻找他们感兴趣的材料。在我们班上有一种轨道材料，由于小朋友们都还没有开始进行游戏，因此没有被注意到。今天的区域活动开展以后有小朋友将它拿出来玩，由此引发了更多小朋友的关注，于是轨道游戏正式开始。

此次游戏的背景是建立在小朋友第一次在区域活动中接触轨道的前提下进行的初步观察与记录，在这个过程中小朋友们提出的问题都是怎样去解决的呢？

二、游戏过程

车和我们的生活息息相关，也是我们出行必不可少的交通工具，在此基础上，小朋友们对能够跑起来的车充满了好奇，为什么车子能行驶，它是怎么行驶的呢？是所有的车行驶起来都是一样的还是不一样的，行驶的道路有什么区别呢？面对这些问题，我们将和小朋友一起去探索关于车的各种秘密。

（一）发现轨道材料，轨道初接触

由于小朋友们刚刚从小班升入中班，对于新奇的材料都是比较感兴趣的，今天的区域活动开始以后，城城最先在区域柜里面发现了汽车轨道玩具，并将其全部倒在地面上进行拼搭。在城城拼摆的过程中吸引了言言、雯雯、槿槿的注意，"我们可以一起玩吗""看起来好好玩的样子""可以呀，我们一起玩吧"，就这样，三个小朋友一起加入了轨道搭建的活动中。

城城和雯雯一起将轨道一段一段地拼接在一起，拼到最后他们将轨道拼成了一个圆形，城城看了看说："我觉得这个轨道好像不是很对呢？"言言看到后赶紧说："你们这个轨道怎么是个圆形呢？这样不就要一直绕圈圈吗？"城城："可是我在街上也看到过圆形的道路呀，爸爸有带我走过的呀。"雯雯："我也走过的，但是我记得它是有出口的呀，我们建的这个圆环车道没有出口。"城城："原来是这样，那我们重新再来建一条道路吧。"

　　教师的思考：在第一次接触轨道材料的时候，小朋友就将轨道拼接成了一个圆形，但是城城和言言根据他们已有的生活经验马上发现了问题，于是他们希望能够将自己看到的道路进行还原，那么在这个过程中遇到的问题又会引导着他们去进行下一步的尝试，让我们接着往下看吧！

（二）轨道连起来

　　经历了这次失败，两个小朋友又将轨道拆了，重新一段一段地拼接在一起。

　　言言说："我们要记得给轨道设计一个出口哟。"雯雯说："是的是的，不然车子就开不出去了。"在改变了圆形的轨道以后，小朋友将轨道进行了转弯和延长设计，槿槿："这样设计的话我们的车子要开向哪里呢？前面没有尽头呀。"雯雯："咦，怎么会这样呢？"城城："因为我们没有设置终点，轨道已经不够延长了。"新的问题又出现了，这一次小朋友们又会怎么解决这个问题呢？

　　槿槿问我："张老师，我们的轨道不够长了，怎么办呀？你可以帮帮我们吗？"

　　师："既然轨道的数量不足以支持你们完成更长的道路延长，那你们可以试试其他的道路建设呀，还可以怎么设计道路呢？"

　　雯雯："我记得汽车道路除了是直的以外还有可以转圈圈的行驶道路。"

　　城城："是有很多层的那种道路吗？"

　　言言："我知道，我妈妈跟我说过的，好像叫立交桥，可以一层一层地设置，可以设计圆环、转弯、直行等。"

　　师："你们说得很棒，那这个办法到底行不行呢？你们可以尝试一下。"

　　教师的思考：在小朋友们遇到困难的时候，我更多的是以观察者和支持者的角色来引导小朋友搭建，在这个过程中小朋友不断地利用他们的生活经验来还原现实的道路，从而解决遇到的问题。

（三）轨道再升级

想到了新的办法，几个小朋友又在原来的基础上开始拆装，对轨道进行修改，在这个过程中我发现他们开始将单层的轨道变成了双层的轨道，并在这中间使用了架桥的工具，立交桥初现雏形。

初次尝试，小朋友对架桥的成功感到喜悦，对拼搭的兴趣也提高了不少。

城城：我觉得这样加起来还不够，我想让这个轨道有上坡、下坡。

槿槿：那我们试试呗！

在轨道进行连接的过程中由于材料的限制，轨道搭到一半的时候支撑轨道的支柱不够了，观察到这个情况，我很好奇小朋友们接下来会用什么样的方式来解决这个问题呢？

城城："我来帮你扶着轨道，这样轨道就不会倒了。"

雯雯："可是这样的话你就没办法参与搭建了呀。"

言言："我去找找看。"

说着言言开始在各个区域里面寻找合适的支柱，终于她在操作区找到了几块木质积木，言言先将一块木质积木放到轨道下面，没有成功，于是又放了第二块，还是没有成功。槿槿说："那我们两个一起来放吧，看看会不会将轨道支撑起来。"言言说："好呀，那我们来试试。"最终在他们的努力下也成功地解决了支柱不够的问题。

教师的思考：在不断地挑战和解决问题的过程中，我看到了努力探索的孩子们，看到他们一起思考，一起实施的过程，他们一起尝试更多的可能性。虽然是一个短小的瞬间，但是勇于探索的精神在他们的身上闪闪发光。轨道的材料有限，在轨道的数量不足以支撑小朋友继续进行游戏的时候，他们第一时间不是想到放弃，而是尝试用其他方式进行轨道搭建，在原有的基础上一次次地进行挑战，从而让游戏顺利进行，每一次问题的解决都是一次进步。

（四）由区域走向户外，混乱的开始

"张老师，我觉得在教室搭建感觉好小呀，我们可不可以换一个地方搭建呀？""你们有什么好的想法吗？""我们想要去户外试一试。"

师："没问题，那到户外以后你们准备怎么做呢？"

带着这一问题，小朋友对户外的搭建进行了一次设计，那这一次小朋友们又会有什么不一样的表现呢？

当游戏的环境从教室的区域活动变成户外活动的时候，不同的材料、不同的车搭配到一起后，使得这一次的户外轨道搭建变得更加有趣。来到后院，小朋友们的目光就被长凳子吸引了，纷纷拿出自己的车开始玩起来，"我要往这边""我要往那边""你挤着我了，让我一下"，游戏刚刚开始，怎么小朋友就开始争吵起来了，原来是游戏的时候没有说清楚行驶的方向，所以出现了交通混乱的状况。思雨："我们往一个方向行驶不就好了，这样就不会撞到一起了。""只有这一条轨道的话不够我们大家一起玩，用其他的材料来搭建轨道吧。"

教师的思考：幼儿在进行游戏的同时发现了轨道不够用，可以看出幼儿能准确把握数量的变化，而且他们愿意接触新事物，并且也会发现与新事物有关的问题。

（五）让轨道变得有趣

在第一次游戏后，小朋友对轨道的搭建有了初步的了解。虽然材料有限，但在创造材料的情况下进行尝试何尝不是另外一种收获。根据幼儿的游戏需要，调整游戏环境和游戏材料，支持小朋友的游戏，于是这一次小朋友来到木质建构区，开始新的尝试。

"上一次的圆形轨道我想要设计在这一次的轨道里面，将它们进行结合。""可以，可以，我们一起来。""我来架桥。""我来建设隧道。""我来搭建道路路面。"几个小朋友七嘴八舌地开始讨论起来，这么好的构想，小朋友们会以什么样的方式来呈现呢？

在搭建桥和隧道的时候小朋友又有了新的发现，隧道搭建得太长了，车子根本无法行驶。看到小朋友因为这个隧道开始争执起来，我决定加入他们的游戏，"在生活中你们有没有遇到过一条轨道全是隧道？""好像没有。""那你们想一想在行驶过程中是不是一个隧道接着一个隧道，之间会有间隔，并不是一直都是隧道的。""那我们将隧道分开一点，这样就不会行驶不了了。"

教师的思考：在二次搭建的过程中小朋友更多的是将已有的生活经验进行猜想和实践，在拼搭的过程中寻找解决问题的最好方法，众多的想法碰撞也会激励他们不断地自主探索和一次次地尝试。

三、游戏中的学习与发展

如果给予幼儿在游戏中对材料的自由选择，无论是在室内还是在室外，那么幼儿都可以被视为强有力的自身学习引领者，同时幼儿的兴趣是学习的催化剂。

在初次接触轨道时，幼儿从最开始的平面平铺，单一围合、基本架空、架空转弯等技能的出现都是已有经验在支撑幼儿不断挑战、不断尝试，在失败以后并没有立刻放弃，而是在失败中寻找新的搭建方式，拆了又拼，拼了又拆，在主动的游戏过程中获得最直接的学习经验，反反复复地去探索，在发现问题、提出猜想、进行验证再到最后的顺利解决问题，正是幼儿爱探索的体现。

从被动到主动的游戏方式的改变，是教师观念上的革新，放手成就不一样的孩子。幼儿是游戏的主导者，《幼儿园教育指导纲要（试行）》中指出应"以游戏为基本活动"，可见游戏在幼儿生活中具有重要的地位和作用，而我们现在最应该做的就是将游戏的权利还给孩子，让孩子用他们喜欢的方式进行游戏。

四、教师的反思与提升

轨道游戏和生活息息相关，但受到班级材料和环境的限制，在第一次的游戏过程中幼儿的搭建受到了一定程度的影响。在整个游戏的过程中，老师给予幼儿材料上的帮助很少，使得幼儿在游戏过程中多次因为材料的限制没有将游戏更好地进行下去，从而游戏没得到更好的深入。在第二次的游戏从室内转为室外以后，让幼儿有充足的材料支撑游戏，创设更加真实的轨道环境，使用不同的游戏材料可以让幼儿获得更多的经验，从而提高游戏水平。

五、下一步的工作计划

（1）材料不足。幼儿园向家长发布《废旧物品收集倡议书》，幼儿可将家中的废旧物品收集起来带到幼儿园，让废旧物品发挥余热，带给幼儿更多的创意空间。

（2）利用自然环境。充分发挥幼儿园的实地环境，让幼儿自主自发地开展活动。

（3）开展教研，观察互学。在游戏开展的过程中，教师以观察幼儿游戏为切入点，改变由教师组织幼儿参与的游戏模式，让幼儿来主导和设计游戏。

（4）教师观念的转变。民转公性质的变化——归还幼儿游戏所有权，我们常说会玩的孩子会学习，会学习的孩子更会玩，敢于放手让幼儿游戏，在游戏中最大限度地给予幼儿自由，让幼儿选择怎样玩，玩什么，多给幼儿一些解决问题的空间，多一份耐心，多一份等待。

区域自选游戏：怎样搭更高（小班）

柏贵菲

一、游戏背景

纸杯在幼儿园中是常见的低结构建构材料。幼儿在搭建过程中能够通过自主探索发现更多搭建方法。在小班阶段，幼儿的搭建作品多以围合、平铺为主。为了丰富幼儿作品搭建形式，我们在班上投放了一定数量的纸杯。

2020 年 12 月 27 日，小朋友们开始了当天的区域活动，张雨桐选择的是益智区。只见她走到了益智区，把所有的纸杯拿到了自己的桌子上，开始一个一个地叠了起来。可是，没过多久，纸杯用完了，杯子不能叠得更高了。东瞧瞧、西看看之后，张雨桐跑了过来，说："柏老师，没有杯子了。"我看了看班上杯子的分布情况，问她："那我们还可以怎样搭得更高呢？"张雨桐说："没有杯子了，搭不高了。"

✎ 二、游戏过程

我想，小朋友们平时很少玩纸杯，因为不知道怎样将纸杯搭得更高。因此，我和全班小朋友共同进行了一次关于纸杯怎样搭得更高的讨论。

最开始的时候，我把纸杯分给了每个组，保证每个组的桌子上都有一叠纸杯。由于数量不足，小朋友们都在争抢纸杯，重点都放在谁得到的纸杯多，而不是去想办法将纸杯搭得更高。更别说合作搭纸杯了。

于是，我将一个组的纸杯先借了上来，请所有小朋友都停下了自己的动作，一同思考纸杯怎样搭得更高。简千杰举了手要上来尝试，只见简千杰将纸杯一个一个排开摆好，再在第二层错位摆好纸杯。最开始他的底下放了四个纸杯，第二层放了三个纸杯，第三层放了两个纸杯，最后在顶上放了一个纸杯。就这样，他的四层纸杯塔搭好了。我们请小朋友们一起思考，简千杰是怎样把纸杯搭得这么高的？赵佳琰说："把纸杯的位置错开，纸杯才能够搭得更高。"胡方醒说："纸杯是嘴巴朝下的，这样才能搭得更高。"我又请了两个小朋友上来尝试用这样的方法搭纸杯，小朋友们都成功了。

　　小朋友们看到后，都把自己手里的杯子拆开，一个一个地按照简千杰的方法搭了起来。最开始，小朋友们都是自己搭自己的，但是当自己的纸杯用完之后，有的小朋友开始去拿搭得慢的小朋友的纸杯。有的小朋友开始和另外一个小朋友左一个右一个地搭了起来。邱椋粲组是合作得比较好的，能够互相分享彼此手上的纸杯。因此，我走过去问他们："为什么我们不用所有的纸杯搭一个超级高的塔呢？"邱椋粲说："好呀好呀，搭一个超级高的塔。"小朋友们开始动了起来，简千杰和戴琪琪开始摆最下面的纸杯，张雨桐和邱椋粲在慢慢地往上面加纸杯。过了一会儿，纸杯搭得越来越高了，简千杰踮起脚将纸杯往上放。

🖊 三、幼儿的学习与发展

　　在大家的努力下，葡萄组的纸杯塔搭好了，他们的作品是整个班最高的。小朋友们开心地笑了起来，其他组的小朋友也都围了过来。

　　在本次活动中，幼儿的建构水平得到了提升。从平时的围合到现在能够错位叠高。并且在建构过程中，幼儿还尝试将纸杯朝不同的方向搭建，说明幼儿是有独立思考与探索能力的。

在小班阶段，幼儿的活动多以独立游戏为主。在游戏刚开始时，幼儿的行为多是争抢足够多数量的纸杯自己搭建。在教师引导后，能够尝试由小组成员共同搭建。正是有了这样一个合作搭建的作品，其他组的幼儿也慢慢地感知到了合作的重要性。在后面的尝试中，也开始慢慢地体现出来。

✎ 四、教师的反思与提升

在这次游戏中，小班小朋友更多地选择适合自己能力的、自己喜欢的和自己会的。很显然，小朋友们对玩纸杯的经验较为欠缺，因此在班级的区域活动中，纸杯成为小朋友们较少选择的一种材料。经过本次讨论活动后，很多小朋友都有了玩纸杯的经验。在后面的区域活动中，很多小朋友都会到班级区域活动中尝试自己把杯子搭高。但纸杯叠高的方法不止一种，因此我还需要引导幼儿使用其他的方法将纸杯叠高。纸杯与积木的建构方法虽然都有叠高，但由于材料不同，两者的叠高方法也不一样。教师在发现孩子们遇到了困难后，应第一时间鼓励幼儿继续活动，并引导幼儿思考搭建方法。幼儿之间的经验分享需要教师的帮忙，正如这一次，教师对幼儿活动的及时提问和集中讨论。因此，在活动中，教师需要时刻关注幼儿的游戏，以帮助幼儿发现问题，解决问题。

区域自选游戏：纸杯趣多多（小班）

魏玲敏

✎ 一、游戏背景

在之前的游戏中我们班幼儿没有玩纸杯的经验。但我发现，之前在幼儿园的游戏材料投放中，针对幼儿园的情况，进行了一次教研后，将每个班的材料拿了出来，重新进行分类，虽然种类少，但数量上保证了幼儿的游戏材料充足。在之前的游戏培训中，有一位教师向我们展示了其他幼儿园幼儿玩纸杯的图片，这让我想起了在一次美工区活动中，田博元用美工区为数不多的纸杯在地面上进行搭建。想到这一幕，我将我们班之前投放的材料暂时撤出，并且投放了大量的纸杯来支持幼儿的游戏。接下来便开始了幼儿搭建纸杯的游戏故事——纸杯趣多多。

✎ 二、游戏过程

片段一：金字塔

在此次游戏中，我们班的幼儿开始了用纸杯来进行游戏搭建，田博元、周译承、小好欣等小朋友加入其中。周译承和小好欣将纸杯排列起来搭建了金字塔的第一层，接着小好欣拿起了自己面前的纸杯递给了周译承，往上进行垒高。当周译承将手里的纸杯垒高到第五层时，纸杯"哗"的一声倒了下来。周译承和小好欣将掉在地上的纸杯捡了起来，开始从纸杯倒的地方继续往上垒高。接下来，周译承将手里的纸杯垒高到第八层时，纸杯"哗"的一声又倒了下来，两人又将纸杯捡了起来，继续往上垒高。

在游戏结束后，参与游戏的幼儿进行了分享。周译承说道："我用纸杯来搭建金字塔，可是在搭金字塔时总是会倒。于是，我播放了幼儿搭金字塔的图片，并向幼儿提出怎样可以让金字塔不倒呢？小好欣说道："我觉得可以将金字塔搭得宽一点，长一点就不会倒了。"缪佶恩说："我觉得金字塔可以搭得小一点儿就不会倒了，纸杯用得少一点儿就不会倒了。"听到幼儿的回答后，我播放了真的金字塔的图片。对幼儿说："为什么，真的金字塔又高又大，还不会倒呢？"李元心说："因为真的金字塔，它有四面，不会倒，我们搭的金字塔只有一面，所以它会倒。"缪佶恩说："我们也可以把金字塔搭成四面的。"李元心说："我们可以像真的金字塔那样，把它围起来就不会倒了。"

分析：

游戏中幼儿自主选择纸杯进行搭建，根据自己已有的建构技能垒高。同时，幼儿在搭建的过程中，纸杯一次又一次地倒塌下来，幼儿仍然没有放弃，而是反复尝试搭建。在游戏最后分享时，幼儿设想将纸杯搭建成真实生活中的金字塔。

片段二：围合搭建

根据上一次的搭建中发现的问题，在这次游戏前，幼儿进行了游戏前的计划。游戏中田博元蹲在了纸杯的围墙里，朱雨辰蹲在纸杯围墙的外面。朱雨辰、田博元依次用纸杯往上垒高，垒高到第二层第七个纸杯时，田博元抬脚跨出了围墙，这时朱雨辰说："田博元搭建第二层，我搭建第三层。"说完后田博元就开始搭建第二层，朱雨辰在搭建到第三层时，"啪"的一声，有一个纸杯掉了下来。朱雨辰将纸杯捡了起来，继续搭建。田博元手里拿着一个纸杯正在搭建，朱雨辰看到第三层有一个纸杯是歪的。他用手往前一推，有三个纸杯掉了下来。田博元用手捡了起来，又继续往上垒高，这时朱雨辰手一松，手里的一摞纸杯快速地掉了下来，撞到了其他的纸杯，紧接着就有四个纸杯掉了下来。田博元、朱雨辰将纸杯捡了起来继续搭建。过了两分钟，在第三层快要搭建完成时，朱雨辰的脚踢到了纸杯，纸杯"啪"的一声有七八个纸杯又掉了下来。朱雨辰用手将掉的纸杯捡了起来，继续搭建。在一次次的失败后，幼儿仍然没有放弃，而是继续搭金字塔。

分析：

幼儿对纸杯的搭建充满了好奇，在较长的一段时间里一直专注于纸杯建构，在纸杯一次次地倒塌后，愿意尝试继续搭建，并且坚持完成纸杯搭建。在自己已有其他玩具的建构经验基础上，对已有经验进行了再现。接着，幼儿根据自己的想法，进行分工合作，最后为实现自己用纸杯进行三维立体建筑的想法，迎接挑战。

片段三：规律搭建

有了之前的围合搭建经验后，在这次的游戏中果果选择用红色的纸杯进行搭建，当她转头看到黄嘉兴用蓝色纸杯搭建时，赶忙说："黄嘉兴，我用的都是红色纸杯，你怎么用蓝色的呢？"黄嘉兴抬头看了一眼，发现只有自己搭建时用了蓝色纸杯，忙说："我把它换成红色就可以了。"

　　在搭建的过程中，两个人商量，第一层用红色的纸杯，第二层用蓝色的纸杯，第三层用黄色的纸杯，第四层……在搭建到第七层时，果果想用同一种颜色来搭建，可是找了半天，说："同一种颜色没有那么多了，不够我们搭建了，我们用其他颜色代替吧！"

　　这时，佘一凡看到果果和黄嘉兴的建筑，走了过来说："你们在搭什么呢？我可以和你们一起搭吗？"果果说："我们在搭花园。"说完佘一凡就和果果一起搭建起来。这时，黄嘉兴从圈内迈了出来，佘一凡说："我们把旁边也围起来吧。"外围也用杯子连了起来，围合成围墙。他们一起完成了"花园"的搭建。

分析:

在上一次的游戏中,有了用纸杯进行三维立体建筑的搭建经验后,在本次搭建中幼儿有了新的想法,按规律排列进行三维立体的纸杯建筑,当其他幼儿感受到有规律的纸杯排列带来的新鲜感时,也尝试和同伴一起进行游戏。接下来幼儿对纸杯的搭建已渐入佳境,这表明幼儿的逻辑思维能力在不断提高。最后,幼儿用纸杯进行了三维立体的搭建,表明该阶段幼儿力求完整性。

<h3 style="text-align:center">场景四:搭建城堡</h3>

有了之前的三维立体建筑搭建经验后,在这次的游戏中,子舟指着建构区墙上的长城图片,对兜兜说:"我们一起来搭建一个城堡吧。"兜兜说:"好的。"于是,子舟负责搭建城墙,城墙搭建到一半时,子舟又在旁边搭建了一个城堡。这时兜兜对子舟说:"我们把这两个城堡,连接在一起吧。"接下来,子舟和兜兜用纸杯搭建了一个城墙,将两个城堡连接了起来。城堡搭好后,兜兜和子舟把纸杯摞起来分成五摞,杯口朝下放在地上,接着拿了一个大的圆形纸板放在纸杯上,又拿了三个圆形纸板放在大圆形纸板上面。两人将装了其他材料的纸杯放在了圆形纸板上。这时兜兜说:"我来当《冰雪奇缘》里的艾莎女王吧!"子舟说:"那我来当安娜公主吧,这样我们就是姐妹了。"

分析:

在新的一次游戏中,幼儿能根据建构区的城堡图片进行主题搭建。幼儿之间相互沟通,分工明确,相互合作,最终实现了三维立体长城的搭建。接着,幼儿在城堡搭好后,两名幼儿商量着把自己当成"艾莎女王"和"安娜公主",从这里可以看出幼儿在城堡搭建好后,有了情境表演的想法。将自己看过的《冰雪奇缘》,在现实生活中进行了情境再现。这说明,幼儿在游戏中,小步递进式地提高了自己的游戏水平。

三、游戏中幼儿的学习与发展

游戏是培养幼儿良好学习品质最便捷、最有效的途径。

（1）顺应幼儿的兴趣，让兴趣助推活动。纸杯游戏的开展源于在美工区活动中幼儿用纸杯在地上搭建的兴趣，这种兴趣促使幼儿能够在很长的一段时间持续参与建构游戏。在游戏中，他们搭建了金字塔、城堡。基于之前开展的纸杯游戏活动，幼儿对每一次的活动都能进行深入探究。在这些游戏中我没有直接引导和介入，都是幼儿自主完成的，这让我看到了兴趣的力量。作为教师的我，看到幼儿对纸杯建构游戏如此感兴趣，我想到的就是要顺应他们的兴趣，支持和引导他们开展纸杯游戏的活动。

（2）低结构游戏材料易激发幼儿创造性的游戏行为。第一，纸杯属于低结构的游戏材料，它对幼儿的限制小，操作和想象空间大，玩法多样，因而很容易激发幼儿创造性的游戏行为。第二，在游戏中，幼儿真正成为纸杯的主人，在交流、合作中有机地让游戏材料纸杯创造出一个个精彩：金字塔、围合搭建、规律搭建、城堡搭建等的过程，都有意想不到的收获，让幼儿亲身体验了纸杯建构的乐趣。从每个游戏场景中，我都能看到幼儿游戏的创造性、挑战性得到了充分体现，以及主动性和社会性的发展。

四、教师的反思与提升

（1）实践支持性策略，让活动顺利开展。我为了帮助幼儿开展纸杯建构活动，提供了以下四方面的支持。

第一，投放开放的低结构材料纸杯，让幼儿有自主选择权。

第二，创设宽松的环境，让幼儿自由探索。在活动中，我给予幼儿充足的活动时间和空间，尊重他们的想法，使他们能自主地与游戏材料纸杯进行互动。

第三，在幼儿游戏时我应做一个观察者，在幼儿需要帮助的时候及时提供帮助。在游戏中，我将游戏的权力归还给幼儿。

第四，在游戏后开展交流、分享活动。我会让幼儿进行交流和分享，这个过程既能帮助幼儿梳理经验，获得成就感，又能引发幼儿进一步思考和讨论。

（2）教师灵活扮演好适宜的角色，有效支持幼儿自主游戏。在这种低结构的游戏场景中，幼儿是自发、自主、自由的。我是游戏环境的创造者和游戏材料的提供者，身兼观察者、倾听者、记录者、分析者、参与者、分享者等多重身份。总之，除了观察、记录外，我还要分析幼儿的游戏行为，敏感地关注幼儿的需求，在适合的时机，以适合的方式介入，给予幼儿在游戏中有效的支持。

（3）同伴互助促成长。在游戏结束后，针对我们的游戏案例进行了逐一研讨。在研讨过程中，大家给我提出的建议是，幼儿的游戏在主题搭建后，应推向表演区，以此推进幼儿的游戏。针对大家给我提出的建议结合自己的反思，我会组织幼儿进行讨论，可以搭建什么进行表演，根据幼儿的回答来促进幼儿的游戏。

（4）根据需求调整游戏材料，深入挖掘游戏价值。第一，聚焦幼儿需求，丰富游戏材料，创新游戏玩法。低结构游戏材料能够激发幼儿更多的创意，也能让幼儿在游戏中获得更多的发展，我将继续投放纸杯和不同形状、不同大小的纸板等，引导幼儿比较、探索不同材料的性质和功能，鼓励幼儿根据自己的需求选择合适的游戏材料，创新游戏玩法。第二，解读幼儿兴趣，深入挖掘游戏价值，促进幼儿不断发展。在下一次的游戏中，为了提升幼儿的游戏水平，在材料上我会投放大小不同的纸板、扑克牌等辅助性的材料。在幼儿的计划上，我会让幼儿结合自己的已有水平发起主题式小组纸杯建构。以游戏计划和游戏故事为载体，进行更深层次的游戏，从而提升幼儿的纸杯建构水平。最后，我会通过材料和时间上的保障来提高幼儿的建构水平。

陈鹤琴先生说过："孩子是生来好动的，对于孩子来说，他们的工作就是游戏。"幼儿对纸杯游戏的尝试，就是幼儿和纸杯一次次面对面地"对话"，让幼儿在碰撞中找到属于自己的游戏。

区域自选游戏：盒子变变变（大班）

文莉珍

✏ 一、游戏背景

小朋友们都很喜欢去建构区搭建东西，有的小朋友用积木搭建房子，有的小朋友用吸铁片搭建小车，各式各样，搭出来的东西都非常有趣。近期，建构区投放了一些新玩具——废弃的盒子。这些盒子都是小朋友们从家里带来的，有快递盒、饼干盒、药盒等。盒子投放到建构区，很快引起了小朋友们的注意。

✏ 二、游戏过程

片段一：盒子变身了

到区域活动的时间了，杨皓星与谢梦杰计划到建构区去玩，他们发现老师已经把他们带过来的盒子投放到建构区了。杨皓星过来问我："老师，这些盒子用来干什么呀？这个饼干盒是我拿来的哟！"我说："你觉得它可以用来做什么呀？可以把它变成什么呢？"谢梦杰说："好像可以变成房子、小汽车、小凳子。"杨皓星说："两个盒子一个长一点，一个高一点，就可以变成一个跷跷板，好像还可以变成一支枪，咦，还可以变成机器人哦！"我说："那机器人要怎么搭建呢？你们试一试吧！"然后他们就开始搭建起来，杨皓星说："脚的长度要一样啊，不可以一长一短。"谢梦杰说："有的小盒子好小啊，身体要怎样才能是一个整体啊？"杨皓星说："那我们就找一个最大的当身体吧。"好不容易搭建好一半的机器人，因为没有固定好，不小心被别的小朋友撞倒了，杨皓星很生气，说："怎么把我的机器人给撞倒了。"这时我又问杨皓星："为什么机器人这么容易被撞倒了呢？"

杨皓星说："我也不知道啊？"我说："那你想一想有什么办法可以让你们的机器人被撞到了却又不会让盒子散落呢？"

谢梦杰说："我想到了，胶水可以黏住东西，但是胶水没那么容易干。"杨皓星说："我知道了，可以用胶布啊。"

教师的反思与支持

在片段中，幼儿问道："盒子是用来干什么的时候"，我把问题抛给幼儿，让他们自己思考，从而激发他们的想象力与创造力。同时，我给予幼儿一定的引导，让他们展开了搭建机器人的游戏，在机器人被撞散时鼓励幼儿去解决问题。两个小朋友一起合作，积极地提出解决方法并且能够思考其中的合理性，锻炼了他们解决问题的能力，也激发了他们的积极性和主动性。

片段二：方块人的诞生

今天杨皓星和谢梦杰又选择了建构区，他们今天还是搭机器人。两个人提前去美工区拿了胶布和剪刀，因为上次搭了一半的机器人，不小心被别的小朋友给撞倒了，吸取上次的经验，这次可不能再被撞倒了。利用剪刀和胶布是一件不容易的事情，特别是要用胶布去固定一个东西。两人因为谁拿剪刀，谁拿胶布发生了争执，我并没有介入，而是让他们自己去解决，最后他们也解决了问题。

　　杨皓星说："那我们就来剪刀、石头、布吧，谁赢了就听谁的。"这样，他们就决定好了谁拿胶布谁拿剪刀。在制作机器人的眼睛时，谢梦杰说："哎呀，没有很小的盒子做眼睛啊，我们拿笔画一画吧。"杨皓星拿笔画起了眼睛，可是盒子表面太光滑，画的眼睛很快就被擦掉了。我说："你们可以去美工区看一看，有没有适合做眼睛的东西。"他们转了一圈发现了很多东西，最后觉得废弃的瓶盖最合适了。其他小朋友也看见了他们的作品，走过来问："这是什么呀？"杨皓星回答说："这是我们制作的机器人啊。"其他小朋友说："可是他是男生还是女生呀？头发都没有可真奇怪。"杨皓星和谢梦杰想了想，决定拿泡沫给它做个头发。马上行动起来，头发做好了，杨皓星还给这个机器人取了个名字，叫方块人。

教师的反思与支持

　　在这个片段中，杨皓星和谢梦杰有了上次的经验提前准备好了物资，他们在发生争执时会用剪刀、石头、布的方式来决定谁拿剪刀谁拿胶布，在制作机器人眼睛时他们遇到了困难，我及时介入，让他们去美工区找一找有没有合适的材料，以使活动继续，当小朋友们发生争执的时候，我并没有马上干预，而是在旁边看他们自己处理，从而锻炼他们解决问题的能力，过后也会表扬他们做得很棒。在第一次搭建经验的基础上，我能够看到小朋友们的第二次搭建明显顺利了许多，他们能很快找到合适的盒子并能将机器人搭建成功。

<h3 style="text-align:center; color:#e4572e;">片段三：方块球的诞生</h3>

　　今天早上一来学校，杨皓星就告诉我他和谢梦杰还想再搭一个大一点的机器人，我说："可以啊，但是你们要先把计划画出来给我看。"他们去美工区拿来画笔和纸，把各自的想法画出来，这是我给他们提出的要求，先计划再执行。很快，两个人的计划拿给我看了，谢梦杰的是一个大概的计划，没有详细步骤，杨皓星的计划比较详细，机器人头部需要什么样子的盒子，身体又需要什么样子的盒子，大的还是小

的。这次他想留出一个空位置给机器人放电池，他给我解释了一下他的计划。下午区域活动的时候，他们就开始拼搭机器人了，每个步骤都是按着杨皓星的计划来的。这是他们的第三次合作，他们从腿往上搭，因为搭得比较大，杨皓星说："小盒子比较多，我们需要把身体搭建起来，这个机器人的手也比较长了。"谢梦杰说："脖子还是比较短啊。"在搭建脑袋的时候，剩余的盒子都是非常小的药盒子，他们两个找到我说："老师，盒子都太小了，搭脑袋不合适啊！"我说："那你们再想想办法呗！"这时，杨皓星看见办公室有一个空的纸带，说："老师这个可以用吗？我可以和谢梦杰把小盒子放入纸带里面，弄成一个大纸盒，用胶布封住口，就成一个大大的盒子啦。"我说："可以，拿去吧！"

教师的反思与支持

大机器人的搭建一方面对小朋友们来说是更加困难的，所遇到的问题也会更多，另一方面也让小朋友们的想象力与创造力得到最大限度的发挥。

在这一过程中，我给予他们的鼓励和肯定增强了他们的信心，让他们能大胆地表达自己的想法。所以，他们在反复搭建的过程中就出现的问题以及解决问题的方法与我分享，征求我的意见。同时，我也看到了他们较强的执行力，可见小朋友们对他们所感兴趣的事物是非常积极的。作为老师要尊重幼儿的兴趣与想法，并为他们提供材料，让他们大胆地去尝试。

三、幼儿在游戏中的学习与发展

在这个过程中，杨皓星与谢梦杰都对建构区拼搭东西非常感兴趣，在发现建构区投放了新的玩具后，吸引了他们。幼儿在搭建过程中不断提出问题，然后去解决问题。三次搭建机器人，每一次都有很大的变化。同伴合作难免会发生争执，在这一过程中小朋友能够用自己的方式化解，在遇到困难时他们并非第一时间向老师求助，而是先自己想办法解决，可见他们渐渐形成了自主思考的意识。

他们喜欢建构区，喜欢机器人，更喜欢去创造。他们在合作中相互学习，积极地进行讨论与分享。他们在拼搭过程中表现出较强的专注力，并没有半途而废。

在这个过程中，两个小朋友通过一次次的搭建发展了他们发现与解决问题的能力，丰富了自身的游戏经验，拓展了新的游戏内容，他们的想象与创造能力也得到了发展。通过不断累积探索经验，学会了如何根据不同的需求选择不同的材料。同时，在作品的不断完善中，两位小朋友有了更多交流与合作的机会，他们从中体验了合作的乐趣，积累了合作探究及社会交往的经验。

此外，小朋友的专注力与持久力也得到了发展，他们对游戏的坚持培养了小朋友们的耐心、坚持克服困难等良好的个性品质。

四、教师的反思与提升

（一）教师行为

教师在这个活动过程中起到引导者的作用，在游戏过程中观察幼儿，在幼儿遇到困难时进行一定的引导，让幼儿更好地完成游戏。同时，教师也是鼓励者与支持者，在幼儿遇到困难时给予幼儿鼓励并为幼儿提供后续支持。

（二）下一步的支持

1.材料的提供

可以在建构区给幼儿提供更多不同的拼搭材料。

2.提供相关经验

已经搭建好的物品，可以投放到美工区，加以装饰，让幼儿丰富相关经验，放出更好的作品。

区域自选游戏：多变的积木（中班）

龚国雪

✎ 一、游戏背景

新学期开始，我发现很多男生对建构区的积木特别感兴趣。他们每次进去都会拼各种各样的手枪，然后拿着手枪开始角色扮演，他们还会拼变形金刚、眼镜、房子等。

✎ 二、游戏过程

片段一：变形金刚历险记

（一）幼儿行为观察

9月22日上午，又是小朋友们进行区域活动的时间，张墨谦按照自己的计划来到建构区，拿起积木就开始认真地拼搭。拼好后，来找我看他的作品，向我介绍道："龚老师，这是我做的变形金刚。"说完，变形金刚就掉到了地上，被摔得四分五裂，张墨谦立刻蹲下拿起掉在地上的积木慢慢拼了起来，整个过程没有看老师，没有向老师求助，也没有任何不良情绪。我在一旁默默地看着，过了一会儿，变形金刚被张墨谦修好了，这个小插曲并没有影响他的心情，"龚老师，你看，它是我的变形金刚，它可以变身，如果你竖着看，它就是奖杯，如果把它横过来，它就变成了飞机，它可以飞到我们想去的任何地方。"我说："你的变形金刚很有创意，我很喜欢，你下一次可以拼出不一样的造型吗？"张墨谦笑着说"当然可以啊。"

（二）教师的反思与支持

1.幼儿行为分析

在这个片段中，我发现小朋友们在某一个时期会特别喜欢重复且不厌其烦地去玩同样的玩具，用不同的方法达到同一个结果，而这个过程正是幼儿不断挑战自我的过程，它使幼儿变得灵活而机智。张墨谦每天的区域活动都重复着同样的游戏。当他的变形金刚当着老师的面摔坏了，他并没有不良情绪，而是选择重新修复。在修复过程中，情绪稳定，注意力集中。

2.教师的支持与回应

在这一片段中，我只是在旁边进行观察记录，因为张墨谦小朋友并没有寻求老师的帮助，我能做的就是在旁边耐心地等着，给他时间，让他自己解决问题。在他修复好自己的作品并向老师展示时，我及时给予肯定。

片段二：小小的眼镜大大的能量

（一）幼儿行为观察

张墨谦又选择了建构区，这一次他选择做一个眼镜，"龚老师，你看，这是我的眼镜，它不仅可以当眼镜，还可以当蓝牙耳机，有的时候它还可以用来射箭呢。"我说："这个小小的积木在你的手里居然变成了大宝贝。你真是太棒了！"说着张默谦就去找其他小朋友玩了。他把眼镜变成了蓝牙耳机。张墨谦说："喂，是田家睿吗？我是张墨谦。"田家睿说："对啊，我是田家睿，你要来我家玩吗？"张墨谦说："好啊，我刚才买了一辆新车，我可以拿到你家玩。"过了一会儿，他的蓝牙耳机变成了箭。张墨谦说："祖建籍，你看，我的箭可以射很远，你要不要也做一个箭和我比赛，看谁射得远。"祖建籍说："好啊，你等我一会儿，我马上拼一个和你一样的。"张墨谦说："老师，你看，我的箭变成了飞镖，他可以飞很远哦。"祖建籍说："我也要拼一个飞镖，你可以教教我吗？"张墨谦说："好啊。"

（二）教师的反思与支持

1.幼儿行为分析

在这个片段中，张墨谦做了一个很简单的玩具——眼镜，但是他把这个简单的玩具玩出了很多的花样，他不停地去找别的小朋友扮演角色，想象力很丰富，把同一个玩具玩出了多种花样，在游戏过程中，丰富了幼儿的生活经验，愉悦了幼儿的身心。

2.教师的支持与回应

在整个活动中，我也积极参与到活动中来，我让张墨谦教我做飞镖。在做的过程中，我们对飞镖进行了改造，用不同的颜色搭配，或者增加飞镖的厚度，在张墨谦和我的配合下，又创造出来很多不一样的眼镜、飞镖等。

<h3 style="text-align:center;color:#d2691e;">片段三：是飞船不是龙舟</h3>

（一）幼儿行为观察

这次区域游戏，小朋友们根据自己的计划很快开始了搭建，张墨谦搭了一个很漂亮的造型，我问："哇，张墨谦，你做的这个是龙舟吗？好漂亮。"他说："龚老师，这个不是龙舟，是飞船，是要飞到天上的。"我说："你知道龙舟吗？我给你从手机里找一张图片看看。""你看，这个头像不像龙，你拼的这个真的很像龙舟。"张墨谦反驳说："龚老师，不对，这个地方不是龙头，它是发射器，从这里发射到太空。"我说："哦，原来是这样的啊，那是我看错了。你的飞船做得很漂亮，下一次你可以教教别的小朋友吗？"张墨谦说："好啊。"

（二）教师的反思与支持

1. 幼儿行为分析

在本次活动中，张墨谦用积木搭了一个飞船。当老师每次肯定他的作品，并说下一次你一定可以拼出其他作品时，张墨谦总是可以把自己的想法表达出来，并且喜欢尝试不同的挑战。他会坚持自己的想法，不会因为其他的原因而去改变自己的想法。

2. 教师的支持与回应

在这个片段中，我既是观察者、记录者，也是幼儿游戏的参与者，我主动融入幼儿游戏，通过与之对话了解幼儿的想法，并对其成品给予肯定，从而会增强幼儿的自信心并推进其自主学习的步伐。

三、游戏中幼儿的学习与发展

在这个过程中，张墨谦刚开始只会拼手枪。在老师的引导下，开始尝试拼不同的造型，就算遇到困难，也会自己想办法解决。他解决问题的能力较强，喜欢创新，想象力丰富。在拼搭过程中，他的注意力比较集中。

张墨谦的动手能力、创新能力特别突出，每一次都能搭出不一样的造型，而且每一个造型都有属于他自己的故事。在这个积木游戏中，充分发挥了幼儿的主动性和创造性，从而实现让幼儿在愉快、自主中全面健康发展。

四、教师的反思与提升

（一）教师行为

在整个活动中，教师能够有效地观察幼儿的活动，参与到幼儿活动中来，提高幼儿参与游戏的积极性。教师引导幼儿探索多种玩法，鼓励幼儿在游戏中反映生活，为幼儿在游戏中运用知识及能力提供机会和条件。

材料提供：教师可以提供各种各样的积木，帮助幼儿完成创意拼搭。

经验准备：在每一次新的活动开始前，可以回顾上一次的游戏活动。

（二）下一步的支持

1. 材料的提供

可以在建构区给幼儿提供一些安吉积木，拓展幼儿的想象力。

2. 提供相关经验

教师利用家园合作，引导家长在日常生活中为幼儿提供更多的相关经验。例如，在家看一些小动物的视频或图片，或者出去玩的时候，可以引导幼儿观察商场、大自然里的花草树木，开拓幼儿的眼界，丰富幼儿的认知。

区域自选游戏：我的纸杯房子（中班）

王颖

✏ 一、游戏背景

（一）引子

区域活动开始了，龚雯琳、邓梓墨、刘雯芳选择了建构区。我走过去问他们今天准备选择哪些材料进行搭建。邓梓墨说："我们三个准备选择纸杯来搭建一座高高的房子，有很多层楼。"说完，邓梓墨向刘雯芳和龚雯琳走去。三人把筐里的纸杯全部拿出来放在地上。龚雯琳把杯子一个个摆成一排，邓梓墨接着摆放第二排，刘雯芳摆放第三排。慢慢地，房子越来越高，三人看见房子搭建好后，兴奋地跑过来对我说："王老师，我们的房子搭建好了，你看。"等我转过头去看时，发现房子倒了下来。刘雯芳看见房子倒下去后对龚雯琳说："我们重新把它搭建好吧，可以吗？"龚雯琳说："好的，开始吧。"

（二）发现的问题（现象）

（1）在区域活动中，小朋友的思维与合作的能力可以得到很大的发展和提升，而且幼儿已经具有分工协作的意识，初步掌握了建筑结构。但幼儿只能进行简单的搭建，造型单一。

（2）由于幼儿搭建房子的经验欠缺，导致最下面的一排没有摆放整齐，所以房子才会倒塌。

✏ 二、游戏过程

（一）事件跟踪

龚雯琳说完后，三人把倒塌的杯子重新捡起来放在了筐里。

（二）指导

引导幼儿发现房子倒塌的原因，积累经验，有助于减少第二次搭建的时间。

（三）发展

刘雯芳对邓梓墨说："我负责摆放第一排，龚雯琳还是负责第二排，第三排你来吧。"邓梓墨回答道："好的，那我们开始行动吧。"刘雯芳边摆放杯子边说："我们之前的杯子摆放的时候是弯的，所以房子才会倒塌。这一次我们摆放的时候一定要把杯子摆整齐。"有了第一次的经验，大房子很快搭建好了，稳固而结实。区域活动结束后，房子还一直矗立着。

三、效果与反思

（一）效果

幼儿在第一次失败后，迅速冷静下来寻找原因，并且通过自己的思考自主解决了问题。在以后的搭建类活动中有了足够的经验，学会了冷静处理事情。

（二）反思

幼儿在第一次搭建时对于房子的搭建经验欠缺，而且房子的造型单一，教师可以多开展搭建类的活动，也可以给幼儿介绍不同造型的房子，然后举行搭建房子的比赛，同时可以探索纸杯的不同玩法，有助于幼儿经验的积累和思维的发散。

四、结束语

幼儿在区域活动中能获得直接经验，他们通过对周围事物的探究不仅提高了自己的科学探究能力，还提高了发现问题和解决问题的能力。

畅游日游戏：魔法小镇搭建记（混龄）

彭惟楚

一、游戏背景

安吉积木一直是小朋友喜爱的游戏材料。通过安吉积木，他们可以建构自己梦想的世界。在畅游日，他们可以跨越班级和年龄的界限，和全园小朋友一起进行建构，将自己的小世界搭建得更加美好。

二、游戏过程

远扬是今天第一个来到安吉积木区的小朋友，他说他要拼一个人可以站进去的大房子。他没有把积木全都从柜子里拿出来，而是一边搭一边拿。这时，来了一个大一班的哥哥，他很喜欢远扬的作品，就向远扬发出了加入申请，远扬同意了，于是哥哥便帮助远扬拿工具，偶尔按照远扬的想法将积木摆在合适的位置。房子搭好以后，远扬觉得大功告成，本想着摘了安全帽去玩点别的，这时大一班的哥哥提议道："我们在房子周围再建一条马路吧！"远扬一听又有了兴趣，感觉可以把一个房子变成一个小镇，于是便留下来继续搭建，两人合力建好了四通八达的马路。这时，周西子、喻悦灵、汤子熙、尹皓辰、大一班的马瑞欣也过来了，他们对两个人的建筑赞不绝口，大一班的哥哥告诉刚来的几个孩子，他们要建一个小镇，几个孩子立马表示要加入，于是几个人开始分工，女生在另一条马路的旁边建一座城堡，男生这边的远扬想要修改自己刚才搭完的房子，尹皓辰和汤子熙负责给远扬打下手。大一班的哥哥也想加入女生这边，但是建筑想法没有统一，于是便计划在另一条马路旁边建一个小一点儿的房子。

　　收玩具的时间到了，大一班的小朋友们率先回到了班上，我们中二班的孩子们想继续完成魔法小镇的搭建。此时，周西子想要搭一个架空的结构，却忘记怎么搭了（在之前的自主游戏中试过一次），她向我求助。我建议她看一看远扬是怎么架空的，聪明的周西子看了看远扬的作品，很快就明白了。在几个孩子的合作下，魔法小镇搭建成功，我们收好其他不用的积木，回到了班上。

三、教师的支持与回应

游戏中，我是一个观察者。在游戏中，有大一班哥哥的参与，中二班的孩子们不再依赖老师，无论是搬运材料，还是沟通想法，他们都更愿意请大班的哥哥来帮忙。当畅游日结束的广播响起时，大一班的哥哥在本班老师的召唤下回到了班级，而中二班的孩子们还意犹未尽，于是他们问我能不能继续完成搭建，我欣然同意了，给予了孩子们时间上的支持，让他们跟随兴趣有始有终地完成自己的作品。

四、游戏特点与价值

我在游戏中发现，有的孩子对自己的想法很坚持，如远扬，他的房子在第一次搭建完成后就已经很不错了，他自己一开始也觉得可以了，本来想走的，又被"魔法小镇"这个项目吸引，于是决定继续搭积木，随着其他孩子的加入，他们有了自己的分工，远扬决定修改自己一开始的建筑，想要继续往上搭高。对马路旁边的空置，远扬毫不在意。在分享环节，远扬也并不满意女生这边搭的城堡，他觉得太矮了，没有架高。看得出远扬对架高很执着，因此他对其他孩子提出的建议都是围绕搭高而展开的。

同时，在畅游日活动中，我们主要关注的是孩子们在和不同年龄的小伙伴相处时的社会交往表现。在本次游戏中，最初远扬是一人单打独斗的，后来大一班的哥哥主动申请加入，让远扬多了一个帮手，并且在远扬感觉可以了，觉得可以去玩下一个游戏的时候，大一班的哥哥又提出了进一步的想法，激发了远扬的兴趣，也吸引了更多的孩子加入。

五、教师的思考

中二班孩子们在和大一班哥哥的相处中，氛围十分融洽。原本周西子是比较害羞的，她能自如地和小班的弟弟妹妹交往，但是面对大孩子会有些不敢说话。随着加入的孩子越来越多，并且相处的时间变长，她和大一班哥哥的交流也自然了起来。在游戏中，他们平等地交流、对话。没有因为自己是大一班的哥哥，就要求弟弟妹妹们无条件地听从自己，弟弟妹妹们也没有依仗着自己年纪小而要求哥哥非得迁就着自己。

当孩子们的想法无法统一时，他们没有在这个问题上耐心地商量和妥协，而是各自在一个地方承包一个项目进行平行搭建。尤其是像远扬这样对于自己的想法十分坚持的孩子。对于远扬个人而言，我尊重他的想法和意愿。当然，我也会给他一些建议，让他丰富自己的作品，可以从建筑的用途上以及各种动画片、电影作品的原型上去启发孩子进行建构。但是，当他的想法很好，其他人的想法也很好的时候，到底是想办法让他更加懂得协商、听取意见、妥协，还是让他继续坚持自己？这个问题我还需要继续进一步观察思考，我想这也值得每一个老师去思考。

畅游日游戏：后花园的小厨房（混龄）

穆欣悦

🖊 一、游戏背景

畅游日活动是我园小朋友可以打破班级界限、打破年龄界限、打破场地界限的一种游戏形式，在活动中小朋友们体验着与不同伙伴相处的乐趣，在活动中也培养了大班哥哥姐姐的初步责任意识。

🖊 二、游戏过程（实录）

今天是畅游日，我负责的活动场地是后花园的小厨房。刚开始没有小朋友来玩，许多小朋友从这里经过又走了。后来小一班的尹艺洁和大班的姐姐一起来到了后花园的小厨房。她们俩开始玩起了小厨房的游戏，尹艺洁指着鸡蛋说："老师，你看这里有鸡蛋，我们可以拿来炒菜，但是没有菜。"说完她拿着小筐去花园里摘菜了，过了一会儿，她带着自己的"蔬菜"回来了，她把摘来的"蔬菜"洗了洗，然后放在桌上，大班的姐姐说："我们把蔬菜炒一炒吧。"

炒菜的姐姐拿了一个里面装着"盐"的碗，往菜里放了一些"盐"。过了一会儿，菜炒好了，姐姐又去拿了一个盘子，用勺子把菜摆到了盘子里。姐姐说："我们来炒鸡蛋吃吧。"姐姐负责炒鸡蛋，妹妹在旁边负责放盐。没过多久，这个菜也炒好了。姐姐把勺子递给了妹妹。尹艺洁端着盘子走到了我的面前问："老师，你要不要吃饭？"我说："可以啊，正好我也饿了呢，嗯，真好吃，但是你们能不能给我介绍一下你们炒的是什么菜呢？"姐姐说："老师，我们炒的是鸡蛋，还有一个小白菜，这个菜很好吃，小白菜是妹妹炒的，鸡蛋是我炒的。"

🖊 三、教师的支持与回应

游戏中我仔细观察了孩子们的行为，聆听了他们的对话。当孩子用草地中的杂草叶当"菜"的时候我没有批评孩子，而是让孩子们充分利用自然资源使游戏更好地开展下去。在孩子们需要"顾客"时我接受了她们的邀请，支持她们的游戏。在孩子们的游戏中我看到了大班的姐姐能带着小妹妹做菜，在自己炒菜时让小妹妹在一边放盐。我看到这一行为时非常感慨，孩子的确是天生的"小老师"。

四、游戏特点与价值

游戏中孩子们运用了自己在生活中积累的经验，以草作为游戏材料，假想出了放盐的情节。大班的姐姐能耐心地带领小班的妹妹做菜，扩大了她们对周围生活的认识。这让我想起了陶行知让孩子做小先生的做法。

五、教师的思考

畅游日活动中小厨房的"生意"不太好，原因是幼儿对后花园的小厨房游戏具体内容不清楚，特别是小班的孩子生活经验不足，对后花园小厨房所提供的材料的用途不是很清楚。下一步可引导幼儿观察家长平时做菜时的步骤，炒菜时需要放点什么，教师可多在小厨房中投放调料瓶来增加游戏情节。可以多引导各班幼儿了解后花园，然后由哥哥姐姐带领弟弟妹妹一起去玩，让小班的孩子更快地提高游戏水平。

畅游日游戏：后花园里乐趣多（混龄）

彭惟楚

一、游戏背景

在畅游日的后花园，每个孩子都有自己喜欢的游戏。例如，小厨房、涂鸦墙、水车、水枪、搭水渠等。其中，水车是孩子们喜欢的项目之一。每个玩水车的孩子都喜欢压一压水车旁边的水泵。

二、游戏过程

朱语辰、刘萧睿等人第一次去玩水车就试图用水泵压水冲着水车转，却发现根本压不出水来。

围观孩子说："这个水泵是不是坏了。"

汤子熙发现有一节水管扭在了一起，水管成了扁扁的样子。于是跟着汤子熙的指引，孩子们也发现了水管有问题。在调整好水管后，刘萧睿又开始使劲压水泵，朱语辰则拿着水管放在了水车的最高处，他想让水从最高处流下来。可水是不会往高处流的，无论刘萧睿如何努力，水管里一点水都没有。

朱语辰有点生气，他认为是刘萧睿没压好水泵，所以没有水，于是他自己来压水泵。他赶走刘萧睿，一只手压水泵，另一只手将水管举到水车的较高处，还是没有出水。他又让旁边的小伙伴帮他拿着水管,他双手按压水泵,也还是没有水。

朱语辰百思不得其解,我便问他:"你见过从底下往上流的水吗?"朱语辰说:"见过啊,喷泉就是从地下冒出水来的啊。"我说:"那是因为喷泉有一种专门的压力装置,我问的是在正常的情况下,水会往高处流吗?"旁边有孩子抢答道:"不会,水只会往下流。"

见朱语辰没有回答,我又问:"你洗手的时候,有见过水往天上走的吗?"朱语辰说没有。我再问:"你见过会自己爬楼梯的水吗?"朱语辰摇摇头,汤子熙补充说:"水只会从楼梯上流下来,不会自己爬楼梯。"

朱语辰不相信,他觉得只要水管拿得足够高,水就会顺着管子走,可无论他怎么尝试就是不行。我便建议他道:"试试把水管放在地上?"朱语辰听取了我的建议。果然水从水管里流了出来,眼看有水了,朱语辰急忙把水管拿起来往水车高处放,结果一放在高处,水就流不出来了。我又建议他们试试把水管放在水车的矮一些的地方。于是刘萧睿来压水泵,朱语辰拿水管,水流了出来。

可问题又来了,"彭老师,这个水车不转啊。"朱语辰问。

"你这个水太少了,它当然不会转了。"汤子熙说。

"那我再喊一些人来。"刘萧睿去找帮手。

一会,周西子、喻悦灵、符溪月、苏希悦、叶瑾晨、涂子轩全都来了,手里还拿着小桶、小瓶子。

我问他们:"先想好,你们打算让水车往哪边转?"

孩子们决定往水泵的方向转后,我又问:"那么应该往哪边倒水?"

喻悦灵："我往顶上倒。"

周西子："那我就倒下面一格。"

符溪月和苏希悦站在喻悦灵、周西子的对面，浇水的位置相同。刘萧睿压水泵，朱语辰拿水管冲水车的较低处。大家一同倒水，水车却依旧纹丝不动。

于是再来第二次，这一次涂子轩也加入了，但涂子轩和其他人倒水的方向不一致，喻悦灵告诉他："你想让水车往哪边转，就往哪边倒水。"

于是又试了第三次，水车还是微微摇动。

见孩子们一直不成功，我便拉着曾老师和压水的刘萧睿、朱语辰一起试了试，两个成人取水量显然大得多，水车动了四分之一圈，又试了一次还是只能转四分之一圈。

由此我判断水车可能老旧了，待我查看了水车的转轴处，果然验证了我的猜想。我发现水车转轴处磨损严重，导致摩擦力增大，即便用手滚水车也要费些力气。但有四分之一的成果也是不错的，于是我问他们为什么老师能让水车转动？周西子说："因为老师拿得动大盆，大盆可以装很多水。"我鼓励孩子们用最大的力气再试一试，孩子们去小厨房借了大锅、大盆，又一起试了一次，但还是没有成功。

虽然没有成功，但孩子们没有放弃，第二天他们又去试了。

一样的还是先试水泵，发现流不出水，于是排查水管，果然水管又拧住了，再压水泵，还是不出水，孩子们开始排查问题，这一次问题出在水池另一端的管子浮起来了，于是将水管压进水里，出水口放低，再试试，水顺利流出。孩子们刚开始尝试时和昨天的操作方式一样，水车自然没什么动静，多试几次后，孩子们都灰心了。

我心想，水车老旧导致的车与轴之间润滑不够的问题不是孩子们能解决的，如果孩子们要放弃，我也无话可说，便鼓励他们再试最后一次："我们再试最后一次吧，这一次就不要用水管了，水管的水太小了。大家都去拿盆或者桶吧。"孩子们照做了，这一次水车也只是微微转动了一点。我又建议："要不我们再试一次让水车从另一个方向转吧。再不行我们就去玩别的。"孩子们同意了，周西子、汤子熙、喻悦灵、符溪月拼了全力装了很多的水，却因为水太多举不高，盆的边缘抵靠在了水车上，这反倒把水车固定住了，由于符溪月打了太多水，没有力气把水倒在合适的位置了。孩子们自己也发现了这些问题，自发决定再试一次！这一次少装了一点水，这一次成功了，水车转动了四分之一圈还要多！孩子们惊喜极了。

"为什么呢？"

"为什么这边就能转动呢？"我也和孩子们有一样的疑问，我便检查了车轮和车轴，发现车轮和车轴之间有一头是斜着卡住的，正是我们之前一直尝试的有水泵的那一头。因为卡住了，所以很难转动，但另一边轮与轴之间相对来说是松一些的，所以比较容易滚动起来。我急忙让孩子们观察轮与轴的相连处，给他们解释原因，这才破解了这个难题。

后面几天，尝试过水车的孩子们开始搭水渠滚小球了，最开始他们搭的是一字形，且高度差不多，有水时小球也可以顺利滚动。不满足于简单的一字形，他们的水渠开始转弯了，但是有一段水渠却是 V 字形，这说明有一段路小球和水都需要爬楼梯，这一次我直接问他们："水到底是往高处流还是往低处流啊？"他们回答我："往低处流啊。"我说："对呀，我们都知道水只会往低的地方流，不会上楼梯的。"我指着 V 字形那一段接着说："你们这里显然就是要爬楼梯啊。"孩子们最开始还有点不相信，于是他们试了一次，发现小球确实上不去，便决定拆了重建。由于别的孩子也在用大的三脚架，且数量有限，无法做一个比较陡的坡型水渠，尤其是第一个三脚架不够高，他们又犯难了，我提议怎么样能把架子垫高些，有拿木块垫在底下的，有拿桶或者盆垫在底下的，可都不稳，我建议他们把架子叠起来，周西子按我说的拿了一个三脚架叠在第一个三脚架上，问道："是这样吗？""我也不知道呢，要不然我们一起试试吧！"我回答她说。经过尝试，坡型水渠搭建成功了，孩子们玩了起来。

隔天，孩子们又要搭水渠，这一次他们要搭的是坡型转弯水渠，转弯的水渠要建在池塘里。这可是不小的挑战，因为他们很快发现，三脚架的重量不够，放进水里会浮起来，于是他们又拿起一个三脚架和昨天一样使两个架子叠在一起，试图增加重量，但是这个重量还是不够，可此时已经没有再多的架子了。

　　这时在水里的王晟懿拿了一个木块放在了两个三脚架的中间，不仅加了重量，还加了一个平面，让叠在上面的三脚架更平稳了。刘萧睿拿来了一个大管道架在架子上，这下终于稳固了，水渠搭建完成！

三、效果与反思

　　在后花园游戏的这段时间里，孩子们通过自己的实践明白了水往低处流，物体的重量不够会浮起来的道理，并根据这些道理，调整自己的游戏材料，尤其是王晟懿将小木块放在两个叠起来的架子中间这一操作，利用仅有的材料解决了问题。孩子们开动脑筋，并且在水车游戏中面对失败不放弃，在回顾环节还能提出自己的想法和假设，让我对儿童游戏的价值又有了新的认识。

✎ 四、结束语

后花园的游戏还在探索中，我也会陪着孩子们继续开发更多不同类型的游戏，支持他们探索和创造的步伐，让他们遇见最美的童年。

问题探究式游戏：我出来啦（小班）

吴智娜

✎ 一、活动背景

在一次户外游戏中，阳阳、然然、瑶瑶和晨溢选择玩轮胎，他们搬来两个大轮胎，将其垒起来后四个小伙伴先后跨进去坐在轮胎里。

✎ 二、活动过程实录与分析

（一）"我也来试试"——模仿与提升

这时，悦悦和扬扬看到了，也学着他们的样子先后搬来 3 个轮胎垒了起来。

悦悦先跨进了轮胎堆里。这时扬扬又拿起一个轮胎，悦悦弯下身子配合着扬扬钻进轮胎的洞中。这样反复了几次，扬扬和悦悦的轮胎垒得比之前阳阳他们的轮胎高了好几个。

活动分析：小班孩子爱模仿，看别人玩什么，自己也玩什么，悦悦和扬扬正是看到阳阳他们在玩轮胎对其进行了模仿。不一样的是，悦悦和扬扬对原来的轮胎玩法进行了升级——将轮胎垒得更高。小班幼儿在与同伴交往的过程中多进行的是独自或平行游戏，喜欢和伙伴一起游戏，但很少有明确的配合与合作。在将轮胎继续垒高的过程中，我却看到了扬扬抬着轮胎，悦悦弯下身子钻进轮胎的洞中，扬扬再慢慢将轮胎松开的这样一个相互配合、相互合作的过程，而轮胎也正是在两个小伙伴的多次配合与合作中才垒得越来越高。

（二）"我出来啦"——遇到困难，解决困难

悦悦出来后，扬扬跨进了轮胎里。过了一会儿，我听到一个小朋友喊"你们帮帮扬扬"。我转头看到扬扬一只脚站在轮胎堆里，另一只脚搭在轮胎外面，彦彦站在扬扬背后，试图把扬扬从轮胎堆里抱出来。

扬扬说:"会摔倒的。"彦彦便松手走开了。小朋友们解救无果后,扬扬继续保持着原来的动作站在轮胎堆里。

活动分析:小班幼儿在社会性发展中,能与人友好相处,有同情心。当彦彦看到扬扬被困住后主动地尝试帮助扬扬,虽然没能帮助到扬扬,但她对小伙伴的关爱值得我们为她竖起大拇指。

没过一会儿,扬扬看到我并向我求助:"老师,请抱我出来。"我回答:"你再想想还有其他的办法吗?"扬扬维持现状又在轮胎堆里站了一会儿,扬扬把搭在外面的那只脚收进轮胎里,用自己的手抬起轮胎,可扬扬将轮胎抬到自己的胳肢窝下后轮胎就抬不起来了。这时悦悦告诉扬扬:"你自己使劲。"扬扬双手握拳使劲将轮胎往前挤,还是没用。

树凌也帮着扬扬尝试将轮胎抬起,可还没抬起来树凌就松手了,这时扬扬说:"你喊悦悦来帮忙。"

树凌叫来悦悦、彦彦,悦悦和彦彦两人合力把第一个轮胎抬了起来,这时树凌又找来阳阳一起帮忙,四个小伙伴合力抬轮胎,扬扬站在中间等待小伙伴把轮胎抬下来。当轮胎抬到扬扬肩膀的位置时，扬扬被轮胎挤着弯下了腰，第一个轮胎就这样"不顺利"地抬下来了。

小伙伴们又抬起第二个，这次扬扬不再站着等待了，当小伙伴们把轮胎抬到扬扬肩膀处时，扬扬自己蹲了下来，第二个轮胎顺利地抬了下来。

小伙伴们抬起了第三个轮胎，就在轮胎快落地时，扬扬被轮胎砸到了后脑勺，我赶忙放下正在记录的手机，想去看看扬扬是否受伤，却见到这样一幕：扬扬边用手挠了挠后脑勺，边跨出轮胎堆，然后嘴角微微上扬地说道："我出来了！"

活动分析：在这一过程中，扬扬先是试着自己挪开轮胎，尝试无果后向他人寻求帮助，悦悦告诉他"你使劲"，扬扬听取了伙伴的意见，再次尝试，还是没成功，扬扬又请树凌叫其他小伙伴来帮忙，在扬扬自己尝试—寻求帮助—自己再次尝试—再次寻求帮助的过程中，我看到扬扬坚持、永不放弃的游戏精神，大胆地向他人传达自己的求救信息，并能用完整的语句"你去叫悦悦过来帮忙"进行表述。

扬扬还听取了悦悦的意见，并尝试悦悦说的方法，这对于以自我为中心，不愿让别人的想法来左右自己行为的小班幼儿来说是难能可贵的。

四个小伙伴都来解救扬扬，扬扬在这个过程中获得了经验，知道了要想轮胎被抬出，自己弯下身子，于是等到第二个轮胎被抬起时，扬扬自己主动屈膝蹲了下来，才使得后面的轮胎顺利抬出。扬扬从一开始的被动等待救援到主动配合救援的过程中，我们看到游戏使孩子获得了生活经验，让孩子学会了自我保护。

最后，令我欣慰的是，扬扬在自己和小伙伴的努力下成功获救了，即使出来前被轮胎砸到了后脑勺，扬扬却还是笑着说"我出来了"。扬扬成功出来时的笑容和兴奋的语气，让我感受到扬扬所获得的喜悦感和成就感已经超越了被困时的焦虑与不安，超越了屡次尝试却失败时的手足无措，超越了身体受伤时的痛感。这些是小伙伴的帮助和自己的坚持不懈带给扬扬的，是给予扬扬自己解决困难的机会带来的，更是游戏赋予扬扬的。

游戏价值：

通过这次游戏，扬扬获得了"逃离轮胎堆"的经验，得到了来自小伙伴们的关爱与帮助，收获了解决困难的喜悦与成就，体验了游戏中的乐趣。当扬扬再次遇到这样的困难时，我相信扬扬不只能想到请老师帮忙了。

🖋 三、教师的反思与提升

在扬扬的身上，我深刻地领悟到"相信孩子"这四个字。"相信孩子"不仅仅是口号，更是老师付诸实际行动的支持：材料的支持、环境的支持、机会的支持。给予孩子的机会越多，孩子反馈给我们的惊喜也就越多。所以，在我们学前教育这个行业里，"相信"不是名词，而是动词。

最后一句话，与大家共勉之："相信孩子，把机会归还孩子，让游戏教会孩子。"

问题探究式游戏：挖土，我是认真的（小班）

吴智娜

🖋 一、活动背景

在我们开展以"我上幼儿园了"为主题的"参观幼儿园"这一活动中，小朋友们来到后花园，看见有花草树木相伴的娃娃家就如同发现新大陆一般，深受吸引，跃跃欲试。众所周知，娃娃家是小班小朋友最喜欢的游戏之一，"野外"娃娃家对于咱们班小朋友来说更是一块抢手地，极具吸引力，这不，小朋友们终于来这儿"撒野"了。一进到娃娃家，有的小朋友将土当作米饭，炒的炒，煮的煮，还有的小朋友把土倒进水壶，拿着水壶有模有样地倒着里面的"牛奶"，就在这个过程中，我捕捉到了一个挖土能手。

🖋 二、活动实录

（一）"泥土，你真顽皮"——发现问题，尝试解决

慕一蹲下，伸出了右手，往地上一抓，拿起，然后对准奶粉罐松开手，只见泥土星星点点地从手中散落。慕一继续，用力在地上抓一把，松开后，抓住的泥土依旧很少。一次次相同动作的重复却还是因地面平且硬，总是抓不住更多的泥土。慕一又这样重复了几次后，他起身，四处游走，像是在寻找什么。我想，他是不满足自己手抓泥土的量，开始不耐烦了吧，我悄悄观察着，只见慕一拿着一个类似铁

片的东西走到原位，继续挖土。他右手拿着铁片，往地上挖，挖了一次，两次，三次……，慕一每挖一下都看一眼手里的铁片，一直挖，可铁片上却一直不见泥土。

原来铁片是向下弯折的，并不能将泥土盛起来。看到这里，我有些按捺不住，想告诉慕一用什么样的工具才能成功挖到土，话都到嗓子眼了，又被我咽了下去，脑海里回响起园长的一句话："孩子的游戏中，学习过程比结果更重要。"但看着他不断在失败边缘试探，着实怕他就此放弃，于是我悄悄地在玩具柜里多投放了一些材料，看看慕一会怎么做？

（二）"看我来征服你"——再次尝试解决

慕一放下手中的铁片，再次起身，走到柜子面前，拿起镂空杯子看了几眼又放下，拿起水杯，右手抓杯柄挖了两下又放回玩具柜，最后他拿着没有杯柄的水杯又继续挖，慕一先是用右手拿着杯子贴着地面往前挖，挖了几下，慕一把左手搭在了水杯底部，右手握住杯身，继续往前挖，慕一将挖到的土倒进奶粉罐，这次慕一不仅成功挖到了土，挖到的泥土比之前更多了呢！重复了几次后，慕一又拍了拍自己的右手手背，起身走到柜子前，他要做什么？又要换工具吗？

是的，慕一又换工具了，这次他拿走了勺子，继续挖土。慕一手握勺子往前挖着，勺子是近乎垂直地面的角度，挖一次就往奶粉罐里倒一次。不难看出，这次挖到的土变少了，旁边的睿熙也在用勺子挖土，慕一停下来看了会儿睿熙挖土，又开始挖着，不过这次他挖土的方向不一样了，他学着睿熙的样子，将勺子斜着贴在地面，往自己的方向挖土，看着他倒出的泥土的量，相比之前，慕一好像找到了比较容易的挖土方法。

慕一为什么要把容量更大的水杯换成勺子呢？我百思不得其解，活动结束后我问慕一："慕一，你刚刚为什么把杯子换成了勺子呢？"慕一回答："我手弄到地上痛。"这下，我的疑惑解开了。

这对我下次投放材料也有了启发，针对小班小朋友较弱的手部力量而言，有把手的挖土工具可能更适合他们。

（三）"挖土哪家强，慕一是最强"——提升和创新

挖着挖着，慕一时不时环顾四周，这里挖一下，那里挖一下，挖到了草地里，慕一的挖土之路好像被草挡住了，慕一坐在地上两脚张开，双手握住勺子放在两腿之间，从远处挖过来，他好像发现了草地里更容易挖到泥土。慕一没有停下来，一次接着一次继续挖，挖土的速度也一次比一次快，没多久，慕一的罐子里就有了不少的泥土，他抱着自己挖的土，对小伙伴说："这是我挖的土。"接着，他将自己挖的土倒进了别人的玩具里。慕一说："这，是你的！"

三、幼儿的学习与发展

1.学习方式

游戏时，慕一一直在"尝试—思考—再尝试"的实践中不断循环。小班孩子是在摆弄玩具的动作过程中进行思维活动的，思维依靠动作，他们一般是先做后想，或者边做边想。所以，慕一在游戏中，先选择挖土工具，然后不断尝试，不断失败，不断调整，在先有动作后思考的过程中获取新经验。在寻找泥土更多的地方的时候，慕一依然是边挖边找，在"挖"的过程中去思考，最终得到答案：有草的地方更容易挖到泥土。

小班幼儿的另一个显著特征——爱模仿。家长、老师、同伴都是他们模仿的对象。慕一把工具换成勺子，他最开始使用勺子的方式不对，不容易挖到泥土，在看到睿熙挖的泥土比自己多时，他开始学着睿熙的样子继续挖土。慕一从中习得了更好使用勺子挖土的方法。慕一正是在模仿同伴的过程中学习和成长的。不仅如此，当慕一在草地上挖土时，他不仅提取和使用之前习得的使用勺子挖土的经验，还将已有的经验进行了创造和提升：他用双手齐握勺子，勺子面向自己，从远处向自己的方向进行挖土。慕一在学习同伴经验的同时，也在将自己习得的经验内化和提升，他在模仿中同样有创造。

小班幼儿进餐的前提就是会使用勺子，慕一正是在探索—思考—实践的游戏过程中习得了正确使用勺子的方法。

2.学习品质

慕一在挖土的过程中，通过自己的探索找到了更容易挖到泥土的方法，他运用自身已有的经验，以及受到的启发解决了问题，幼儿游戏中的主动性和创造性得到了充分地发挥。

小班幼儿在游戏过程中，易疲劳，易喜新厌旧，遇到问题容易萌生退却的想法，不易坚持。慕一在游戏中，换了很多次工具仍不理想的情况下，我觉得他就要放弃的时候，他却给了我很大的惊喜：继续坚持探究，所以才出现了他将自己的劳动成果向同伴介绍并分享的珍贵画面。

四、教师的反思与提升

（一）教师的作用

在以前的自主游戏中，教师往往以成人的眼光、指导者的角度看待孩子的游戏，迫切地希望孩子在每一次游戏中都能有所发展，有所提高。当孩子遇到问题时，我们时常会对幼儿做出直接的指导和干预，从而中断或打扰幼儿游戏。当看到慕一用铁皮都没能成功挖土时，以前的我肯定会直接告诉孩子如何能挖到更多的泥土，但这一次，我忍住了，我给予了慕一材料上的支持，材料上我选择了更贴近幼儿生活的日常用品，如杯子、勺子、奶粉罐。有了这些材料的支持，后面也就出现了慕一的一系列探索和创造，也使我的观察能够顺利进行。

（二）获得的启示

在这次游戏中，我不是活动的设计者、指导者，而是幼儿游戏的支持者、观察者、记录者和解读者，正是观念和身份的转变，我才能收获如此精彩的"挖土故事"。

于是，我有了更深的感悟：我们要彻底改变以往"教师游戏幼儿"的情况，让幼儿做自己游戏的组织者和编导者，充分发挥幼儿在游戏中的自主性。在幼儿的发展过程中，我们应该挖掘幼儿的发展潜能，重过程而非结果。

比如，在游戏过程中，我们可以适时给予幼儿一些材料上的帮助，在不干预幼儿游戏的前提下让幼儿自由、自主地发挥，给幼儿的游戏提供更多的可能性。

归根结底，要把游戏还给孩子，让孩子做游戏的主人，老师更新教育观念是关键！

问题探究式游戏：我们一起打地鼠（中班）

张艳

一、游戏背景

孩子们最喜欢的户外自主游戏时间又到了，这一次我们的游戏场地在四楼平台，四楼平台有很多好玩的材料，但我发现我们班的孩子似乎对轮胎更感兴趣，原本我以为孩子们这样玩很不安全，可转念一想，自主游戏不就应该放手吗？于是，我决定尊重他们的选择，接着我开始观察孩子们都是怎么玩轮胎的，我发现他们有的躲在轮胎里玩起了枪战，有的把呼啦圈一个一个地套在了轮胎上，但似乎更多的孩子喜欢玩"打地鼠"的游戏。于是，我决定本次自主游戏的名称就叫《我们一起"打地鼠"》。

（1）儿童的兴趣和前期经验。第一，幼儿对轮胎感兴趣。第二，幼儿玩过抢椅子的游戏。

（2）玩教具材料。如轮胎、呼啦圈、海绵棒等。

📏 二、游戏过程

片段一：怎么打地鼠

小朋友们体验了打地鼠的游戏并回到班上进行分享，郎婉昕说："我在商场打地鼠的时候用的是一个锤子，打地鼠的时候机器还会唱歌，而且地鼠很多，它们老是躲起来又马上钻出来，我怎么打都打不完。"于是，我问小朋友："我发现小朋友们在四楼平台打地鼠的时候，打地鼠的人很多，但是地鼠只有一个，你们觉得这样打地鼠好玩吗？"汪淳滢说："不好玩，这样的话这个地鼠一直被打，会很疼的。"那我们想想办法，把地鼠变得多起来吧"！郎婉昕举手说："我知道了，可以把轮胎变成地鼠的窝，然后小朋友们站在里面，一个轮胎里站一个小朋友，这样地鼠不就变多了吗？"于是，我们来到四楼平台开始尝试，陈思源说："老师，我们可以把轮胎围成一个圈，这样好打一点。"地鼠的窝有了，但是打地鼠的工具还没有，我请小朋友去找，谢沂航说："老师，我们可以用手打呀！"汪淳滢小朋友说："老师，我在木工坊找到了一个锤子。"邱奕璇小朋友说："老师，我找到的是一根海绵棒。"我先请小朋友去试一下自己找到的工具是否可行？结果手太短了，不好打；木槌太重了，会受伤；海绵棒够长也不会受伤，所以我们最终选择了海绵棒作为打地鼠的工具。

　　游戏开始了，郎婉昕对我说："老师，可以请你给我们放一下音乐吗？"我说，当然可以了。于是，我发现了他们是这样来打地鼠的：音乐开始后游戏也开始了，小朋友们不断地蹲下和站起来，当站起来被打到头的小朋友会自觉地走出轮胎，我问走出轮胎的田家睿："你是被淘汰了吗？"他笑着说："对呀，因为我站起来的时候被打到了头，所以我被淘汰了。"

分析与支持：

　　这一片段里幼儿体验了打地鼠游戏后并进行分享，丰富了幼儿的生活经验和游戏经验，使幼儿可以自发地组织游戏。

片段二：游戏新玩法

总结了上一次的游戏经验后，这一次开始游戏之前，我们来到四楼平台，我引导并提问幼儿，有没有新的材料可以用来玩打地鼠的游戏呢？豆米看了看周围，然后拿起了呼啦圈，说："老师，我觉得可以把呼啦圈套在轮胎上，打地鼠的人过来的时候，小朋友要把呼啦圈举起来保护自己，如果没有举起呼啦圈被打到头就算淘汰。"于是，他们开始尝试这一新玩法。

分析与支持：

在这一片段中，我启发幼儿寻找身边的材料，并且引导幼儿思考怎么开启新的游戏玩法，豆米找到呼啦圈作为新的游戏材料，并且把她的游戏想法和其他幼儿一起讨论和分享，从而产生了新的玩法，充分体现了幼儿的自主性。

片段三：跑起来的地鼠

可是，这个时候又出现了一个新的问题，当只剩下两个地鼠的时候，都集中注意力很怕自己被打到，所以打地鼠的小朋友很难再淘汰一个地鼠，那么游戏就很难继续进行下去。别着急，看我们的陈思源又是怎么解决的呢？

陈思源说："老师，我想到了，我们可以像抢椅子游戏那样，围着轮胎跑，然后去抢轮胎，抢到轮胎再快速地举起呼啦圈保护自己，如果时间到了没有抢到轮胎并

且被打到头的话，那么就算淘汰。"我请陈思源将游戏的玩法转述给其他小朋友，于是他们又有了新的打地鼠玩法。

分析与支持：

这一片段里，我们延续了上一片段存在的问题，引导幼儿思考问题，陈思源将以往抢椅子游戏的经验，运用到打地鼠游戏中，不仅丰富了游戏的玩法，还体现了幼儿认真思考和解决问题的态度。

三、幼儿在游戏中的学习与发展

（一）幼儿在游戏中的学习

（1）孩子们自主发起游戏，试验材料的可行性。

（2）发现新材料，获得新玩法。

（3）发现问题，迁移游戏玩法。

（4）游戏过程中提高了幼儿的合作性、积极性、主动性、创造性，让幼儿真正成为游戏的主人。

（二）幼儿在游戏中的发展

（1）集中注意力，提高大脑与身体的协调能力。

（2）增强臂力，起到锻炼身体的作用。

（3）游戏中连续下蹲的动作，能锻炼幼儿腿部肌肉能力。

（4）在游戏时不断学会适应新的游戏玩法和规则，提高了幼儿的反应能力。

四、教师的反思与提升

（1）摒弃固有观念，及时发现幼儿感兴趣的事物，把握时机，积极引导幼儿。

（2）根据幼儿的兴趣和需要及时提供支持游戏的场地和材料。

（3）尊重幼儿的学习特点和认知规律，放手让他们去尝试材料的可行性。

（4）对幼儿的游戏经验进行及时分享和巩固。

（5）游戏过程中适时地提问，支持游戏下一步的发展。

教育家蒙台梭利说过："孩子的潜能是无限的，我们应当尊重幼儿、解放幼儿，把幼儿看作游戏和学习的主动者。"所以，在今后的游戏中我会不断丰富幼儿的生活经验，不断培养幼儿解决问题的能力，让幼儿在自主游戏中玩出快乐、玩出智慧。

问题探究式游戏：空中飞人（中班）

王梦兰

户外自主游戏，我们班来到了大型攀爬区，"咦！这里怎么有这么多垫子？"佳佳的惊呼声吸引了孩子们的注意力，大家纷纷把头转向了攀爬区，然后兴奋得朝着垫子跑来……

一、为什么会爬不上去

在垫子旁，孩子们正努力地往上攀爬，可是都没有成功地爬上去。

千祎用手拍了拍自己的额头说："到底怎样才能爬上去呀？"

包包："用手往上爬呀。"

铠铠："还要用脚踩。"

小高："还要有人拉。"

芊予："还需要有人推。"

千祎："那我来试一试吧。"

在大家的帮助下，千祎成功地爬了上去。他们的方法得到了验证，小朋友们都一一效仿，慢慢地大家都上来了。

🖊 二、找到突破口"借助工具"

铠铠："人太多了，拉不动了。"

芊予："我去找其他东西帮助我们上去吧。"

科润："我找到了，篮球筐旁边有一些架子。"

妍妍："我们怎么拿过来呢？"

小高："把它推过来呗，像在教室推桌子一样，我们一起来吧。"

他们开始用力地推架子，可是地面不平，很难推动。刚开始孩子们以为是攀爬架太重，又召集了几个小朋友，这一次依然没有推动，反而将攀爬架推倒在地。

毛毛："前面需要有小朋友用手拉。"

铠铠："那我们再试一次。"

千祎："耶，我们成功了。"

经过两次的尝试和讨论，孩子们终于把攀爬架推到了垫子旁边，他们在游戏中积累了丰富的经验，并已经明确了尝试的目的。

🖊 三、怎样跳下去才能摔不痛呢

第二天，我们又来到了攀爬区，有了前期经验的孩子们开始了他们的游戏，然而问题来了。

"啊！好痛。"小高缓缓站起来揉了揉自己的屁股。一旁的小朋友立刻转过头来。

月月："需要找一些软的东西来。"

佳佳："这垫子不就是吗？"

崔崔："我们一起把垫子搬过来吧！"

很快，搬垫子小分队组成了，大家开始往地面铺上垫子，铺满了四周。

包包："真的呀，摔到垫子上不痛了。"

孩子们活泼好动，对外界事物充满了好奇，总想亲自去摆弄和尝试，这是他们的特点，也使他们在成长中更上一层楼。

四、"空中飞人"计划开始

"垫子还可以怎么玩呢？"我的问题激发了孩子们的兴趣。

千祎："我们还可以用旁边剩下的垫子把它弄高一点儿，就像建筑叔叔修房子一样，让它变成一个高楼。"

铠铠："我们大家一起把垫子举起来吧。"

崔崔："需要上面有小朋友拉一下，我去吧，我力气大。"

芊予："我来帮忙。"

户外的垫子搭建，引发了孩子们的思考和探究，在大家的坚持与不断尝试下，"高楼"搭建完工。在垫子搭建过程中，我们也在唤起孩子们的好奇心、求知欲与行动力。

垫子，看起来单一，毫无兴趣，但却成为孩子们眼中的"高楼"，点燃了孩子们的好奇心，在思考和探寻的过程中，让我们看见了更多的可能性。

在一些常被我们忽略掉的幼儿园"游戏"里，蕴藏着孩子们的兴趣和教育契机。

只要我们善于发现、善于倾听，愿意支持，就一定能找到更多动人的瞬间，同时我们也要谨记游戏是孩子们的天性，教师应该懂得放手、巧妙介入，顺应他们的天性，使孩子们遇见最美的童年。

问题探究式游戏：房子变形计（中班）

邓霞

一、游戏背景

阳光下的操场上，孩子们在进行户外自主游戏，操场上的新垫子引起大家浓厚的兴趣，几个孩子拉着垫子就往宽广的跑道上跑去，于是一场关于垫子的游戏就这样开始了……

二、游戏过程

场景一：太阳好晒，怎么办

珍珠妹："好大的太阳，晒死人了。"

可可："那边的大树下太阳晒不着，我们把垫子拿到那里去吧！"

王梓杰："我也要把我的垫子拿到树下面去。"

小朋友们拿着垫子往大树下走，突然王梓杰的垫子从手上掉下来。

王梓杰："可可，你看我的垫子可以遮太阳。"

可可："哇，王梓杰好厉害，我也要把垫子搭起来遮太阳。"

可可："珍珠妹，快来和我们一起搭房子，这样就可以遮太阳了。"

　　有更多的小朋友看见这三个小朋友用垫子搭建的三角房子可以遮挡太阳，更多的人想要加入搭房子队伍中。

　　多多："我也把我的垫子拉过来和你们一起搭房子，这样我们就可以一起躲太阳了。"

　　伊妹："我也要来。"

　　就在这时，意外发生了！房子倒塌了。

　　孙熙林："呀！你们的房子倒了！"

珍珠妹："你们快过来把垫子扶起来呀！"

可可："伊妹，是你把玩具放进来才把房子弄倒的。"

伊妹："那我把里面的玩具拿出去吧！这样房子就不会倒了。"

孙熙林："可是你们那么多人都要进去，房子还是会倒的呀！"

建房子的小朋友越来越多，现在的房子显然不够用了，孩子们又有了新的想法——我要建一座大房子。

场景二：大家开始为搭建新房子讨论起来

王梓杰："这里的垫子更多，还有大垫子，我们要搭一个更大的房子！"

佑佑："搭大房子，怎么搭？"

萌萌："先做围栏，再拿垫子立起来当围墙！"

大家开始七嘴八舌地表达着自己的想法。10分钟过去了，他们对房子有了初步的设想，于是新一轮的搭房子游戏开始了……

三三两两的小朋友开始拉垫子，搭建可以容纳更多小朋友的大房子。

籼妹："哇！这个大房子可以容纳好多小朋友呀！"

乐乐："佑佑，房子的墙倒了，怎么办呀？"

佑佑："你们扶着垫子嘛！"

乐乐："不行，我们要去房子里面玩。"

佑佑："你们看，那里有玩具，我去拿来抵住垫子就可以了。"

佑佑："你们看，我拿平衡木把垫子抵住了。"

终于，小朋友们搭建好了大房子，更多的小朋友一起在房子里面游戏。

✎ 三、幼儿的学习与发展

幼儿的游戏是一个主动探索、发现、交往和表达的过程，让他们在探究、体验、思考和表达的过程中，不断积累新的经验。

✎ 四、教师的反思与提升

作为幼儿的支持者要满足幼儿的需要和兴趣，引导幼儿进行自发的、持续的学习活动，让他们在游戏中学习，在游戏中进步，在过程中评价，在过程中成长，成为爱探究、善表达的孩子！

问题探究式游戏：速度与激情（中班）

魏玲敏

一、游戏背景

在幼儿园里，光滑的斜坡和推车、球是幼儿游戏里的常客，当推车、球遇到斜坡时，幼儿便开启了一次探险之旅。

在之前的户外活动中，推车、球、斜坡都是幼儿经常玩的游戏材料。推车，大多时候都是作为运输材料的交通工具或简单的推车在平地上推着玩；球则用来踢或把球从斜坡上滚下来；光滑的斜坡像滑梯，幼儿可以从上面跑下来。

在之前的游戏中不难看出，幼儿对球、推车、斜坡三种材料的特性已经非常熟悉，并能在游戏中熟练运用。感知球是圆的，可以滚动；推车有四个车轮，可以运动；光滑的斜坡像滑梯，会使物体产生快速运动。

二、游戏过程

情景一：速度与激情

张梓恒脸上带着笑容从斜坡上快速跑下来。随即他走到摆放推车的区域，选择一辆推车并将其推到斜坡位置。张梓恒身体在前，推车在后，左手扶栏杆，右手拉着推车的扶手，将推车拉上斜坡，然后松手，此时推车快速从斜坡上冲下来。这时，正在玩球的张勋旗看到推车从斜坡上冲下来，右手抱球走过来对张梓恒说："我也要一起冲下去。"张梓恒立刻点头答应。接着，张勋旗抱着球坐在推车里，此时推车在前，张梓恒站在推车后双手拉住推车的扶手，将推车拉上斜坡。尝试三次后，张梓恒坐在斜坡上说道："张勋旗，你太重了。"张勋旗立刻站了起来，这时张梓恒双手拉住推车扶手，用力一拉就将小车拉到了斜坡顶。张梓恒对张勋旗说："你坐在车里，我来推你下去。"接着张勋旗左脚站在推车前，屁股坐在推车里，双脚合拢放在推车前。然后张梓恒一松手，张勋旗与推车快速从斜坡上冲下来。张梓恒和张勋旗同时发出"哈哈哈"的笑声。

分析：

游戏中，我们可以清楚地看到一个简单地冲斜坡游戏，引发了幼儿对斜坡的探究欲望。同时，张勋旗的加入让游戏变得更有趣，从一个人的游戏变成两个人的游戏。经过两个幼儿的协商对话，不难看出在游戏中引发了幼儿的探究。幼儿能够使用不同材料进行组合，赋予材料不同的功能和作用，来满足他们的游戏需要。由此看出，材料功能的设定应该放手由幼儿来决定。幼儿单调重复的游戏并不意味着没有意义，相反通过重复游戏，幼儿一直在自己力所能及的最高水平上持续发展。

情景二：探索斜坡的新玩法

尝试一：球会不会飞出去？

张梓恒看到张勋旗手里的球，对张勋旗说道："张勋旗，我们把球放在车里，看看球会不会飞出来，你人不要坐在车上，快把球放上去。"这时张梓恒双手拉住推车扶手，张勋旗将手里抱着的球轻轻地放在推车里。然后张梓恒松手，推车与球就从斜坡上快速地冲下来。推车到斜坡底，同时球飞了出去，向前滚动。张梓恒和张勋旗同时大笑着，从斜坡上快速跑下去捡球。

尝试二：球还会飞出去吗？

张勋旗左手抱着球走上斜坡，张梓恒右手拉着推车扶手，左手扶着栏杆，将推车拉上斜坡。这时张梓恒将推车的开口朝上，张勋旗用左手将球放在推车里。然后张梓恒松手，推车与球从斜坡上冲下来时，推车停了，球继续往前滚动。

分析：

在这次游戏中，我们可以看到幼儿光滑斜坡游戏的发展过程：球放在推车上冲下来—球放在推车上改变推车开口的方向。两次的探究虽然看上去很简单，没有展现出超强的游戏水平，但是幼儿发现了推车开口的方向不同，球在推车上的斜坡游戏也不同。当推车开口朝下时，球与推车同时到达斜坡底。第二次尝试，为了不让球惯性地往前冲，幼儿尝试将推车的开口朝上，扶手朝下，结果发现推车到斜坡一半的位置时，球反而更快地飞出去了。在这个游戏中，幼儿感知到了惯性。物体从斜坡上往下冲，感知的是惯性。

尝试三：人和物一起冲下来会怎样？

这个游戏引起了吴龙瑞的注意，吴龙瑞参与其中。吴龙瑞站在斜坡上对张梓恒说道："我要玩一下。"张梓恒双手拉着推车扶手说道："你们两个一起坐在推车上，我来推。"吴龙瑞和张勋旗两人同时站在了推车前，两人双手拉紧一起坐在狭小的推车上。张梓恒松手，他俩与推车同时从斜坡上往下冲，歪歪扭扭地到了坡底。

分析：

第三次尝试，为了不让球跑得更远，吴龙瑞参与到游戏中，让第三次尝试变成了两名幼儿的手相互拉紧，由一名幼儿推车。这时的幼儿体验到了重力的不同，会改变物体运动的速度。我记录下了整个游戏过程，虽然光滑斜坡游戏较为单一，没有展现出幼儿更高的游戏水平和探究能力，没有玩出特别的花样，但是在幼儿一次次尝试、不断地努力下，我们看到了张梓恒和张勋旗逐步调整难度，做出同样的材料不同的玩法。这种小步递进式的自我挑战避免了危险的发生，也是幼儿自己创造的最近发展区。

我们班已达到了中班的探究能力目标，喜欢较长时间参与科学探究活动，并且主动地探索周围的事物，发现问题，解决问题。

三、幼儿的学习与发展

在游戏中，愉悦使幼儿自主参与，没有愉悦的游戏不可能是真游戏。愉悦是评估每日课程的标准之一，即幼儿在活动中是否达到愉悦状态。冒险就是根据自己的条件和选择去探索未知。在游戏中没有冒险，就没有解决问题的能力。没有解决问题，就没有学习。当幼儿全身心投入，努力做成某一件事情时，随之而来的愉悦将促使他们开启新一轮的挑战。

在整个游戏中，幼儿通过反复将不同的物体放在小车里，从斜坡上冲下来探索重力、惯性。从这个行为来看，幼儿对探索重力、惯性有着浓厚的兴趣。

四、教师的反思与提升

（1）幼儿在前，教师在后。我对教师的角色这样定义："幼儿在前，教师在后""最大程度地放手，最低程度地介入"。每一项活动都以"真"为标准，支持参与者"主体性"的发展，从而尊重与相信每一个人的能力；每一个有权威的人都尽量"退后""最低程度地介入"，支持参与者"最大程度"地探究和创造。在幼儿游戏的过程中，我始终在一旁观察幼儿的游戏，没有介入。我心里明白，只要幼儿还在探索，还在自己想办法去解决问题，我就不需要介入。我的不主动介入给了幼儿挑战成功的机会。如果我介入，可能还会阻碍幼儿的游戏。

（2）让幼儿有地方玩。我们保障了幼儿的游戏权利，保障了真游戏的机会，保障了游戏的空间、材料和时间。为了实现"有地方玩，有材料玩"，我们提供了一系列低结构、可移动、可组合、高挑战的游戏材料，满足幼儿的创造、表现、挑战、合作、探究等多方面的需求。

（3）引发"不一样"的斜坡探究推进。在幼儿接下来的游戏中，鼓励幼儿去探索"不一样"斜坡的玩法。我会提供石头、布等游戏材料，引发幼儿去探索"不一样"斜坡表面的摩擦力，以此来提高幼儿的游戏水平。

专家评析

　　自 1989 年《幼儿园工作规程（试行）》（以下简称《规程》）中首次提出幼儿园"以游戏为基本活动，寓教育于各项活动之中"，至今已逾 30 年，期间《规程》历经两次修改，而"以游戏为基本活动"的地位始终没有动摇，但是真正将这一理念落实到具体实践中，各幼儿园却是千差万别。2017 年，教育部确立第六个学前教育宣传月，主题为"游戏——点亮快乐童年"，给正处于游戏课程摸索阶段的幼儿园以信心，明确了课程变革的方向。

　　云岩一幼诞生于 2018 年 10 月，由于其是一所新建幼儿园，课程内容、模式以及方法的选择受传统理念的影响较小，园所环境的创设更加多元、丰富、富于变化，加之年轻教师易于接受新鲜事物，因此其比办园多年的"老园"在自主游戏课程建设方面更有优势。作为云岩一幼的幼教人，他们开始思考如何围绕落实"以游戏为基本活动"的要求，开展深入、持续的实践探索？《3～6 岁儿童学习与发展指南》中的儿童发展目标以及《幼儿园教育指导纲要（试行）》中的课程目标如何才能通过游戏达到？如何帮助教师理解"幼儿的学习是以直接经验为基础的，要最大限度地支持和满足幼儿通过直接感知、实际操作和亲身体验获取经验的需要"？如何在自主游戏中观察和了解幼儿的水平和发展需要？并通过自主游戏有效地推进幼儿的深入学习，进一步探寻自主游戏中促进幼儿深度学习的策略，从而支持幼儿在自主游戏中的发展？……因此，本章的游戏案例仅是该园在践行"以游戏为基本活动"实践中一个小点，旨在帮助本园教师利用观察、分析，深入理解《幼儿园教育指导纲要（试行）》和《3～6 岁儿童学习与发展指南》蕴含的教育理念，并且反思自身在教育实践中遇到的问题，并给幼教人提供学习参考。

　　在本章我们看到了"有能力的学习者"，他们在户外自主游戏、区域自选游戏、畅游活动中非同凡响的表现和一个个令人惊叹的"哇时刻"；看到"玩转水枪"中投入的幼儿；看到"水球滚滚"中合作的幼儿；看到"后花园"中喜悦的幼儿；也看到"挖土"中专注的幼儿；等等，他们从封闭的知识世界来到丰富的现实世界学习，在生活和游戏中通过操作材料获得经验；同时，我们也看到在丰富的材料中及复杂的情境中幼儿解决问题的能力、身上所表现出的学习品质以及幼儿的深度学习；也看到一个个时刻准备者、支持者的教师形象，他们在观察幼儿游戏的过程中，为幼儿提供经验、材料和互动的机会，使幼儿能够真正参与游戏。作为文化使者，云岩一幼的教师正在努力守护幼儿世界的秩序，守护他们的美好，让幼儿的世界中充满惊奇和期待。

（刘英）

第三章 有智慧的教育者——幼儿园课程实践中"教"的故事

　　"做有智慧的教育者"对于云岩一幼这群刚刚开始职业生涯的年轻教师来说，正处在开启人生新阶段的关键时期。他们对当下工作生活的体验和感受，不仅关乎其自身的职业发展，还关乎其对幼儿的教育行为。在遇见课程"时时有教育、处处有课程、人人有成长"的课程理念的影响下，将自己的专业成长与幼儿的发展融合在一起，在热情投入生活、享受生活的同时，关注幼儿的生活，以大自然、社会作为幼儿的活教材，以生活为基石培养幼儿的生活态度和学习能力，努力追随幼儿，注重幼儿的天性，关注幼儿的生活、兴趣和需要，捕捉幼儿生活中的教育机会，整合国内外、社会、家庭等各种优秀教育资源，支持幼儿在自主游戏、自主学习、自主管理中养成良好的生活习惯和学习习惯，让幼儿在亲身体验、直接操作中获得良好的学习品质，为他们的人生打下坚实的基础。

　　在教师每日的工作中，他们都会对一日生活的所有环节给予同样的关注，在和幼儿共同生活的过程中发现孩子们关注的问题和兴趣，并在此基础上加以引导和支持。本书中收集的这些教育故事都是源于生活中的偶然"遇见"。一次离园时彭老师与孩子们的聊天，引起了孩子们对职业这个话题的兴趣，于是一次以"身边的职业"为主题的活动在家、幼、师三者间共同展开。在幼儿园的草地上发现"小蜗牛"，于是老师和孩子们一起讨论，开展了了解小蜗牛的活动。户外活动时，操场上出现了孩子们的影子，于是他们开始探索影子的秘密，和影子一起玩。进入大班的孩子们到了换牙的年纪，引起了大家的关注，"牙齿咔咔咔"的主题活动也油然而生。在一次餐后散步中，孩子们发现了幼儿园后院桃树上长出的桃子，接下来桃子树上的桃子到底有多少个？你有什么方法能数清桃子的数量呢？问题的探讨之路，正式启程。想知道狗尾巴草是花吗？于是老师和孩子们每天散步时就多了一件事——看看花园里狗尾巴草长得怎么样了？以大自然、社会作为幼儿的活教材的教育最大的魅力，在于让幼儿在不知不觉中成长。本书中的教育故事中的"教育"富有创造精神。飞行比赛中的纸飞机落到树上，孩子们自己想办法去解决，终于用垫子叠高取下了纸飞机，其中虽经历无数次的失败，但最终还是成功了。进行"影子的秘密"主题活动时，孩子们自己设计了"皮影戏"的表演道具，从设计、制作皮影再到投入游戏、改进皮影操作，孩子们真正做到了创造性地玩。危明老师组织的绘本分享，让孩子们有了想在小剧场表演的想法，他们想方设法，开动脑筋做服装、做道具，只是为了让这个表演能真实地再现故事情节。创造教育最大的魅力，就是让幼儿在自我挑战中成长。而幼儿创造的背后，是教师的创造性工作。幼儿园的一日生活每时每刻都在向教师发出邀请，教师的创造就体现在对这些教育契机的把握和对幼儿学习与发展支持策略的生成上。教师的"教"应该建立在非线性、建构性的思维方式基础上。教师不是课程计划的实施者，而是课程的开发者和教学设计者。

教育故事中孩子们关注的"问题"，也许在成人看来平淡无奇，却是孩子们成长的阶梯；幼儿园年轻教师的创造，也许在经验丰富的教师看来不足为奇，却是教师专业成长的阶梯。教师通过观察幼儿，满足幼儿发展的需要，为幼儿提供材料和环境等一切能利用的资源，为幼儿营造自主、多元、发展的空间，让幼儿在与材料、环境的接触中进行活动，从而得到全面发展。实践没有标准答案，教师的教育行为追求的是特定情境下的适宜性和有效性，是幼儿与教师的共同创造，是高质量的师幼互动。

什么样的故事才是教育故事？什么样的教育故事才是好的教育故事？为此，我们鼓励教师将平时工作中发生的那些有趣的、打动自己的、让自己有所思考和感悟的故事记录下来，在园内每半学期举办一次"课程总结审议会"，让老师有机会和同事们交流、分享，每次课程审议会，除了老师完整地讲述课程故事外，大家还有围绕课程故事进行讨论，讨论中我们也常常听到教师间的碰撞、启发、共鸣，不断让教师对幼儿、对学习、对课程有新的认识。同时，也借此机会促进自我反思。邀请贵州省教育学院专家对此进行深刻的点评指导。时至今日，教师的角色也在发生转变：教师从最初只关注故事本身，或只被有趣的情节吸引，缺少思考教育故事背后的意义，到现在逐渐开始思考、关注故事中"幼儿的学习在哪里？教师应该在哪里？课程在哪里？"他们从实践者变成反思者，进而成为研究者。

在近三年的课程研究与实践过程中，我们积累了优秀的课程教育故事，这些故事全部来源于一线教师的从教经历。从这些案例中我们看到的是内容的丰富，是总能打动我们的那一份份炙热的儿童之心。当"我发现孩子们……""我的孩子们喜欢……""孩子们需要……"这些变成了教师在课程教育实践中常常挂在嘴边的"口头禅"时；当教师满怀激情投入到孩子们的活动中时；当教师为了给孩子们提供更好的课程，在课程初期审议会上讨论得面红耳赤时……故事背后所蕴藏的，彰显了教师"以幼儿为本""一日活动皆课程"的大课程观。

当我一遍遍反复阅读这些教育故事的时候，我深感在收获教师教育故事的同时，更收获了师幼共同成长的点滴。这些真实的故事，生动演绎了"时时有教育、处处有课程、人人有成长"的课程理念。我也期待这些故事能让此时正在阅读的您产生共鸣:"做有智慧的教育者——做最好的自己"。

(何莹燕)

我的教育故事:身边的职业

彭惟楚

✐ 一、背景

一次放学时,有几个小朋友的家长还没有来,于是我带着他们到保安室里等待。我和谢昕妍聊天,我故意逗她说:"你妈妈的医院离幼儿园这么近,都不来接你啊。"谢昕妍对我说的话没有放在心上,反而很骄傲地开始谈起母亲的职业:"我妈妈是护士,我见过我妈妈给病人打针。""是给小朋友打针吗?"我问。"我没有见过我妈妈给小朋友打针,我看见过我妈妈给大人打针。"谢昕妍回答道。我又继续问:"那些打针的大人哭了吗?"谢昕妍说:"有的哭了,有的没哭。"

我们的对话引起了其他孩子的兴趣,周西子说:"我妈妈是老师,我爸爸是警察。"谢沁余说:"我妈妈也是老师!"

第二天孩子们又接着聊这个话题,远扬说:"我妈是给人治病的妇产科医生。"清晨说:"我妈妈也是医生。"喻悦灵说:"我爸爸妈妈都是老师,妈妈教英语,爸爸教数学。"符溪月说:"我爸爸是交通警察。"

孩子们对这个话题很感兴趣,于是我们在 12 月开展了以"身边的职业"为主题的活动。

✎ 二、过程

在活动开始我们讨论的第一个话题就是幼儿园里都有谁。有的孩子记忆力比较好，能够说出幼儿园里有来我们班上过课的危老师，有给我们晨检的蒲医生……有的孩子关注的范围比较小，只能说出自己班上的老师。虽然同在一个幼儿园的同一个班级里，孩子们对幼儿园里都有谁这个话题，还是有着不小的差异，并且都不是很全面。于是在活动当天，我带着孩子们逛了整个幼儿园，看看此时此刻，幼儿园里都有谁，他们都在做什么。一楼的两个小班正在上课，孩子又去了保安室和保健室认识了保安爷爷和两位医生，路过厨房看见了厨师正在准备午饭。

二楼的中一班也在上课，我们便去了大班见到了詹老师和赵老师，后勤的冯老师和杨老师也接待了我们，告诉孩子们他们正在做什么。

对幼儿园里的人的职业大致了解后，我们开始进入深一步的探讨，我们就此开展了"老师的一天""我和老师的故事""我来做老师""谁来保护我"等活动。

在我组织的"我和老师的故事"这个活动中，经过讨论后，孩子们开始把班上的趣事画下来，好几个孩子画了我每天站在窗边大声喊纪轶凡快上来，不要在楼

下玩的画面。刘萧睿还画了我每天催着远扬赶紧穿衣服起床的画面。

在兰老师组织的"我来做老师"的活动中，孩子们准备好了自己要教的知识。喻悦灵准备教"学生"们读英语，哪知道班上好多小朋友都去学了英文课外培训班，她要教的单词好多孩子都会读。王晟懿准备教"学生"们画画，但是有的孩子怎么

教都画不好，"王老师"很不满意，大喊："教你们我真的太难了。"符溪月的授课内容是一首儿歌，教唱了几遍，"学生"们还是唱不下来，这时王晟懿突然说了一句："兰老师，你们每天教我们怎么教都不会，真的很辛苦。"

在"谁来保护我"活动中，孩子们对保安爷爷的工作有自己的认识，如龚张耀觉得当保安是一件特别"爽"的事情，他说："因为每天就吹空调，然后看监控，看看有没有坏人和不听话的小朋友就行了。"果真是童言无忌啊。

当然，孩子们也有很多疑问，于是我带着孩子们到保安室里请保安爷爷答疑解惑。

王晟懿问："爷爷，你们手上拿的那个长的棒棒是什么？"

喻悦灵问："那个铁一样的叉叉有什么用？"

远扬问："你是什么时候来幼儿园当保安的？"

叶瑾晨问："我想知道我们在上课的时候你们都在干什么？"

刘萧睿问："你们的工作辛苦吗？"

苏希悦问："你们为什么要来做保安？"

这些问题都得到了两位保安爷爷的耐心回答，在一问一答之间，丰富了孩子们对职业和社会知识的认识，也学会了与人交流和谈话的方式与方法。

三、效果与反思

经过目前所开展的活动，孩子们知道了老师一天的工作不只是上课和小朋友做游戏这么简单。通过自己做老师，让幼儿体会到了教师职业的辛苦。同时，通过孩子们的画作我也了解到，饭后的散步、晨间一起做拍皮球等活动是令他们愉快和放松的。

此外，他们对保安爷爷所提出的问题，体现了孩子们的求知欲和探索欲，他们对这个世界有着自己的思考。通过提问他们知道了保安爷爷在他们每天上学、放学时站在门口手里拿的是警棍；知道像铁一样的银色叉叉，是遇到坏人时用来钳制坏人的武器；知道了我们上课时，保安爷爷并没有如大家猜想的一样在房间里睡大觉，而是有时会看监控，看看有没有异常情况，有时会修理一些玩具。知道了每个保安爷爷的名字以及每个爷爷是什么时候来幼儿园的。

✎ 四、结束语

本次主题活动幼儿园里的职业即将结束，下面将开启的是，爸爸妈妈以及家人们的职业，希望这些活动能进一步让孩子们认识到社会上的各个行业，懂得尊重劳动者的劳动成果，在他们幼小的心灵里埋下理想的种子，未来都能实现自己的职业理想。

我的教育故事：蜗牛

太荣琴

周一户外活动时间，几个小朋友蹲在地上讨论着什么，旁边还站着几个观看的小朋友。我好奇地走上前去。原来他们发现了一只蜗牛。这时如意抬头正好看到我，高兴地说道："太老师，你快来看，我们发现了一只蜗牛。"她的声音又吸引了几个小朋友。它们开始讨论着与蜗牛有关的话题……

蜗牛喜欢吃什么呢？

为了进一步激发小朋友们对蜗牛的探索，在晨谈活动中，围绕大家感兴趣的蜗牛进行信息的交流。

我说："蜗牛喜欢吃什么呢？"

杨濯鳞说："蜗牛喜欢吃水果。"

黄云兮说："蜗牛喜欢吃辣椒，因为爸爸妈妈就喜欢吃辣椒。"

王鹤萱说："我觉得蜗牛喜欢吃蔬菜。"

项泊然说："我觉得蜗牛喜欢吃树叶。"

通过小朋友们的回答，我发现小朋友们对蜗牛的认识是表面的、粗浅的，甚至是有争论性的。我给每个小朋友留了一个小任务。在周末的时候，和爸爸妈妈一起查阅资料，看看蜗牛到底喜欢吃什么。

问卷里，小朋友们都画了蜗牛，可是每只蜗牛都长得不一样。那蜗牛到底长什么样子呢？我们一起来画一画、捏一捏吧！

我认为蜗牛是这样子的……

宋子舟说："我的蜗牛在睡觉,所以我没有画它的身体,它把身体都缩进壳里了。"

王君妤说："我的蜗牛在爬树。"

代曦雅说："我的蜗牛在晒太阳。"

佘一凡说："我的蜗牛有四只触角。"

杨濯鳞说："我觉得蜗牛只有两只触角。"

……

针对蜗牛的身体结构,小朋友们又讨论了起来,那让我们一起来了解蜗牛的身体结构吧!

认识了蜗牛,小朋友们就开始提议到户外去寻找蜗牛。那在哪里能找到蜗牛呢?

张家淳说："蜗牛喜欢吃菜叶子,在种蔬菜的地方能找到蜗牛。"

林芷说："天气好的时候,蜗牛会出来散步,晒太阳。"

徐赫唯说："蜗牛在小草里。"

何沛琳说："蜗牛妈妈带着蜗牛宝宝出去找食物。"

为了验证小朋友们的猜测,我们实地寻找蜗牛。

一起去找蜗牛喽!

何沛琳说:"快来看,我找到了一只小蜗牛。"

赖大钊说:"我来看看小草下面有没有蜗牛。"

宋子舟说:"大树下面也有一只蜗牛。"

张之翰说:"我们找到这么多的小蜗牛,把它养起来吧!"

饲养蜗牛啦!

为了饲养蜗牛,我们创设了蜗牛饲养区。

在饲养区,我投放了放大镜、小铲子、小水壶、蜗牛饲料等。在饲养过程中,小朋友们对蜗牛进行了观察。

郑晰文说:"让我用放大镜来看一看蜗牛有多少颗牙齿。"

王君好说："蜗牛的壳好硬啊。"

杨濯鳞说："我也来摸一摸。"

钟博宇说："这只小蜗牛好像在看我呢。"

给蜗牛的房子换干净的土喽！

张晋宁说："蜗牛爬出来了，它是不是想出来散步了呢？"

郑晰文说："蜗牛的房子脏了，我们去给它换干净的土吧！"

徐赫唯说："我来负责看着蜗牛，你们来换土。"

我说："蜗牛不是睡着了吗？为什么还要看着它呢？"

陈柏宇说："我在换土，万一它醒来，就会爬走了。"

小朋友分工明确，有的小朋友负责给蜗牛换土，有的小朋友负责看着蜗牛。小朋友们对蜗牛的了解真是越来越深了。此次蜗牛的主题活动即将接近尾声，我给小朋友们发放了课程评价表，看看小朋友们对此次的主题知识是否已经掌握。

小朋友们在饲养蜗牛的过程中，对蜗牛的关心、爱护，滋长了小朋友们对动物的关爱之情。小朋友们对蜗牛的了解越来越深入，解决问题的能力也在逐步提高，语言能力也得到了很大的提升。接下来，我会带着小朋友们从蜗牛与人类的关系、蜗牛如何清洗、死掉的蜗牛如何处理等方面继续开展我们的主题活动。

我的教育故事：牙齿咔咔咔

穆欣悦

✎ 一、背景

　　小朋友们进入了大班，迎来了开始换牙的年纪。有一天，我们班罗洪意来到幼儿园激动地告诉我："老师，我的牙齿掉了，掉了两颗。"一旁的小朋友们听见了，纷纷围了上来，都想要看看他的牙齿。徐东祺张开嘴巴说："老师，你看，我的牙齿长出新的了。"郑森月说："我没有掉牙，掉牙好疼啊。"陈煦然说："我的掉了，一点也不疼。"小朋友们对自己的成长既期待又担忧，所以我们本学期结合小朋友们的成长，准备开展以牙齿为主题的"牙齿咔咔咔"的活动。

✎ 二、过程

　　我们的活动开始啦！我请小朋友们观察了自己与其他同伴的牙齿。虽然牙齿是我们身上的重要部位，小朋友们对牙齿的观察却少之又少，小朋友们通过镜子清楚地看到自己的每一颗牙齿。罗洪意说："我的牙齿少了两颗，喝水可能会漏吧。"李嘉乐说："我的牙齿很白的，一点虫牙都没有。"赵梓航说："不对，李嘉乐的大牙上就有虫牙。"蒋诗琪说："我的牙齿小小的，有一点松动了。"观察完自己的牙齿，小朋友们还观察了好朋友的牙齿，这一次又有了新的发现，谢梦杰大声地说："老师，为什么徐东祺的牙齿不整齐啊，好像波浪形的。"徐东祺回答说："因为我刚换了牙齿，还没有长好。"

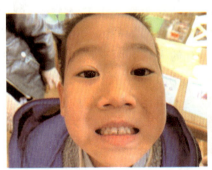

　　我们结束了观察，小朋友们开始讨论他们的发现并提出了自己的问题，张一格问："为什么小朋友的牙齿会坏，变成黑黑的？"王梓烨回答："因为我喜欢吃甜食，所以我的牙齿坏了。"他们的小脑袋总是充满了好奇，赵子航突然说："老师，我们有牙齿，还有谁也有牙齿呢？"这个问题的提出让我们班的小朋友更激动了，猫有牙齿，小狗有牙齿，老鼠有牙齿，鲨鱼有牙齿……张夏天说："蜗牛也有牙齿。"我惊讶地问："蜗牛有牙齿吗？我一直以为它没有呢。"杨皓星接着告诉我们："蜗牛不仅有牙齿，而且它的牙齿是最多的。"

有了这次对牙齿的观察和讨论，小朋友们对牙齿的兴趣越来越高，接下来我们一起开展了"牙齿的好朋友""不一样的牙齿""牙齿旅行记""家庭牙齿大调查""牙医阿姨请问你""护牙行动"等活动。

除了观察自己的牙齿，我们还对各自家庭成员的牙齿进行了一次调查，让小朋友们用自己的方式对调查结果进行记录，拿着调查表我们开始了分享。

陈煦然说："我调查了爸爸妈妈和我的姐姐，妈妈有 28 颗牙齿，爸爸有 28 颗牙齿，一颗蛀牙，姐姐有 20 颗牙齿。"

郑淼月说："为什么陈煦然爸爸的牙齿有蛀牙？"

蒋诗琪说："我觉得刷牙没有挤牙膏。"

谢玺可说："抽烟。"

张一格说："奶茶喝多了，喜欢甜食。"

小朋友们大胆猜测陈煦然爸爸的牙齿有蛀牙的原因，但是谁也不知道究竟怎么回事，所以请陈煦然回去对爸爸进行第二次调查。

张夏天在小朋友的分享中还发现了一个问题："为什么大家的牙齿数量不一样？"

徐东祺说："嘴巴大小不一样。"

刘雯芳说："年龄不一样。"

杨欣怡说："因为有些人的牙齿太大了。"

胡诗懿说："因为有些是乳牙。"

郑淼月说："妈妈的牙齿大，爸爸的牙齿小。"

这个问题老师也很想知道，所以给每个小朋友布置了一个小任务，找出牙齿数量不一样的原因，这个问题第二天被刘雯芳解决了："有些人长了智齿，有些人没有长，智齿上下左右对称生长，有 4 颗。但是有的人只有两三颗智齿，有的人甚至没有智齿。所以，每个人的牙齿数量并不相同。"小朋友的讨论充满了童真。

我们班陈海诚的妈妈是一名牙医，所以为了满足小朋友们的好奇心，也利用身边的家长资源，我们生成了一堂"牙医阿姨请问你"的活动，牙医阿姨的到来让小朋友们更加激动，早早地想好了准备问阿姨的问题。

刘雯芳说："为什么牙齿这么尖？"

陈煦然说："为什么上牙在前面，下牙在后面？"

胡诗懿说："为什么牙齿会变黑？"

左箫齐说："为什么牙龈会肿？"

赵玺翔说："为什么牙齿有缝隙？"

阿姨耐心地回答小朋友们的问题，并且还给我们讲了许多关于爱护牙齿的小知识，正确的刷牙方式，我们也开始了每日刷牙打卡。

✎ 三、效果与反思

通过这次的主题活动，小朋友们了解了许多关于牙齿的知识，能够主动地保护自己的牙齿，知道牙齿对我们的重要性及保护方法，也提高了幼儿的动手能力，养成了良好的卫生习惯。但活动较为单一，多为谈话讨论。在活动中，教师要多以幼儿的思维为主导，及时发现幼儿的兴趣，更改活动方向，家园沟通也需要进一步加强，让家长更多地参与到我们的课程中，提出他们的建议与想法。

四、结束语

牙齿咔咔咔的主题活动使小朋友们对牙齿有了更深入的了解，培养幼儿的良好卫生习惯，坚持早晚刷牙，吃完东西漱口，激发幼儿进一步探索身体奥妙的兴趣。

我的教育故事：数桃记

危 明

一、背景

在一次餐后散步的分享中，小朋友们先是去看了看小鱼，然后走到后面的种植园时，盛伟宸停下来告诉我说："老师，你看树上有桃子了。"然后杨子墨说："老师，这棵树上的桃子也太多了吧，数也数不完。"然后，盛伟宸说："那桃子树上到底有多少个桃子？"陈思琪说："我觉得有七个，八个……"

小朋友们发现了树上的桃子，接下来他们猜想桃子到底有多少个呢？针对这个问题？小朋友们的猜想是七个，八个，九个，十个，等等，都没有具体的、准确的数量。

因此，我继续带着小朋友们来探讨这个问题，桃子树上的桃子到底有多少个？你有什么方法能数清楚桃子呢？

（1）根据幼儿提出的比赛——数桃子，帮助幼儿组织。

（2）生成一节课"数桃子"。

（3）准备相关材料。

✎ 二、过程

我们数桃子的方法

关于这个问题：桃子树上的桃子有多少个？我们用什么方法才能数清楚。回班时，我们想了很多种办法。孙沐雅说："要一个一个地数。"黄锦铭说："要把所有桃子都数一遍。"接着我就问道："那这样的话，会不会有的桃子数重复了呀。桃子是在树上的，我们又不能摘。谁有更好的方法，不会重复数桃子？同时要数清楚树上的桃子。"

杨子墨说："要一个扫描机来扫描，扫一个是一个数字。"

我又问："但是，我们没有扫描机，怎么办？还有没有更好的方法？"

数过的桃子还需要再数一次吗？

杨子墨说："我们可以提醒其他小朋友，如果他再数到这个桃子，我们就提醒他。除了请人一起数，还有没有更好的方法？"

我说："如果桃子树后面的桃子没人看见，你们觉得应该怎么办呢？还有什么方法可以让别人一眼看上去，就知道这个桃子是数过的，不用再数了。"

黄锦铭说："老师，我觉得可以给桃子挂一个灯，别人看见了，就不用数了。"

杨子墨又说："要不，我们给数过的桃子留一个标记吧。就在上面画一个点点。"

我问："在桃子上画点点，那这个桃子还能吃吗？还有什么方法？"

杨子墨说："那就在桃子上挂一个东西吧，一个迷你版的小灯笼。"

然后我又问到谁还有更好的方法提醒别人也提醒自己这是数过的，不要再重复数了。

然后兰辰毅说："我们可以在树上挂一个牌子，然后牌子上画满五颜六色的点点，再在点点上面留一些数字。"

我说："标几个数字？"

兰辰毅说："在我们数的时候，数一个数字标一个……"

然后我们衍生出了一个数桃子的比赛。杨子墨当 A 组的组长，兰辰毅当 B 组的组长。看哪个组能又快又准确地数清楚桃子，并且把我们的活动告知家长。这两天在家里，家长也引导孩子去探讨，你会用什么方法数清楚桃子。

我们的标牌

兰辰毅说："老师，今天我们能不能设计我们的标牌啊？"

我说可以，并将纸和笔给他们准备好。兰辰毅说："老师你看我设计的这个标牌是蓝色的。"盛伟宸说："我这个标牌是彩虹。"向彦成说："我设计的这个是机器人的标牌……"

第一次数桃子

今天开始数桃子了，首先是 A 组的小朋友先过去数，他们一边数一边挂标牌，然后一边记录。数完了，到 B 组小朋友，他们也开始数一个挂一个，并做好记录。最后回班进行总结的时候，A 组的小朋友觉得树上的桃子一共有 8 个。

B 组的小朋友觉得有 30 多个桃子。我问道："为什么大家的桃子数量相差这么多呢？你觉得问题出在哪里呢？"

兰辰毅说："有的人多数了，有的人少数了。"

孙沐雅说："有的人没有看到标牌，也就没有数。"

第二次数桃子——数标牌

我又继续提问:"那有什么好办法让我们都能数到桃子上的标牌,而不是多数和少数呢?"余家俊说:"我们,就是我们可以数标牌。"我问:"那这个方法可以吗?"

兰辰毅说:"可以用这个方法,因为在树上挂了多少个标牌,就有多少个桃子。我们数标牌就可以了。"

于是,小朋友们和我一起把桃子树上所有的标牌全部摘了下来,然后我们就开始数标牌。一开始是两位组长先数,数完了,由马睿欣记录。一共 28 个桃子,然后我来核对。最后桃子总数是 28 个。

桃子为什么是绿的

后来在小朋友们观察记录桃子的过程中，有的小朋友问："老师，我们的桃子为什么是绿色的？"由此又继续开展了一个关于桃子的生长过程的课······

✎ 三、效果与反思

通过这个活动，小朋友们学会了数数以及探索更多好的方法去数清楚桃子的总量，知道了桃子为什么会是绿色的？根据他们的提问，我给他们上了几节桃子的生长过程的课，他们清楚了桃子的生长过程。我们一起解答了桃子为什么是绿色的问题。

优点：本次活动的开展体现了孩子自主性的发展，通过日常生活中的一个小问题，就能衍生成我们的活动，发现问题自己去解决。教师在这个过程中需要做的就是跟随孩子、帮助孩子、协助孩子解决这个问题。

不足：本次活动的后续课程可以继续观察，然后生成活动，带领小朋友一起探讨桃子的秘密。活动不够严谨，因此没有继续下去。

联想：关于桃子小朋友们非常感兴趣，专门记录桃子的生长过程。所以，也要考虑在后续的过程中，让孩子自己去观察，记录桃子的成长变化。

我的教育故事：假如我看不见

彭惟楚

上学期体检后，家长对孩子的体检结果非常好奇，虽然期末时会拿到生长发育评价小结表，但是依然有家长急于询问我孩子的视力是否下降了。

本学期的第一个月，班上转来了一个戴眼镜的小女孩，她是我们班唯一一个戴着眼镜的孩子。在她做自我介绍的时候，孩子们发现我也戴着眼镜，坐在第一排的谢昕妍便说："老师，你把眼镜摘下来吧。"

"摘下来我就看不清了呀。"我回答道。

"是看不见吗？老师你是瞎了吗？"谢昕妍笑着又问道。

我发现孩子们对看不清和看不见缺乏了解，从家长的态度中我或多或少了解到，现在的孩子对于保护视力、爱护眼睛的意识比较薄弱。因此，本学期我们开展了名为"我们的眼睛"的主题活动。在活动中，为了让孩子们体会眼睛看不见和视力低下给生活带来的不便，树立保护眼睛的意识，并懂得尊重盲人，我设计了一节教学活动——假如我看不见。

活动中，我主要以游戏的形式来开展。

活动开始，我请孩子们看了一个"近视眼眼中的世界"的视频，随着画面越来越模糊，孩子们发出了"哈哈哈"的笑声。

随后，我让两组孩子躲到了睡房的后面，再让实习老师将孩子一个个带出来，而我根据孩子们的要求，摘下眼镜来分辨孩子是谁，并说出名字。

最开始我和孩子的距离很远，第一个看不清，我向前走了一步，第二个孩子也看不清，我又向前走了一步，每一次看不清，孩子们就告诉我这个孩子的名字，同时发出"哈哈哈"的笑声。直到最后两个孩子时，我已经离他们很近了，这才看清是谁。

孩子们觉得这样很有意思，我问他们想感受一下彭老师眼中的世界吗？孩子们都激动得回答"想"。于是，我发给孩子们人手一张过塑之后的过塑膜，让孩子们透过过塑膜去看自己的手、鞋子、黑板上红色的三角形和身边的小伙伴，对比用过塑膜挡在眼前，和直接用眼睛去看的区别。

周西子说："有点花。"

喻悦灵说："挡着看没有那么清楚了。"

孩子们纷纷表示赞同，都说直接用眼睛看更清楚。这时符溪月却说："我觉得没有区别啊。"

因为符溪月佩戴的是矫正散光的眼镜，我告诉她："你把眼镜摘下来再试试看。"

试过之后她说："确实有点花。"

孩子们试完后，我说："现在请大家把透明片放在桌上，让你们感受一下，眼睛更看不清、视力更差之后的世界。"

于是，我又发给了孩子们人手一张没有过塑过的过塑膜，再让他们透过过塑膜看手，看小伙伴，看鞋子，看黑板上的红色三角形。

"老师，这样看不见了。"不少孩子喊道。

"现在请你们试试抬头看天花板上的电灯。"孩子们应声看去，我又问："看得见灯发出来的光吗？"

"看得见！"孩子们异口同声。

"清楚吗？"我问。

"不清楚！"喻悦灵说。

"我感觉是一团！"岳念泽说道。

"我觉得特别花！"汤子熙说。

孩子们争先恐后地发表自己的感受。

于是我总结道："这就是视力严重受损，高度近视眼中的世界，你们想变成这样吗？"孩子们纷纷回答不想。

之前，孩子们对"为什么看不清？"的问题提出了自己的想法，并和爸爸妈妈一起查资料，在前一天兰老师也展开了"为什么看不清？"的活动。

于是我便问："既然你们都不想，那么该如何保护自己的眼睛呢？"

"要少看手机！少看电视！"龙哲熙说。

"看书时要离远一点儿。"苏希悦说。

"但是有的人就是看不见的。"李浩宇提出了新的观点。

我便接着李浩宇的话说："对！有的人因为天生残疾，或者出了事故，或者生病之后，就再也看不见了。"我继续说道："彭老师虽然看不清，但走近了能分辨你们谁是谁，彭老师虽然看不清但戴上眼镜就能看清了，但是盲人，却什么也看不见。"

接下来我们在网络上找到了一则盲人日常生活的视频。通过这个视频孩子们发现，盲人走路要摸着走，而且走得很慢。在观看视频时，孩子们出奇地安静，没有了刚开始游戏时的吵闹和笑声。

随后，我拿出了眼罩，请小朋友们来玩游戏。由于时间有限，我只请了几个孩子，孩子们走到前面脱下鞋子，戴上眼罩之后尝试把鞋子穿上。在游戏过程中，我偷偷拿走了两个孩子的其中一只鞋，并示意其他孩子安静。

游戏结束，孩子们摘下眼罩，这才看见鞋子被我拿到了远一点儿的地方。我问孩子们的感受。

刘萧睿说："感觉没那么好穿了。"

叶瑾晨说："根本没有办法系鞋带。"

我问陈玺骄玥："刚才你们蒙着眼穿鞋的时候，老师把你的鞋拿走了，当时你是什么感觉？"

"我很着急，很慌。我怕没有鞋子穿。"陈玺骄玥回答道。

"就是，我要到处找，要用手去摸鞋子在哪里。"汤子熙回答道。

"这说明盲人的生活很不容易。以后你们再遇见盲人能去嘲笑他吗？"我问全班孩子。

"不能"，我得到了整齐的回答。

"那么你们可以怎么做呢？"我又问。

"可以扶着他走路！"王晟懿说。

"可以帮他拿东西。"周西子说。

"可以帮他做劳动。"尹正成说。

"我奶奶老了，眼睛不太好了，我也会帮她扫地。"涂子轩回答道。

"我会帮奶奶洗碗！"于沐钊说。

活动就在孩子们的讨论声中结束了。

由于时间有限，在课上我没有让孩子们都戴上眼罩进行尝试，于是睡前孩子们在床上脱衣服的时候我给孩子们发了眼罩，让孩子们戴着眼罩脱衣服，个别男孩子还尝试戴着眼罩从床上下来。第二天午饭前，孩子们又戴上眼罩到平台上玩起了蒙眼找人的游戏。

经过这一系列活动，孩子们都表示看不见很不方便，尤其是在看不见的情况下脱衣服，孩子们脱得气喘吁吁，一个个都摘下眼罩说太难了。

在蒙眼找人的游戏中，被找的人不停地换方位，有的孩子一直捉不到人就悄悄地把眼罩往上挪，想通过"耍赖"的方式来取胜。

"看不见真的很不方便。"这是孩子们尝试了盲人眼中的世界之后的一致感受。

通过一个个游戏、视频，孩子们感受到了眼睛看不清、看不见带来的难处和不方便，感受到盲人生活的艰辛和不易，萌发了孩子们帮助、尊重、同情盲人的情感。不过，孩子们也表示生活中很少看到盲人，因此想帮而无处使力。所幸，有孩子提出奶奶年纪大了看不清，于是孩子们都纷纷表示自己也能帮老奶奶做很多事情，由此我发现孩子们是乐于助人的。

我的教育故事：冰的"来历"

危　明

一、背景

在一次户外自主游戏中，小朋友们像往常一样去四楼开展户外自主游戏。这天天气非常冷，四楼的风很大，有一个小朋友刚走上去就摔倒了。另一个小朋友说："老师，上面太滑啦。有冰，我们慢慢地走吧。"于是我问他："那有冰的话，你觉得还能不能玩呢？"大家都想继续玩，只是不玩之前的玩具了。他们都想玩那个冰。玩到最后的时候，有的小朋友提出了一个问题：这个冰是水做出来的吧？有的小孩儿就表示，水不一定能做出冰。那么关于冰是怎么形成的？小朋友们很好奇，针对这个问题，我们开展了一系列的活动。

发现问题：在回顾中，小朋友们都对冰的形成进行了猜测，也描述了自己对冰的第一感受。那么冰到底是怎么形成的呢？他到底是怎么来的呢？我们将带着这个问题和小朋友们一起去探讨。

现象：四楼平台的地面上、玩具上、天台上，都覆盖了一层薄薄的冰。

二、过程

根据小朋友们的问题，我们开展了如何将水做成冰的试验，到底是不是有水就可以做成冰，让他们通过实践操作去验证自己的想法。

在整个过程中，我并没有直接介入，而是把小朋友的问题收集起来，通过他们自己的操作去不断地验证，然后再猜想再验证，到底冰的产生和什么有关。最后，我再给小朋友们普及这些科普类的小常识。

片段一：这个冰有点好玩

前一天下雪导致今天四楼平台的地面上以及玩具的表面上都覆盖了一层薄薄的冰。小朋友们踩在上面问道："老师这个好滑呀？我能不能铺一个垫子？"我说："可以。"他们就拿了很多垫子。

一开始杨子墨他们拿着垫子，让其他小朋友坐在垫子上开始拖他们。他们一边拖一边说着，好好玩儿呀，这个冰。我问他："为什么呢？"他说："因为这个冰是滑的，我们坐在上面的话就可以滑冰了。"于是，他拿了很多垫子和小朋友们一起滑冰。他们去积木区拿了圆柱体的细木棍，不断地敲打着地面。然后杨子墨对我说："老师，你看冰变白了。我一敲它就变白了。好神奇呀！"我问他："那你觉得这个跟什么有关系呢？"他说："我觉得跟我的木棍有关系。不敲它，就是透明的，敲了它就变白了。"于是，又有很多小朋友拿着木棍敲击冰面。地上顿时出现了很多个白色的冰缝……大家边敲边说，这个太好玩了，我们再用点力气敲吧。其他小朋友站在旁边说："那你们小心一点，这个冰太滑了。"

片段二：你觉得冰面是怎么形成的

在回顾环节，我问他们："你们觉得这个冰是从哪里来的呢？昨天我们玩的时候并没有出现哦。"兰辰毅说："我觉得它是水做的。"杨子墨说："我觉得是天气的原因。"赵家源说："是不是温度低了它就有冰了……"小朋友们有了很多的猜测和想法。于是我们就去做实验，那到底冰是怎么形成的呢？冰的形成和小朋友说的这些答案有没有关系呢？于是，第二天我们做了很多的小冰花（有的盒子里面放豆子，有的放纸片……），放在塑料盒子里。把它们摆在了不同的区域，有的在四楼，有的在三楼，有的在教室里面，有的在一楼和前操场。

片段三：我们的讨论

第二天，我带着小朋友们去三楼看的时候发现塑料盒子里面的水已经变成冰了。回到教室，教室里的水没有结冰。

这一现象引发了很多小朋友的讨论，韦雅秋说："我觉得能这么快形成冰花，是因为放的位置高，像一楼和二楼的就没有冰，还有就是因为四楼有风。"赵家源说："教室里面的冰没有结成冰花，是因为它不冷，放在教室外面的都有冰花，因为外面冷……"

片段四：冰的形成

我通过小视频让小朋友们了解了冰的形成的原理以及验证小朋友前期的猜测。

冰的原理：冰是水的固体形态，水在低温下凝结成冰，一般在零度以下形成冰。如果水里杂质多的话零度也能结冰，或在高压下也可形成温度很高的热冰。当水在低于零度以下的环境下就会形成冰。这也就解释了，我们在小盒子里面放一些豆子，为什么这么快就能结冰的原因，因为有杂质也能让它快速结冰。

片段五：下雪啦

后来一段时间，小朋友们对冰非常感兴趣，每天都去观察它。有一天，刘洪位从外面回来告诉我："危老师，外面下雪啦！"很多小朋友问我："冰和雪是一样的吗？"

✏ 三、效果与反思

本来以为小朋友们对科学活动不感兴趣，因为枯燥的原理并不是在这个年龄段所能去展示和呈现的，但是由于他们的好奇心以及他们日常生活的一些社会经验，通过自己最直观的感受表达出冰形成的原因，还通过实践对结冰原理进行了探索，以及我们在寒冷的天气里，有冰的地面应该怎么做。

反思：在这次活动中，小朋友们非常热心和积极，对周围事物有着强烈的好奇心和探究欲望，能够通过一件小事情把它做成一个大活动，然后再让他们去经验和阅历，对于他们来说是非常难得的。

存在的问题：由于时间的关系，还有天气方面的原因，在操作过程中，忽略了一些细节，因此导致在拍摄和设计资料环节没有做到位，因为是在幼儿园开展的这次活动，所以对家长的工作没有做到位，小朋友们回家去问爸爸妈妈的时候都没有得到过明确的答复，或者是和爸爸妈妈一起探索。

后续的改进：

该活动的跟进以及以后科学实验要考虑得更全面。

我的教育故事：影子的秘密

李铃玉

✎ 一、游戏背景

在一次户外活动中，有三位小朋友跑过来，站在我的后面笑，我问他们笑什么，他们说把你的影子踩住了，我跑开不让他们踩，他们追着我要踩我的影子，别的小朋友看到了，也像他们一样去踩其他小朋友的影子，于是小朋友们在中庭开始了踩影子的游戏。

✎ 二、游戏过程

要怎样做影子才会出现呢

游戏结束后，小朋友们还在讨论影子游戏，我问他们："你们喜欢和影子做游戏，那你们知道影子什么时候出现吗？"

思齐说："白天出现。"

小小说："只要有太阳，就有影子了呀。"

睿睿说："但是晚上也有影子呀。"

点点说："你们看在灯下也有影子啊。"

然然说:"感觉好神奇呀!哪里都可以看到影子。"

他们都觉得自己说得对,为了让小朋友们知道影子在什么时候出现,我给他们安排了一个小任务,回家后和爸爸妈妈一起查阅资料,并和我们分享调查结果。

晨谈活动中小朋友们迫不及待和我们分享他们的调查结果。

蔓霖说:"我和妈妈查了影子会在太阳和灯光下出现。"

一娴说:"还可以用手机照出影子。"

豆豆说:"月亮出来的时候也可以看到影子。"

可是要想影子出现,除了有光以外,还需要其他的条件呀,我们一起去看看还需要哪些条件吧。

发现影子的形成

小朋友们听到我说影子出现还需要其他条件,就追着我问还有哪些条件,我告诉他们这是影子的秘密,要自己去发现,而且影子有很多秘密,看看你们能发现几个。

小朋友们带来了手电灯,他们要开始探索影子的秘密了。

小朋友们用手电筒照射不同的材料,来对比影子有什么不同。我问他们找到影子的秘密了吗?

豆豆说:"我用一张过塑膜和一张纸做实验,发现用手电筒照射过塑膜,过塑膜的影子看不见。用手电筒照射纸,纸有影子,但是影子中间有一个亮点。"

彤彤说:"用手电筒照射不透明的玩具,玩具的影子很黑。"

汤圆说:"影子照在桌子上才看得清楚,照到墙上就看不清楚了,再远一点影子就没有了。"

我说:"哇!你们发现了这么多秘密呀,那你们再找找影子还有哪些秘密呢?"

影子的变化

雯雯说："当手电筒离松果近时，松果的影子就会变大，手电筒离松果远时，松果的影子就变小了。"

令仪说："快看我，我把手电筒放在松果左边，影子就跑到松果右边了，手电筒放在松果右边，影子就跑到左边去了。"

辰辰说："令仪，你看手电筒的灯光从松果的左边移到右边时，松果的影子就变长了。"

令仪说："真的哎！"

画影子

看到小朋友们对影子这么感兴趣，在他们兴趣还没有消退前，我让小朋友们了解更多关于影子的秘密，影子会随着光位置的变化而移动，我让孩子们想办法把影子留下来。有小朋友说可以画下来，于是我们开展了"画影子"活动。

小朋友们画好后，为了加深他们对影子的了解以及可以欣赏到每个小朋友的画，我把小朋友们的画制作成拼图，还有找影子对应的游戏，每天区域游戏时他们都可以去玩。

皮影制作

受到影子画的启发，我请小朋友们想想画出来的画还可以做什么，小朋友们想了想说："还可以用来表演。"我说："要怎么做呢？"

点点说："可以把小人画出来，然后剪下来，用吸管或一次性筷子贴在小人身上，就可以表演了。"

我说："我们试试吧，看看点点的这个方法行不行。"

于是，我们拿着材料开始制作皮影。

皮影小剧场

为了让小朋友们的皮影有表演的地方，我制作了一个皮影小剧场，投放在表演区，让小朋友们在区域活动和饭后时间在皮影小剧场自由发挥。

🖊 三、效果与反思

他们在游戏过程中发现了影子形成的三要素：光、半透明或不透明、投影的地方。他们还发现了影子的变化规律：光离物体近时影子变大、光离物体远时影子变小、光在物体左边，影子就在右边，光在物体右边，影子就在左边，而且影子变长了。经过小朋友们的探索引发了一系列关于影子的趣味活动，一起发现影子的秘密。在这样的探究和讨论中，小朋友们对影子的兴趣越发浓厚，特别是皮影小剧场，每天饭后都去那里玩，根据小朋友们的兴趣，下一步和他们讨论怎么让皮影手部和脚部关节动起来，进一步引发孩子思考影子还有什么秘密。

🖉 四、结束语

孩子的兴趣是推动他们探究与思考的主要力量，老师有意识地倾听，为了满足孩子的需求，有预见性地引导和支持，培养孩子的探究能力与思考能力。

我的教育故事：遇见狗尾巴草

黄婷婷

🖉 一、活动背景

我们班的小朋友都是今年刚刚入园的，对幼儿园里的一切都觉得非常新奇、有趣。他们在大班哥哥姐姐的带领下认识了中庭的玩具区，也玩了后院的滑梯。在度过分离焦虑期以后，他们开始了幼儿园的探索之旅……

在一个天气晴朗的下午，有一个小朋友手里紧紧握着什么向我奔来，她仰着灿烂的笑脸对我说："黄老师，这是我送你的花。"我低头看去，发现她握着的是一把绿油油的狗尾巴草。我说："这是什么啊？真好看！"在一旁玩滑梯的程熙看见了，走过来对小禾说："小禾，这个是什么啊？你在哪里摘的？"小禾看了看程熙，又看了看我，指着长廊说："我在那边的土里面摘的，那里有好多花。"说完，小禾将手中的花递给我："老师，送给你！"我笑着接过来，说："谢谢小禾，这个花真好看！"

接下来小禾便邀请程熙和她一起去，有几个小朋友也好奇地跟了上去，在她的带领下，我们发现在长廊旁边有一大片野草，我也在这一天收到了许多小朋友送的"花"，多到手上都拿不下了，只能插在瓶子里面。

回到教室后，他们看着我放在瓶子里面的花，七嘴八舌地说着："这是我送给黄老师的""我送了老师好多花"……这时，依依手上拿着狗尾巴草看着我说："我想送给妈妈，可以拿回家吗？"我摸摸她的头说："当然可以啊，如果你送给妈妈的话，她一定会很开心的。"依依点点头，然后回到座位上，和自己的好朋友分享她要送给妈妈的花，其他小朋友听见了，表示自己的花也要送给妈妈。

二、活动过程

（一）你的名字

第二天早上晨谈时，我说："昨天我们发现了这么好看的花，还有的小朋友将它带回家送给了爸爸妈妈，但是我们好像还不知道它叫什么名字，你们有谁知道它叫什么吗？"博衍说："我知道，它叫狗尾巴草！"彤彤说："叫狗尾巴草，我妈妈说的！"我接着说："叫狗尾巴草吗？它为什么叫这个名字啊？"

大家开始各自说着自己的想法，有的说是"它的爸爸妈妈取的名字"，也有的说是"狗种的草"，还有的说是"它和狗尾巴一样有长长的毛"……答案每个都不一样，我带着他们一起分析这些答案。

1. 它的爸爸妈妈取的名字

浩易说："草没有爸爸妈妈，而且草也不会说话，没有办法取名字！"

答：错误

2. 狗种的草

长志说："狗不会种草，而且幼儿园里面没有狗。"

答：错误。

3. 狗尾巴变的

程熙说："狗尾巴怎么可能变成草？"

彤彤说："对，变不了，虽然它们有点像，但是草不是狗尾巴。"

答：错误。

……

经过大家严谨的讨论和分享，最后觉得最有可能的答案就是它和狗尾巴一样都有长长的毛，所以叫狗尾巴草。讨论结束后我鼓励他们再找一找狗尾巴草和狗尾巴相似的地方，除了都有长长的毛，还有什么地方也是一样的？我将狗的动图和静态图放在一体机桌面上让他们观察。

户外活动时，他们就迫不及待地跑去找狗尾巴草，为了找到自己喜欢的狗尾巴草，他们在灌木丛中钻来钻去，就算有栅栏也阻挡不了他们找狗尾巴草的决心。

他们在找狗尾巴草的同时，还会特意和狗尾巴比较。

浩程："它和狗尾巴一样软软的。"

渝仔："它动起来的时候也会像狗尾巴一样摇来摇去。"

雅芯："它可以卷起来！像狗尾巴一样！"

……

今天每个小朋友都收获满满，不仅知道了它的名字，还知道了它因为长得像狗尾巴，所以叫狗尾巴草。

但是关于狗尾巴草的故事会就此结束吗？

（二）你的样子

接下来的几天，我们班的小朋友对狗尾巴草的兴趣一直很高，经常去摘狗尾巴草，有的拿来"炒菜"，有的拿来"挠痒痒"，还有的拿来当作"花"送给别人，在经过一段时间对狗尾巴草的了解后，我引导他们继续深入了解狗尾巴草的特征。

有一天，小朋友们在吃苹果的时候，浩程将苹果籽扣出来放在桌子上，我走过去问："你在做什么呀？"浩程说："这个不能吃，我要把它抠出来。"飞宏说："这个是苹果的种子，是不能吃的！"其他小朋友也说："我知道，这个是苹果的种子，可以种苹果的。"

我点点头说："原来苹果是用这个黑色的种子种出来的啊，那狗尾巴草也是用种子种的吗？"浩程说："是的，是用种子种的。"我继续问："那狗尾巴草的种子在哪里啊？"程熙说："我不知道。"宥宥说："老师，狗尾巴草的种子在哪里啊？"我说："那一会儿我们一起去找一找狗尾巴草的种子长在哪里吧！"

吃完苹果后，我就带着小朋友们去后院摘狗尾巴草："我们一人摘一根狗尾巴草回教室一起观察，找一找它的种子到底藏在哪里！"摘完狗尾巴草后，大家坐在自己的椅子上开始寻找它的种子。

他们一会儿摸摸叶子，一会儿摸摸它的毛，一会儿摸摸它的根部，还有的小朋友放在鼻子边上闻……

渝仔说："埋在土里面的是根，我没有摸到它的种子。"

梓丰说："这个杆杆上面也没有，光溜溜的。"

雅芯说："老师，这个是什么呀？就是毛毛下面的这个？"

我拿着她递过来的狗尾巴草仔细看了看："一颗颗的这个吗？"雅芯点点头："嗯嗯，就是这个！"我并没有急着回答，而是向其他小朋友询问："你们觉得这个一颗颗的是什么啊？"在我的引导下，大家也注意到了毛毛下的颗粒物，他们都拿着自己的狗尾巴草认真地观察着："老师在哪里啊？""我找到了，在毛毛的下面！""我的狗尾巴草只有几颗，你们的好多啊！"

……

他们发现变黄了的狗尾巴草上面的颗粒物轻轻一动就会掉下来，绿色的不容易掉。

佐佐说："这个是不是就是种子啊？"

亦涵说："这个就是种子吧，黄色的就是已经成熟的种子，就像石榴一样，成熟以后就会掉下来。"

雅芯说："我也觉得这个就是种子！"

越来越多的小朋友赞同这个说法，他们都觉得毛毛下的颗粒物就是狗尾巴草的种子。我说："你们确定这个就是种子吗？"他们一脸肯定地说就是种子。我说："那我们一起来看一个视频，看一看我们找得对不对。"

为了验证结果是否正确，大家都认真地看着视频解说，当听到他们发现的颗粒物就是种子的时候，每个人都兴奋地跳了起来："它就是种子！"程熙说："黄老师看见没，这就是狗尾巴草的种子！"

这一次通过大家的认真观察与分析，我们认识了狗尾巴草的种子、根部、茎、叶子……大家都了解了狗尾巴草的特征。

（三）眼中的你

这个生成活动持续了一段时间后，由于小朋友每天都在摘狗尾巴草，再加上天气的原因，幼儿园的狗尾巴草已经所剩无几，但我们班小朋友的兴趣越来越高，经常摘狗尾巴草玩游戏，但玩法一直是"炒菜""挠痒痒""送花"。为了继续深入这个活动，探究更多的玩法，我邀请了家长一起加入，挖掘身边的资源，请家长利用周末带着小朋友寻找身边的狗尾巴草。

周一回来后，小朋友们都带着自己的调查表回来了。

锦皓说："老师，我没有找到狗尾巴草，爸爸妈妈也不知道在哪里！"

宥宥说："我爸爸妈妈开着车带我去其他地方找到的狗尾巴草，我用它的种子做了一碗饭，因为秋天到了，狗尾巴草黄了，我还做了一个鸟窝。"

博衍说："我没有找到狗尾巴草，但是我做了调查。可以将两根狗尾巴草分别打一个圈，然后套在一起，两个人一起拉，看谁的先断。而且狗尾巴草还是中药，也可以做笼子。"

乔木说："我们可以很多人一起玩，就是将狗尾巴草放在筛子里面，几个人抓着筛子动，看谁的狗尾巴草跑得最快！"

语彤说："可以用狗尾巴草做小刺猬身上的刺！"

……

听完大家分享的狗尾巴草的玩法后，小朋友们便开始尝试不同的玩法。在美工区，小雨点拿着"简笔画碗"的图纸说："我也要用狗尾巴草做一碗饭。"乔木在美工区柜子面前东看看西瞅瞅，最后拿了一张纸说："嘿嘿嘿，我要给它贴头发！"

他们拿着各自的东西开始操作了起来，除了在撕双面胶的时候遇到了困难，寻求了我的帮助，其他的都是独立完成的。不一会儿，他们的作品就完成了，我们一起看看吧！

他们对自己的作品都非常喜欢，还拿着去和其他区域的小朋友一起分享！

区域活动结束后，在小朋友们的邀请下，他们分享了自己的做法以及使用的材料。

乔木说："这个纸是在柜子里面拿的，就是上次贴头发剩下来的娃娃。我用双面胶和狗尾巴草的毛毛贴的。"

小雨点说："这个碗也是在柜子里面拿的，先在碗里面贴双面胶，把白的撕下来后，把狗尾巴草扯成小小的，贴上去就可以了。"

区域活动结束后，我带着小朋友们一同将后院的狗尾巴草都收集到了盒子里，并放在了显眼的位置，并告诉他们："如果在区域活动中需要用狗尾巴草的话，都可以来这里取。"

每次开展区域活动的时候，娃娃家和美工区的小朋友都经常来拿狗尾巴草，没多久狗尾巴草就用完了……

🖊 三、效果与反思

刚刚入园的小班幼儿对幼儿园的一切都非常感兴趣，他们在探索、适应幼儿园的过程中发现了狗尾巴草，我抓住了教育契机，发掘幼儿潜力，激发他们对"狗尾巴草"的兴趣，引导他们从狗尾巴草的名字、特征及玩法来全方位地认识狗尾巴草。

在探究过程中，我鼓励他们利用触觉、视觉、嗅觉等去观察狗尾巴草，并在发现狗尾巴草的种子以后，不是直接肯定他们的答案，而是和他们一起观看视频解说验证自己的想法及发现。以幼儿为主，教师为辅，将权利还给幼儿，培养他们自主探究的能力。

陶行知曾说过："生活即教育。"生活中有很多富有教育意义的东西，我们应该及时发现并把握时机，抓住孩子的兴趣和好奇心，从孩子的视角出发，追随孩子的兴趣，看到真实的儿童，在真实的生活中，做真实的教育，和孩子们一起遇见最美的童年。

我的教育故事：数蝌蚪

余和香

🖊 一、活动背景

在春暖花开的季节里，小二班的李云龙和他的爸爸去郊游时捕捞了许多牛蛙蝌蚪。由于李云龙十分喜欢小蝌蚪，因此他和他的爸爸带了一些到幼儿园后花园的水池里。牛蛙蝌蚪与一般的蝌蚪有所不同，它们的个头特别大。牛蛙蝌蚪的到来给小朋友们带来了无穷的乐趣。每当自主游戏时，孩子们都会跑到水池边，或是手拿渔网来捞蝌蚪；或是拿着盆子来舀蝌蚪；或是直接将手伸入水池中去抓蝌蚪。每当孩子们自主游戏时，我也跟着来到水池边，我很好奇这些牛蛙蝌蚪为什么会有这么大的魅力吸引着孩子们来这里玩耍呢？有一天，我们中一班的孩子们不约而同地来到了水池边，孩子们有的捞蝌蚪，有的抓蝌蚪，有的数蝌蚪。但是，在数蝌蚪时孩子们发生了争执。蒙净海说："老师，水池里一共有27只蝌蚪。"李志航大声地嚷道："不对，明明是23只。"就这样两位小朋友因蝌蚪的数量而争执起来。

🖊 二、活动过程

看见这一幕，我没有回应到底谁的结果是对的。我第一时间和带班的危明老师商量，我们是否可以就此生成一个数蝌蚪的系列活动呢？

到了自主游戏回顾环节时，我就今天蒙净海和李志航因牛蛙蝌蚪数量引发的问题和全体小朋友展开了讨论。我先引导小朋友猜想：到底谁数的蝌蚪数量是正确的呢？然后老师请两位小朋友回顾了自己是怎么数蝌蚪的。最后老师引发全体小朋友思考：我们怎么去数游动的蝌蚪才会得到正确的答案呢？孩子们你一言我一语地说出自己的想法，有的说用盆舀出来，有的说用棒棒把它们赶出来，这样才不会数漏，有的说我捞一条数一条……孩子们热火朝天地讨论着，我并没有急着对孩子们的想法做出评判，只是一直仔细聆听着。

第二次自主游戏时我请孩子们用上次大家讨论出来的方法一起来数蝌蚪。孩子们跃跃欲试，都来印证自己数蝌蚪的方法。但是这一次又出现了新的问题，蝌蚪的数量太多了，远远超出了中班幼儿点数的范围。回顾环节危老师又针对蝌蚪数量太多，小朋友数不过来的问题和全体小朋友进行了讨论。孩子们就这个问题各抒己见。

第三次我专门组织孩子们开展了分组"数蝌蚪"活动。根据孩子们的需求，我们为孩子们准备了网兜、盆若干、记录的笔和纸、桶等操作材料。孩子们基于之前的经验有了新的策略，小朋友们分为若干个小组，每个组中一些人负责捞蝌蚪和数蝌蚪，另一些人负责记录。他们先把蝌蚪从水池里舀出来，然后10个蝌蚪装一盆，装成若干盆。他们一边数一边认真地记录。最后在大家的配合下，终于数出了水池里蝌蚪的数量，每个小组都用画蝌蚪的形式记录其数量，并且每个记录数量的小朋友还会跟大家分享自己数的结果。

✐ 三、效果与反思

在活动中，孩子们大胆表达自己的想法，通过操作去印证自己的猜想，孩子们相互合作，集思广益，互相学习，互相启发，最后成功地解决了数蝌蚪的问题。此次活动我和孩子们的收获颇多。老师：①根据孩子的兴趣生成了新的主题课程，这体现了幼儿园课程内容选择的兴趣性原则，做到心中有目标，眼里有儿童；②在孩子发生争执时并没有直接给出解决办法，而是将问题留到回顾环节，让大家共同讨论，一方面让发生争执的两个幼儿有被重视的感觉，能激发幼儿

的积极性，使幼儿获得满足感，另一方面让其他幼儿有了更多的参与感；③当孩子们有需要的时候，老师能够提供工具支持，并及时给予科学领域的教育建议：支持幼儿自发地观察活动、支持和鼓励幼儿在探究过程中积极动手动脑寻找答案或解决问题、鼓励和引导幼儿做简单的规划和记录、保护幼儿的好奇心。幼儿：①在对自然事物的探究和运用数学解决实际生活问题的过程中，不仅能获得丰富的感性经验，还能充分发展形象思维；

②适应科学领域中4～5岁孩子能够用图画或其他符号进行书写，对蝌蚪数量的记录能锻炼孩子的书写能力；③锻炼孩子与人交往的能力，有利于形成良好的友谊，并且在孩子观察、比较、操作的过程中发现问题、分析问题和解决问题；④能够帮助孩子们不断地积累经验，为以后学习态度的形成和学习能力的提高有很大帮助。

我的教育故事：枫树上的纸飞机

何正琴

　　区域活动开始了，美工区的小朋友们都在进行着折纸的活动。今天他们的目标是折纸飞机，不一会儿他们的纸飞机折好了，于是大家商量决定，由我当裁判组织大家到户外进行一场纸飞机的飞行比赛。在比赛的过程中，一架纸飞机突然降落在了枫树上，我想这正是一次难得的教育契机，于是在我的组织下，一次关于"拯救"纸飞机的活动开始了……

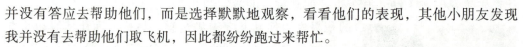

　　小朋友们看到星星的纸飞机落在枫树上了，有小朋友第一时间找到我寻求我的帮助，然而我并没有答应去帮助他们，而是选择默默地观察，看看他们的表现，其他小朋友发现我并没有去帮助他们取飞机，因此都纷纷跑过来帮忙。

　　一开始他们选择了把自己手上的纸飞机飞上去，想要用自己的纸飞机把星星的那架飞机撞下来，然而经过了几次尝试，不但星星的那架飞机还留在上面，连豆豆的飞机也同样落在了枫树上。

　　在这个过程中，由于幼儿前期经验中缺少了对重量的认识，以幼儿现有的经验，向上抛物品去碰撞目标物品肯定会掉下来，而没有意识到飞

机的重量非常的轻，没有办法把另一架飞机撞下来。对于第一种方法的尝试没有成功，他们并没有因此而放弃，而是继续尝试……

接下来，他们用跳高、抱起举高的方式去"拯救"飞机。经过几次尝试之后，部分小朋友已经累得坐在了地上，但是飞机仍在枫树上。

大家意识到了高度的问题，想要取下飞机那就得缩短地面与树枝间的距离，因此他们选择了跳高、抱起举高等方法"拯救"飞机，然而没有考虑自己的力量问题。最终因为"没气了"，体力跟不上而没能将飞机从树上"拯救"下来。

大家开始你一言我一语地讨论着要用什么方法把纸飞机从树上拿下来，突然星星对大家说道："你们快看，台阶上面有很多垫子，我们可以把垫子垫起来，然后就可以把飞机拿下来了。"星星刚一说完，小朋友们便向垫子的方向跑去，大家一起把垫子抬到了枫树下，连忙踩到垫子上面拿树上的纸飞机，这一次终于成功地把枫树上的纸飞机"拯救"下来了，小朋友们脸上充满了喜悦。

回到教室后，孩子们对游戏进行了回顾。

我们是怎么把飞机从树上"救"下来的呢？

萌萌："开始用飞机去撞，可是没有成功。"

师："为什么没有成功呢？"

蕾蕾："因为我们的纸飞机太轻了，根本撞不动，所以没有把星星的飞机'救'下来，后面还把豆豆的飞机也挂在树上了呢。"

笑笑："我们用抱还有跳的方法，但是也没有成功。"

星星："我想到的好办法就是把后院台阶上面的垫子抬到树下面，然后我们踩到垫子上面，最后就把飞机从树上"救"下来了呀。真的是太不容易啦。"

作为教师，在日常的教育教学中，时常会遇到"突发"的一些问题，我需要对问题作出正确的价值判断后，抓住教育的"契机"，开展活动，为幼儿营造自由的探究环境，让幼儿乐于探究。在整个活动中，幼儿在不断地尝试新的方法，最后借助工具，利用垒高的方法解决了地面与树枝间的距离问题，完成了高空取物，他们敢于尝试，并且团结合作，一起想办法解决困难，最终获得了胜利。而游戏中的我，相信他们是有能力的；同时，我选择等待，等待他们不断思考、探究、尝试解决遇到的问题。

我的教育故事：后羿射日

危 明

✐ 一、活动背景

在一次故事分享活动中，我给小朋友们讲了守株待兔、自相矛盾、后羿射日和滥竽充数的小故事，小朋友们对后羿射日非常感兴趣，问我能不能再讲一次？于是，我给小朋友们讲完第二遍以后，顺便告诉小朋友们关于本月要举办戏剧表演的事情，让小朋友们选择自己想要表演的故事，然后通过投票决定，获得票数最多的是后羿射日。后面我们就如何去表演后羿射日这个故事进行了讨论。

在故事分享中，小朋友们对《中国寓言童话》这本书很感兴趣，由此引发了对这个活动的探索，那么如何去表演后羿射日这个故事呢？

小朋友们虽然很喜欢这个故事，但问题就是他们不知道要怎么去展示这个故事的具体内容。因此，我开始和孩子们一起对后羿射日的故事表演进行了讨论，并针对里面存在的一些问题进行了调整。通过发现问题—解决问题—实际操作—呈现效果，我和小朋友们一起参与到每一个环节。

二、活动过程

片段一：了解故事

在前期的时候，由于小朋友们不知道怎么去表演后羿射日，因此每天给小朋友们讲这个故事，让他们了解这个故事的主要情节。我将这两本关于后羿射日的书籍投放到图书区，于是每天中午都有小朋友来问我。杨子墨："老师，我能不能去看那个后羿表演的书呀？"我说可以。第二天，余佳俊说："老师，后羿表演的那个书在哪里呢？"通过这样的方式让小朋友们主动去了解这本书的内容。

片段二：创编台词

我给小朋友们进行讲解的时候，小朋友只是单纯地走一个过场。比如说，旁白念到十个太阳在扶桑树上玩，很多小朋友都跑到台上去了。于是针对这个问题，后期我们进行了讨论：你觉得在后羿射日的表演过程中，他们需要扮演哪些角色，这些角色只需要站在台上没有什么其他的吗？就这个问题，有很多小朋友回答。刘洪位说："我觉得里面要有后羿、羲和与帝俊。"兰辰毅说："我觉得要有十个太阳。"赵家源说："我觉得要有小动物的存在。"我说："那你们觉得他们要说些什么呢？"我说："那你们觉得动物和植物以及百姓有没有台词呢？"兰辰毅说："百姓会说，就会有台词，他会说：'太阳太热了，然后把我们晒死了，庄稼也会长不出来。我们都会饿死……'"

片段三：讨论服装

确定了人物和台词以后，有的小朋友问我："老师，服装需要买吗？"我说："服装需要我们自己设计，用我们的纸去做。但是今天来不及了。"于是刘洪位问：那我能先去美工区把我想要做的服装画下来吗？我说："可以的，你可以先在美工区画下你想要演出的服装。画好了你就可以拿回去用纸做。"于是下午刘洪位和赵家源他们在美工区画起了服装。产生的问题是，很多小朋友只画了衣服就结束了，没有画其他的。针对这个问题我们进行了讨论：你们觉得表演的服装只有衣服吗？刘夕陌说："应该还会有一些装饰，比如说裙子。"我说："你觉得可以有哪些装饰呢？"韦雅秋：我觉得可以在我的头发上去画一些花环。"王莉雯说："除了衣服，我们还有裤子，还可以有手环。"兰辰毅："后羿射日，后羿需要准备射箭的弓。"

片段四：彩排

确定了台词和服装以后，我让小朋友们尝试在音乐厅的舞台上表演，适应一下这个环境。在这个过程中，排练得并不顺利，因为很多小朋友一上去就是乱玩，有的小朋友记不住自己的台词。黄锦铭他们还跪在地上到处爬。

针对这个问题我们进行了交流：在表演过程中要注意什么？刘建杰说："不要乱跑。"刘洪位说："要记住自己的台词。"

在确定了台词以及小朋友该怎么表演的事情以后，我们和家长进行了沟通。让家长参与我们的服装设计，并希望家长在家也能帮助小朋友们记台词。

通过和家长的沟通，让家长和宝贝在家里制作自己的表演服装，然后带来幼儿园。小朋友们都是非常积极热情的，尤其是带服装来幼儿园的时候还会告诉我说："老师，你看，这是我的服装，你看这个行不行？"通过这个戏剧表演，小朋友之间更加团结了，知道我们要干什么，谁做什么事情。不像以前刚开始表演时，只顾自己或者乱玩。家长在这个过程中也希望自己的孩子能够参与话剧表演，他们会问我："我的孩子有没有台词，他有没有角色？"小朋友对话剧表演是非常感兴趣的，同时也是非常支持的。

✎ 三、效果与反思

虽然这次活动没有表演给所有小朋友看，但是在这个过程中，小朋友们通过讨论和参与，觉得很自豪，因为他们是整个话剧表演的设计者和参与者。家长也希望通过这个活动，让小朋友们能够尽情地展示自己。

存在的问题：

由于前期没有做好充足的准备工作，家长对戏剧表演不是很了解，在帮助孩子记台词的时候只是让孩子单独地说他自己的那句话，所以在孩子进行彩排过程中，造成了环节和环节之间的脱节。小朋友们选好了自己想要表演的角色，但是家长的配合度不是很高。另外，在道具准备方面，很多家长觉得应该由老师一起参与服装的设计和准备。除此之外，确定好了角色，他们没有按时来园，导致人员更换频繁，表演不稳定。

后续改进：

在活动开始前，教师应与家长进行沟通和交流，确定孩子是否可以到园彩排。在条件允许的情况下，家长应积极配合教师的工作，做好引导工作，以确保活动顺利进行。

我的教育故事：球洞的大小

王　颖

✎ 一、背景

7月18日早上小朋友们户外活动时，张夏天拿着篮球站在投掷器面前，双手用力将篮球往其中的一个洞里塞，可是他怎么塞也塞不进去。于是，一个关于相对物体大小的探究由此产生。

✎ 二、过程

我逐渐走近，听见他低语："太大了，塞不进去。"他突然转过头对我说："老师，我发现这个球太大了，洞太小了，所以球塞不进去。"我回答道："那你有什么好办法，能让篮球穿过那个洞呢？"一旁玩球的张悦灵曦走过来对张夏天说："办法很简单呀，你去找一个小一点儿的球，它就可以穿过那个洞啦！"张夏天听到张悦灵曦告诉他答案后，生气地转过头说："我知道用小的球可以塞进去，不需要你告诉我。我不想和你玩，你走开！"

在整个活动过程中，我没有介入幼儿间的冲突，而是冲突后，我与张夏天进行了沟通，了解了他的真实想法后，我对他进行了引导，主动道歉是负责任的第一步。

之后，张夏天换了很多大小不一样的球进行了实验，他意识到篮球放不进比其小的洞，不然会把洞弄坏。

张夏天走到跷跷板的一边，把球放在其把手处，使劲把球往方形的把手处塞，他发现洞口太小，球放不进去。后来他将球放在跷跷板中间，球从板上滑向一方，他反复玩了好几次，然后大声地对我说："老师，我发现球在跷跷板上会滚下来。"我说："你试试放到平衡木上球会掉落吗？"张夏天听后，四处看了看。大声地喊道："我看见了，沙池旁边有平衡木，我把球放上去试试吧……"

✎ 三、总结

在整个活动中，张夏天不断地尝试着玩球，他通过投球器的大小，知道了只有比投球器洞口小的球才能投入洞中。体验了倾斜的木板会让球滚动，感受到了球的滚动带来的乐趣。在老师的引导下，他对比了球在水平的木板和倾斜的木板上有何不同。张夏天在游戏中表现得非常专注，多次球掉得很远他都会将其捡回来继续游戏。他也表现出了自己最真实的情感，如别人说出结论时他非常生气，这也让我明白了教师应该给孩子们留下自己去总结和发现的空间和时间。这样孩子将变得越来越自信，越来越有力量。

支持幼儿积极探究，提高幼儿的专注力，使幼儿成为自信而有力量的人是我作为老师最有成就感的事。

我的教育故事：玉米穗是小麦吗

王丹

🖊 一、背景

6月18日早上，我带着孩子们去观察种植区的玉米和土豆，本意是想观察楼顶蔬果对比前两天有什么变化。在观察过程中，孩子们提出了一些问题，引发了我们的讨论。当看到玉米穗的时候，张洪瑞指着玉米穗问我："那是小麦吗？能吃吗？"其他小朋友听到后，也好奇地来观察。

🖊 二、过程

对于孩子们的好奇点，我决定和孩子们一起观察小麦和玉米穗，看看它们是同一种植物吗？我在网络上购买了小麦，并带着孩子们到楼顶摘了几簇玉米穗，在生成课程里进行了观察、比较。我们先观察了两者的外观，成熟的小麦是金黄色的，每粒小麦上有一颗须子，玉米穗则是绿色和褐色的，每一颗玉米穗下有一朵小花。闻了两者的味道，小麦有一些青草味，玉米穗有淡淡的香味。抖了抖两者，小麦没有掉落什么东西，玉米穗掉落了黄色的粉末。最后，我请孩子们将玉米穗和小麦剥开，观察里面是什么样子，小麦剥开后里面是米粒，玉米穗剥开后里面有白色的小花瓣。

✎ 三、效果与反思

小朋友们认真地观察和探究两者的不同，并且通过这次活动，小朋友们知道了小麦是果实，也是种子，玉米穗是玉米的花朵。生成课程是在师幼互动的过程中，老师通过发现幼儿的需要和感兴趣的事物，不断调整活动，以促进幼儿更加有效地学习。基于孩子们对小麦和玉米穗的兴趣，通过孩子们不断地观察与实践以及我对孩子们的一步步引导，最终孩子们发现了小麦与玉米穗的区别。这次活动后，孩子们对玉米穗还是很感兴趣，经常去看玉米穗有什么变化，比如玉米穗刚开始是绿色，开花以后逐渐变成褐色，这使小朋友们更好地理解两者的不同。

✎ 四、结束语

3～6岁的幼儿对事物充满了好奇，会关注一些成人不太在意的事物，作为幼儿教师，我们要及时关注幼儿的好奇点，抓住时机，保护、支持幼儿的好奇心，让幼儿在体验中快乐成长。

✎ 五、故事照片

孩子在生成课程里观察玉米穗、小麦，并剥开外壳观察。

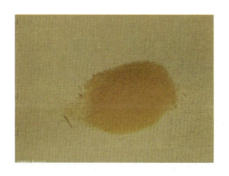

我的教育故事：书本怎么放

王丹

一、背景

刚入园的孩子，还处于适应幼儿园、学习班级常规阶段，在物品摆放常规方面能力比较弱。在一日生活中，老师会请先吃完饭的孩子取书来看，收书的时候，部分孩子将书乱放进书柜里，其他孩子看到后，也随意将书放进柜子里，导致很多书本表面损坏。

郎婉昕、周鸿敏就来找老师说："老师，他们不好好收书，书都撕坏了，乱得很。"

二、过程

发现问题后，老师介入进来，引导孩子将书一本挨着一本摆在书柜里。一部分孩子能将书本按老师的要求放回书柜，一部分孩子还是随意摆放，导致书柜里依然乱七八糟。针对孩子们的这一情况，我们进行了物品收放常规教育。我们在书本和书柜上贴了不同形状的标记，书本上的三角形对应柜子上的三角形摆放，其他书本同理摆放。贴上标记后，孩子们也很好奇这是干什么的？我们把标记的作用进行了讲解，并教孩子们认识了几种图形，学习对应图形放书本。经过一周的常规培养，一

半的孩子能自觉地对应标记放书本了，还有少数的孩子不认识标记，少数的孩子不愿意遵守常规，书本看完后随意放在桌子或椅子上。老师单独对不认识图形标记的

227

幼儿进行了引导，认识常见的图形，鼓励他们自己将对应图形的书本放回书柜。对于不愿意遵守常规的幼儿，我们采用了激励制度，当孩子将书本放回柜子后，我们给予孩子肯定，当他对应标记摆放好后，我们给予表扬，引导这类孩子下一次主动将书本放好。

三、效果与反思

经过两周的培养，大部分孩子能主动将看完后的书本放回书柜，并且能按标记摆放，他们还会监督乱摆放书本的孩子，提醒他们对应摆放好。刚入园的孩子对幼儿园、班级、老师比较陌生，需要教师耐心、细心地去观察孩子，是什么原因造成孩子不明白、不遵守常规。

我的教育故事：蘑菇从哪里来

黄 进

一、背景

端午节前，连绵不断地下了几天雨后，后花园的小木墩周围长满了小蘑菇，中二班的小朋友外出散步时发现了这个现象，班级教师陈春燕兴冲冲地来找我："黄老师，我们班小朋友在后花园看到了许多小蘑菇，你去看一下，小朋友们可兴奋了。"

我赶紧到后花园去看看，果然看到很多小朋友围着小木墩指指点点。我凑近一看，小木墩上长了好多小蘑菇。小朋友们边指边说："这是怎么长出来的呢？为什么会长在有木头的地方呢？"

二、过程

中二班的门口有一个大木槽，因为近期雨水较多，木头上长了一些木耳，楼上的露天木地板上也长出了一些黄色的菌类，孩子们对这个现象非常地好奇。每天都在园内到处寻找不同种类的菌。

在这样的一个背景下，班级教师是否可以以小朋友的兴趣点开展一个以蘑菇为主题的活动呢？老师可以购买蘑菇种植包，以蘑菇种植为引子，开启蘑菇之旅。在活动中，我们可以引导孩子观察蘑菇是怎么来的，我们可从如何种植它、蘑菇的种类有哪些、蘑菇的作用这些方面来引导孩子学习，并在孩子学习的过程中启发孩子产生新的学习内容，并以此开展新的探索活动。

班级教师与家长进行了沟通，并委托家长委员会购买了香菇、平菇、茶树菇、木耳、猴头菇的菌包。幼儿已经有了前期观察的经验，开始投入到观察蘑菇成长的过程中。孩子们一起查资料、做分享，小朋友们讨论，说："我们可以把菌子种到水里。""可以把菌子种到土里。""可以把菌子种到盆里。""可以把菌子种到树上。"为了印证小朋友们的猜想，小朋友们和爸爸妈妈一起去查阅资料，了解菌子应该怎样种植。小朋友们还观看了种植菌类的视频，在观看视频的过程中知道了"种植菌类需要在潮湿的地方""要用湿毛巾盖着菌包""每天要给菌包浇水，但不能浇很多，水要浇到毛巾上，不能直接浇到菌包上"，等等。经过一段时间的精心呵护后，平菇和木耳长成了，孩子们兴致勃勃地摘下来，美美地吃了一顿蘑菇汤和木耳炒肉。

到了最后，小朋友们发现种植的香菇一直没有长出来。为了查找原因，小朋友们把香菇拿出来看了看，发现香菇的菌包上发霉了，看到香菇没有长出来，小朋友们纷纷表达了自己的看法。王夕睿说："可能是我们没有去浇水。"陈王紫墨说："可能是我们没有去看它。"林谢泓毅说："香菇可能是被太阳照着了。"郑成骏说："我觉得它可能死掉了。"教师在这个基础上启发孩子开展了新的探索活动。小朋友提出了把菌包掰碎，然后种在土里，教师遵从孩子的意见，与大家一起把香菇的菌包掰碎了，然后拿到了四楼平台用土埋了起来。孩子们开始了新的观察与学习。

三、效果与反思

在整个观察与学习的过程中，老师都是遵循孩子在前，教师在后的理念，跟着孩子的脚步往前走。在这个过程中，教师只是适时地给予孩子适当的支持与回应，在孩子发现问题时，不急于肯定或否定，而是引导孩子去思考解决问题的方法。在教师引导孩子的过程中，也明确知道了应当如何更好地支持孩子与启发孩子。

在蘑菇猜想这个活动中，还存在很多没有来得及解决的问题，比如孩子提出来的：蘑菇有种子吗，它的种子是什么样的？我们可以把蘑菇种在树上吗？但不是每一个主题活动，每一个儿童学习的契机都能面面俱到，事无巨细地完成。只要我们能够做到尊重孩子，我们的教育就已经迈出了成功的一步。

我的教育故事：是蚊子还是苍蝇

余舒婕

一、背景

户外活动回来，罗洪意跑过来指着自己的脚说："余老师，我被蚊子咬了一个小包，感觉好痒，我需要擦药。"这时候一群小朋友都跑过来说被蚊子咬了。张义博伸出手说："你们看，蚊子耶！"张一格说："这个是苍蝇，不是蚊子。"两人还因此发生了争执。

二、过程

我发现孩子们对"是苍蝇还是蚊子"这个问题存在争议，于是我和孩子们开展了生成性活动"是苍蝇还是蚊子"。

在开展活动前，我制作了一个简单的蚊虫百科表，让家长在家带领幼儿进一步了解苍蝇和蚊子各自的特征和生活习性并用绘画的方式进行记录。幼儿将完成的记录表带到幼儿园后，我们进行了"是苍蝇还是蚊子"的活动。刘雯芳说："我爸爸带我上网了解，蚊子和苍蝇比蚊子要小一点儿，蚊子是吸血的昆虫。"张一格说："苍蝇有很多条腿，而且腿上面有小刺。"张夏天说："苍蝇喜欢待在脏脏的地方，我们要注意卫生。"在幼儿分享环节结束后，我先引导幼儿了解苍蝇和蚊子之间的相同点和不同点，再引导幼儿认识蚊子的生活习性和危害，最后引导幼儿开展对"如何消灭蚊子"这个问题的讨论，进一步让幼儿了解消灭蚊子的有效措施。

三、总结

在整个活动中，绝大多数孩子的注意力是非常集中的，孩子们对本次活动的参与和讨论也都是非常积极的。在活动的最后，每个幼儿用绘画的方式将自己的驱蚊方法进行了记录。苍蝇和蚊子是幼儿比较熟悉且感兴趣的昆虫，它们与我们的生活有着密切的关系，是危害人类健康的昆虫。他们很想知道：为什么蚊子要吸血？为什么冬天没有蚊虫？在本次活动中，孩子们展现了强烈的求知欲望。幼儿知道它们会飞，是人们讨厌的昆虫，至于为什么讨厌以及对它们的外形特征和生活习性的了解甚少。因此，我和孩子们开展了本次科学活动，"是苍蝇还是蚊子"旨在通过多媒体的演示和师幼互动交流的方式进一步帮助幼儿了解苍蝇和蚊子的外形特征、生活习性以及它们与人类的关系。

专家评析

　　自主游戏的开展，对幼儿教师的教育观念提出了挑战，传统的"教师在前，幼儿在后"的观念需要转变为"幼儿在前，教师在后"，作为幼儿教师的我们需要"放手孩子"。但是"放手"不等于"放羊"，恰恰对教师提出了更高的要求。"做一名有智慧的教育者"是云岩一幼对本园教师提出的要求，也是其要追求的目标。

　　在追求这个目标的过程中，我们看到传统的固定且僵化的集体教学在云岩一幼被改造为各种形式的现场教学（生活或游戏现场）。例如，"遇见狗尾巴草"则让教师在户外活动中了解并追随孩子的兴趣，抓住教育契机，先让孩子利用感官感知狗尾巴草，之后通过讨论、采摘、调查等多种方式帮助幼儿了解狗尾巴草的名字、特征及玩法，在幼儿已有经验的基础上不断丰富孩子的新经验；"影子的秘密"则使教师了解到幼儿游戏中的关键经验涉及"光和影子之间的关系"后，有针对性地提供了手电筒和皮影小剧场的空间，支持幼儿在活动中迁移已有的经验，促使幼儿同游戏情境、材料互动，满足幼儿探究的需求；"蜗牛"则使我们看到教师利用"蜗牛喜欢吃什么呢""蜗牛长什么样子呢""蜗牛在哪里呢"等隐含价值的问题情境，让问题变成有意义的经验，引导幼儿对先前的经验和所获得的新经验进行有效整合，实现经验的同化和顺应，从而引发幼儿的深度学习，帮助幼儿认识蜗牛。撰写教育故事其实不难，难的是教师不断更新教育理念和儿童观，并以幼儿发展为本，尊重幼儿学习的特点，并为幼儿提供更多的支持，甘愿做幼儿发展过程中的"脚手架"。庆幸地是，我们看到云岩一幼的年轻教师正在努力着，在整个"遇见课程"实施过程中，他们还会开展"游戏案例共享""教育故事共享"式的教研活动以及课程审议，全园教师定期进行交流展示、研讨反思，为拓展思路，避免在研讨过程中形成相对封闭的思维定式。每次共享教研活动，该园均会有计划地邀请同行或高校专家进行指导评议，并采用"协同育人"的方法，欢迎高校学前教育专业学生加入教研活动，帮助学生了解学前教育动态和幼儿园实践，同时为幼儿园注入新思想和新思维。

　　行走在幼儿教育的路上，每位教师只要不断改变行走姿态，提升现场的学习力，唤醒发展的内驱力，催生成长的专业力，关注幼儿的学习与发展，一定会成为一名有智慧的幼教人。

（刘英）

第四章　有温度的管理者——幼儿园课程实践中"管理"的故事

遇见课程理念下的管理案例——我们的管理故事

传统的幼儿园课程是以目标模式进行的自上而下的管理模式，我园的"遇见课程"研究的是自主游戏课程理念下的课程模式。我国的学前教育在安吉游戏理念的影响下，已从传统的先有目标再有教学，教师以目标为中心的教学模式转变为关注儿童，以儿童学习为中心的课程模式。教师通过观察幼儿在游戏中的表现，支持幼儿的探究实践，教师以观察者、支持者、参与者的身份支持幼儿的学习，从而使自己也得到提升。这是在后现代课程观的课程模式下开展的教学方式，如何让更多的园长、老师从传统课程模式的管理中转变课程观，让家长更多地参与到幼儿园的课程建设中来，让高校的学前教育专家参与到课程建设的指导中来，让社区人员为幼儿园提供更多的资源，从而促进幼儿园全面发展。在课程建设过程中，我们开展学院专家、家长、社区与幼儿园"四位一体"合作，探索课程管理的方法、途径，探索课程管理的有效性，为更多的新建幼儿园在自主游戏理念下的课程开展提供参考。

三个关注，让幼儿园课程保障儿童全面发展。《幼儿园教育指导纲要》指出："幼儿教育活动应通过多种方式进行组织，应充分考虑幼儿的学习特点和认知规律，使各领域的内容有机联系，相互渗透，注重综合性、趣味性、活动性，寓教育活动于生活、游戏中。我园在课程实施过程中严格将《幼儿园教育指导纲要》精神落到工作实处，我们围绕幼儿园的培养目标，培养"身体棒、习惯好、爱探索、善表达、爱祖国的中国娃"。在实施中做到三个关注：一是关注幼儿的身心发展特点与需要。基于幼儿的经验与生活，以幼儿的发展需要为前提，关注幼儿现有发展水平、现实需要，具备挑战性、前瞻性和拓展性。二是关注课程价值的多重性。遇见课程关注幼儿身心发展的需要、教师专业成长的需要、课程完善与发展的需要等多重课程价值，以促进课程内容价值的提升。三是关注全面发展，任何牺牲幼儿全面发展的做法我们都是反对的，如单一的训练，片面强调幼儿某种能力或知识的提升。我们要尊重《幼儿园教育指导纲要》提出的各领域的平衡，理解幼儿教育的启蒙性。

专家引领，一周一研，使基础性课程形成良好的教学秩序。一是研时间：新建的幼儿园教师年轻化、管理团队的经验缺乏，最重要的是抓好一日活动，让幼儿的一日活动与国家方针政策相吻合。作息时间表也是我们研究的重点。我园的一日活动安排经过三次修订，过去以为自主游戏就是户外活动，就等同于体育活动，作息表中没有体育活动时间。我们边研边改，最后我园的作息严格按《幼儿园工作规程》做到两小时户外活动，其中一小时体育活动。在一日活动中坚持以游戏为基本活动，保障了一小时户外自主游戏时间，一小时室内自选游戏时间，减少了集体教学时间和幼儿消极等待时间。二是研空间：在开展自主活动时，我园在贵州师范学院教育科学学院专家的带领下一周观察一次幼儿户外游戏，根据老师和幼儿的反馈进行讨论。三是研材料：贵州师范学院教育科学学院教授到我园与一线教师共研游戏，专家每次都会蹲下来近距离观察孩子们。孩子们的变化、成长都在学院教授的心中。老师在他们的专业引领下更加珍惜与幼儿相处的时光。他们也蹲下，聆听幼儿的声音、分析幼儿的需求。这样一来，我园在专家的带领下，每次组织自主游戏都能提出下一次要准备的材料，幼儿园变得活跃起来，不再像以往，一学期才创设一次环境，现在的材料因幼儿的需求而变，所以出现天天换、日日新的现象。四是研教法：过去教师以教为主，关注点是在自己的"教"上，经过学习，教师接触的经验主义、后现代课程观、活动教育的思想，这些理论无不是以幼儿学习与发展为主体的。所以，我们边实践边创新，教师逐渐学会和幼儿一起观察、一起体验、一起发现学习。教师学会让幼儿自己发现问题，自己解决问题。幼儿在教师放手的同时慢慢变得主动、积极、独立、能干起来。

遇见课程理念下的参与案例——家长、社区的参与故事

一是亲子活动让家长走进幼儿园，了解幼儿的学习、游戏、生活。我园开展了丰富多彩的亲子活动，如二十三天阅读打卡，形成亲子阅读的好习惯；与家长一起走进贵州省图书馆，拓展家庭教育的边界；亲子种植让孩子和家长在幼儿园留下属于自己的花草树木；亲子劳动日和孩子一起劳动养成爱劳动的好习惯；等等。通过这些活动家长认识到幼儿教育不只是学习。二是家长参与"中国文化日"让优秀传统文化浸润童心。我园通过"丫丫小广播""端午节""六一庆祝会""元旦游园日"等活动让家长来园与孩子一起感受中国的美食、中国的游戏、中国的成语故事、中国的书法、剪纸艺术的美。孩子与家长一起体验中国文化之大美。三是社区的大力

支持让幼儿园的教育跨过围墙。

　　无论是秋天的叶子还是春天的花，中建住宅小区无时不散发着迷人的魅力。幼儿园充分利用社区资源让孩子走进社区，孩子们捡一片银杏叶可以编出一个故事，登上社区的舞台可能成就一个未来的舞蹈家。在社区的大力支持和帮助下，我们的孩子、我们的教育理念融入了社区大家庭。"六一小画展""丫丫小广播""中秋文艺汇演""学雷锋社区服务""开放绘本""老党员到我园讲故事"等活动，你中有我、我中有你。孩子们成了社区的小明星，幼儿园成了凝聚社区群众的爱之家。

　　在云岩一幼建设中、在"遇见课程"的探究中，管理者有太多的感受。例如，我园的物资管理者杨静，在采购幼儿园物资工作中，根据过去以教为主的教学模式，她一学期采购一次教学所用物资，中期进行适当添补，此项工作就基本完成了。在"遇见课程"孩子理念下，采购内容是以幼儿的需要为主进行的。教师听幼儿的声音，后勤人员听一线老师的声音，往往每个星期都有要购置的物品，这无疑给后勤教师的工作带来了许多困难。我园的维修管理人员在"遇见课程"理念下不断地根据幼儿的需要加工制作玩具，如给框装上轮子，便于孩子运送积木；制作钢架给孩子当脚手架；将轮胎连接在一起便于孩子滚动；等等。院子里的小厨房在孩子们的需求下变了又变，种植园的植物从单一的品种到按孩子的喜好去种植，每一种都是我们的课程资源。我们意识到，只有诚心诚意为了幼儿，才能创设与幼儿发展相适应的环境，才能培养出自主的幼儿和会探索的幼儿。在此，我们收集了部分管理者在课程建设中的一些案例，它们见证了管理者的课程观、儿童观、教育观的转变，记录了云岩一幼管理者努力的过程。

蒋鸿雁

主题墙怎样展示

黄进

✎ 一、背景

　　第二个主题活动已经开展一段时间了，按照惯例对班级的主题环境创设情况进行中期检测，了解各班的主题环境是如何支持幼儿学习的，开展的情况又是如何。检测当天，我与教师逐班进行检查和了解，发现各班的主题墙都比较丰富，能够展现出主题学习的脉络，也能够明确地展现出幼儿参与的过程。但在中一班，我发现主题墙出现的问题比较多。

🖋 二、过程

因为中一班的杨琳琳是刚来我们幼儿园的新老师，对于班级幼儿以及我们的课程理念都不是很了解，所以在开展主题环境创设与班级主题活动时都沿用了在别的幼儿园开展活动的经验，主题墙面布局不美观，内容凌乱，不能呈现幼儿学习、游戏的过程，参与的过程也不明显。在与教师交谈的过程中，我了解到教师对于在主题活动中如何追随幼儿，从幼儿的视角出发不是十分理解，也不知道该怎么去做。因此，我向班级教师详细介绍了我园的课程理念，并建议杨老师可以根据平时班级开展的主题活动内容将幼儿参与的情况展示在主题墙上。这样，主题墙上的内容就会有序和丰富起来。

在经过我的讲解后，杨琳琳对如何将主题活动的内容与环境创设结合起来有了更清晰的认识，根据开展的情况将整个主题墙的布局与内容进行了调整。能够让其他人来到这个班级就知道教师在开展什么样的主题活动与开展的过程是怎样的。

🖋 三、效果与反思

通过组织教师共同参与到环境的监测与评价中，帮助教师去发现其他班级的长处，认识到自己存在的问题，这样能够让教师更快地成长。

幼儿园每个学期都会面临教师的新老更替，那么如何帮助新加入的年轻教师尽快地适应我园的教育理念，并在教学过程中实施，是我们应当思考与改进的问题。

安全管理孩子也能参与

张妍

🖋 一、背景

《幼儿园教育指导纲要》中提出："幼儿园必须把保护幼儿的生命和促进幼儿的健康放在工作的首位。"由于幼儿年龄小，而且好奇、好动、好模仿、具有想象力和冒险精神，同时由于他们知识经验缺乏，往往会导致许多安全事故的发生。作为幼儿园教师应该先保后教，把保护幼儿的生命和促进幼儿的健康放在首要位置。正因如此，我们幼儿园对安全工作非常重视。以往的安全工作我们是基于成人是保护者的基础上进行安全工作的，如每日行政后勤安全排查、班级安全教育、对家长进行安全宣传等。我们也从未想过让孩子们参与到安全管理中来会产生更好的效果，直到在一次安全排查中，班级老师的行为给了我很大的启发。

二、过程

一天，我在三楼平台排查安全隐患，正遇上大班小朋友也在三楼平台开展自主游戏，孩子们有的玩轮胎，有的搭积木，其中一个孩子用轮胎模仿开车，滚着轮胎四处游走，滚到围栏边时他突然停了下来，试图踩着轮胎爬到围栏上去，我正要出声制止，便看到大一班的老师正在用手机记录孩子们的活动情况，准备在活动结束后进行反馈。我转念一想，如果我现在制止了孩子的危险行为，对我而言仅仅是成功解决了一次危险事件，对孩子而言他们也只是现在不犯，可能转头就会忘记，过后又出现同类现象。我园自开园以来一直提倡"处处皆课程"的理念，那现在这一幕是不是也能作为一个很好的课程呢？这一想法产生的同时，我用视频记录下孩子准备踩上轮胎爬围栏的一幕。等孩子们游戏结束返回教室进行游戏回顾与反馈时，我让老师播放了这段视频，并让孩子们针对这一行为说说自己的看法。孩子们各抒己见，有的说"爬这么高掉下来会摔跤的"，有的说"会从围栏上掉下去的"。接着我又问孩子们，我们应该怎么做才能远离危险？孩子们纷纷表示"不爬高处""不能翻越围栏"等。最后我让孩子们想想，可以怎么做，能很好地提醒小朋友、保护小朋友的安全？孩子们集思广益，想出了把围栏修高、贴一个警示牌等的好方法。我们幼儿园安全小组的领导也对此进行了研究和讨论，最后决定在围栏上增加一个防护栏，高度增加了，就能杜绝孩子从围墙上翻越坠楼的风险。

三、效果与反思

由一个孩子的安全教育变为所有孩子的安全教育，由教师的单向安全教育变为孩子和教师之间的双向安全教育。化孩子的被动为主动，发挥孩子的主体性作用，让孩子自发讨论，发现问题并找到解决的方法，以达到安全教育的目的。这次活动后，我经常在一旁观察孩子们的活动，捕捉记录他们的不安全行为，然后与班级老师配合，让孩子们主动去发现问题并想出解决和规避的方法，让孩子们真正参与到安全管理中来。

安全管理是幼儿园工作中的重要组成部分，让孩子们化被动为主动，成为安全管理中的一员，我相信我园的安全系数会变得更高，孩子和教职工能安心地在幼儿园生活和工作，家长也能放心地把孩子交给我们。

收纳的学问

杨静

🖊 一、背景

我园在开展户外自主活动以来，园内游戏材料增加了滚筒、爬架、沙池玩具、安吉建构积木、安吉螺母等。孩子们在幼儿园最享受的时候，可能就是和小伙伴们一起玩建构游戏吧！但是孩子们开心地建构后，面对一地积木却是老师最头痛的问题，原因是建构游戏结束时的整理环节常常会出现许多问题。例如，幼儿缺乏整理收纳的意识、游戏后不能自主收纳整理、积木拿出来放不回去、不是所有班级的孩子都能分类摆放、教师留给孩子收纳积木的时间不足等。面对这些问题，在幼儿园经费允许的条件下订制不锈钢收纳架用于收纳安吉积木。

🖊 二、过程

寻找收纳架位置、实地测量尺寸、开始设计钢架形状。一个头大的问题出现：需要做多高、多少层、每格多宽、能摆放多少积木都不能确定。正无从下手时，蒋鸿雁园长说出一个她口中的"笨办法"：将需要收纳的玩具在地面摆放好实地测量确定。我忽然眼前一亮，请来大班小朋友一起商讨建构的玩具应怎样放合适。有的小朋友说"按积木长短分类"，有的说"按方圆分类"，有的说"可以按厚薄分类"，孩子们七嘴八舌地商议着，遇到问题开动小脑筋寻求解决办法。自行组队尝试着对安吉积木按积木形状进行分类。经过半个小时，一堆杂乱的积木按长、短、方、圆、厚、薄、异型的分类整齐摆放在操场上，我惊喜之余拿来量尺，与小朋友一起对每类造型的积木进行长、宽、高的测量，得到多组数据后，不锈钢收纳架做好了。某天请来大班幼儿一起把积木放进收纳架，这时只听一位幼儿说："好难放啊，放高了就倒了，怎么办呢？"我把问题交给他们一起讨论：应该改造成什么样才行？增加隔板、用上标记，这是他们告诉我的。于是，收纳架在师傅的帮助下又增加了隔板，一一对应地标记好放在收纳架上相应的位置。我看到幼儿在收纳玩具中自主分类、排序，取放都很方便。

🖊 三、效果与反思

安吉积木得到有序收纳，幼儿从收纳积木中得到锻炼，这也是安吉积木的另一个玩法，一举两得。

遇见课程的培养目标中有一点是要培养习惯好的中国娃，让游戏后的收纳整理成为常态，让幼儿养成良好的收纳习惯，不仅有助于幼儿形成良好的生活自理能力与意识，还是融入集体生活的表现，所以我们应该抓住幼儿这一可塑性很强的阶段，帮助幼儿养成整理收纳的好习惯，并且让他们形成分类摆放玩具的意识。我认为教师应该多让幼儿参与归类收纳的活动，并且我们在区域的环境创设中应该有所体现，在物品上都贴上标识，平时也可用一些手指操、歌谣增强孩子的收纳意识。这些对幼儿有一定的暗示作用，易生成隐性的课程，对孩子的责任感培养方面也有长远帮助。

初遇螺母

蒋鸿雁

✏ 一、背景

2021年10月，云岩区在创建双普县的工作推进中给各公办幼儿园配备了许多玩具，我园得到了一直很想购置的三套安吉螺母玩具，全园教师看到这么多新玩具高兴极了。怎么投放这些螺母玩具呢？放在哪里才能让孩子们玩得好呢？放在哪儿才能让我园的环境投放更有效呢？带着这些问题我们进行了尝试。

近两年，我园老师发现三楼平台是孩子们不经常玩的一个空间，虽然之前投放了安吉积木、皮球、轮胎，但由于场地小，玩具的量少，孩子们在这里玩得不尽兴。针对这一问题前期我们一直没有找到解决的方法。

二、过程

看到这些新来的螺母玩具，我觉得找到了孩子们在三楼平台玩的时间不长的"解药"。因为三楼平台只有120平方米，而且有护栏，不能玩运动量太大的项目。螺母玩具比较安静，需要的空间不大，正好适合这个场地。前期幼儿园利用楼梯脚安装了放置积木的防雨柜子，正好安放这些螺母玩具。我们将螺母放到了三楼，我迫不及待地请了十余名大一班的孩子到三楼平台来"试新"。

孩子们看到新玩具开始猜测，这是什么？这怎么玩？有人拿着单块的积木开始想象，"这圆形的好像方向盘"，紧接着就学着驾驶员的样子手握"方向盘"直接跑一圈。有一两个女孩子发现方形的积木说，这像小凳子，接着说："我加一块长的积木可以变成一把椅子。"接下来有的孩子发现了绿色的螺母，看到了玩具中配的红色拉绳和黑色的滑轮。他们不知道怎么玩，就开始向我询问："老师，这是用来做什么的？"我想让孩子的经验得到迁移，便说这很像我们花园中水池上面挂的滑轮和拉索，孩子们好像明白了什么，又转移了视线玩别的去了。

我发现男孩子们更多地选择了大块的积木，其中有三位小男孩很快将长长的板子取下十块左右，取出四块相同的螺母拼成了一个正方形，正方形用螺母固定以后，又在框架上整齐地固定了一块块长条形的板子。他们分工合作，有的拿材料，有的拧螺丝，非常投入。

我观察了10分钟后，发现孩子们渐渐地有了更多的玩法，有一位小朋友利用两个圆形当"自行车"的轮子，上方又加了一个圆形当作自己的小单车，小单车做好

了，不停地在场地上"试车"。

　　我为了试一试螺母玩具的松紧，也试着玩了一下，我将一个圆形与一个对称的形状用螺母固定在一起，看起来很像一个人的头和身体。当我有了这样的一个举动后一位小朋友对我的作品产生了兴趣，我便和他商量了起来："这个机器人还缺什么呀？"他说："缺脚。"于是，他去找来了两个圆形的齿轮。看着他很有想法，我便悄悄地离开了。

我远远地观察他，发现他不断地将螺母拧紧，然后又将"机器人"立起来。当他感觉"机器人"能跑时，脸上露出了甜甜的笑容。我看着他的作品也由衷地感到自豪。我又和他聊了一下，看看"机器人"还缺什么呀？他又去取了两块短一些的条形板和手形板，专心地拧起来。

　　当我感觉他的作品非常完美时，在视频中"机器人"的头却有点往下耷拉，他便一次次地将机器人放下进行修理。他认为固定好以后可以推着机器人走，这样反复了好几次。我真的非常佩服他的耐心和毅力。

　　不知不觉孩子们玩了40分钟，眼看要到家长们来接的时间了，我非常担心没有做好玩具的标识，孩子们能收拾好吗？我喊了一声："孩子们，爸爸妈妈要来接你们了，我们收拾一下玩具吧。"只见孩子们用小推车收集地上的螺母，送到柜子旁并放在架子上。孩子们将积木放得很整齐。其中，有两组小朋友对我说："老师，我们的风车可以保存吗？""我的单车能保存吗？"我也主动提出保存会走的机器人，希望他逼真的形象能激发其他孩子的想象力和创造力。

✏ 三、效果与反思

　　通过今天的第一次尝试，三楼平台投放螺母非常适合，大班孩子的教室就在旁边，更方便孩子们在此游戏。孩子们虽然第一次玩螺母玩具，但能很快地熟悉拧和折的方法，能很好地合作和创造，这是我很欣慰的地方。当然，我也很欣赏孩子们在没有做标记之前就能按形状分类收拾好玩具，这些都是我园老师长期培养的好习惯！

活动区的变化

余和香

一、背景

　　我园即将迎接市级示范幼儿园评估检查，我对大一班的活动区进行了检查、指导。眼看市级示范幼儿园评估迫在眉睫，而大一班的区域创设总是存在这样那样的问题，老师面对问题与压力焦头烂额，不知如何下手。

　　我发现大班区域创设存在的问题主要在活动区所投放的材料上，大班活动区的材料看似比较丰富，但是和近期目标的关联性不大，提供的材料也不能体现层次性、差异性。除此之外，材料的操作性不强，不能很好地支持孩子的探索与学习。

　　针对实际情况，我不断深入班级，对大一班的活动区创设进行具体指导，和老师一起分析存在的问题，寻找解决问题的方法和措施，让老师尽量少走弯路，提高工作效率，缓解老师的精神压力，激发老师的工作热情，让老师继续保持对工作的那一份热爱。

二、过程

　　为了迎接市级示范幼儿园的评估检查，老师全身心地投入工作，班级区域环境进行了一次次的调整。今天我再一次来到了大一班，对班级的各个区域进行检查。检查中我发现，每个区域的材料都是很丰富的，每个架子上都是摆放得满满的，可见老师付出了很多努力，但是同时我也发现这些看似琳琅满目的材料对于小朋友们来说却不是很喜欢。区域活动时，小朋友总是一会儿玩玩这个，一会儿看看那个，不能很好地对区域材料进行深入地探索。

　　我意识到老师对如何科学合理创设区域、如何提供材料还不是很清楚。于是，我给老师推荐了《生态式幼儿园区域活动指导》《幼儿园自主学习区域活动指导》等书籍，帮助老师厘清思路，提升认识。

　　我又为老师提供了大量其他幼儿园区域创设的图片资料，和老师一起分析这些资料中哪些是比较好、可以借鉴的？哪些是有问题的，我们如何避免？

　　通过这种理论与实践的指导，老师渐渐明白了一些道理，发现了之前的一些误区，接着马上着手对班级区域进行再一次的调整。老师调整后，我又一次走进了大一班。我带着两位老师对每一个区域进行指导与分析。

在这一次的检查中，我发现老师在建构区增添了许多废旧物品，如纸杯、纸板、泡沫板、奶粉罐、易拉罐等。还为小朋友们提供了许多的范例图示，有的是老师建构的范例图示，有的是小朋友们搭建的物体图片，还有的是各种名胜古迹建筑图片。区域中还呈现了小组做的计划图，孩子们讨论着要做一个"中建华府"小区。有的说要建高楼大厦，有的说要建花园，有的说要建小朋友们玩耍的游乐园，还有的说要建一个大大的广场……

益智区中，老师为小朋友们准备了五子棋，但是小朋友们却不知道五子棋的玩法，所以区域中的五子棋也成了一种摆设。今天，我发现老师在益智区的墙面上粘贴了五子棋的玩法示意图，老师还为小朋友们准备了记录卡片，通过示意图与记录卡片引导小朋友们边看图示边玩耍，并将每一次对弈的结果进行记录。

就这样，我们对老师提供的材料进行逐一分析、讨论，引导老师换位思考：这种材料小朋友们是否喜欢？可以怎么玩？可以促进孩子哪些方面的发展？我还可以做哪些补充或删减？

通过一次次的实践—观察—反思—改进—再实践，大一班的区域创设日趋合理化、科学化，让区域活动真正成为小朋友们自主学习的场所。

三、效果与反思

《3～6岁儿童学习与发展指南》中强调："幼儿的学习是以直接经验为基础，创设丰富的教育环境，合理安排一日生活，最大限度地支持和满足幼儿通过直接感知、实际操作和亲身体验获取经验的需要，严禁'拔苗助长'式的超前教育和强化训练。"我们以市级示范幼儿园评估为契机，重在引导老师充分认识区域活动对孩子学习与发展的重要意义。班级老师在不断的实践摸索中也发生了可喜的变化。

现在，老师能够合理利用班级的每个空间创设孩子喜欢的区域，提供的材料突出操作性、层次性、差异性，并能与近期目标相吻合，能从孩子的兴趣入手，支持孩子的持续发展，孩子们也能在自己喜欢的区域进行深入地学习与探索。

大一班的活动区由于创设不是很合理，小朋友参与性不是很高，到后来老师能结合小朋友的需要和近期目标提供具有操作性强，同时体现层次性、个别差异性的材料，使我也深深感受到作为幼儿园的管理者，作为一个相对有经验的老教师，应该随时深入班级，了解老师的困惑，给予适时、适当、持续的指导，这样可以帮助老师少走弯路，提高工作效率。

幼儿园处处有课程

蒋鸿雁

一、背景

我园从 2018 年 12 月开展课程研究以来已有三年多的时间了，我在思考我园的"遇见课程"究竟有哪些与其他幼儿园不一样的地方呢？幼儿园的各种资源是否为幼儿发展所用？我认为这是值得我们管理者思考的问题。

我园教师虽然年轻，但能利用幼儿园小花园、水池、一米菜园等自然资源，生成了许多值得我园继承和发扬的班本课程。例如，"数蝌蚪""数桃子"等主题探究活动。这些来源于幼儿的兴趣和发现，教育支持和拓展的主题，形成了一个个鲜活的、引人入胜的课程故事。但是，由于我园是新建幼儿园，编制有限，目前只有三个在编教师在一线，后又有四名聘用教师离开我园，这让我非常遗憾！如果幼儿园的教师队伍不稳定，年轻教师来了又走，那我们的课程理念就不能传承和发展，幼儿园的教学质量无疑会受到很大的影响。为了让遇见课程的理念得到更好地延续，让老教师和课程管理者更好地了解班级教师教育观念及课程观，我们商讨决定本学期我园尝试以主题审议的形式开展诊断式课程评价。希望通过这一形式将好的经验和做法传递给新入职的老师，也想以此为平台，给教师展示自己追随幼儿的鲜活案例。

二、过程

当我提出"主题审议"时，老师不明白是什么意思，也不理解为什么要审议。我给教师讲了瑞吉欧方案教学中教师互助模式的优势后，老师都抱着试一试的态度开展此项工作。

为了让我园的课程发展方向正确，我们在主题审议时还主动邀请贵州师范学院教育科学学院的专家对教师构思的主题进行评议。老师将自己在班级中观察到的，幼儿感兴趣的事和自己觉得有可能发展成有价值的主题线索，拟订初步的主题网络图，设计主题可能会涉及的领域内容及初步目标。经班级中的两位老师和孩子们协商后，由一位老师将班本课程思路做成主题汇报的 PPT，在课程审议会上讲给全体教师和学院的专家听，并对主题给予补充和修正。

在讨论中，老师认真地讲述自己观察孩子的兴趣点，如"我们班小朋友在散步时发现了小路旁的木桩上有白色的小蘑菇""我们班的孩子喜欢在洗手时玩水，半天不出来"等。他们呈现了自己的主题发展的来源和思路。讨论中，专家和管理人员直接了解了老师的想法，专家和管理者及时向教师提出理念及实践中的方向问题，开展过类似主题活动的教师也将自己的经验和"前车之鉴"讲给提出主题的老师听，让他们在主题发展中更能切合实际，使主题顺利发展。在老师的交流分享中有经验的老师得到了展示，新教师获得了经验。例如，有的教师对孩子的年龄特点把握不好，主题提得很大，如"保护环境""交通工具"等主题，有经验的老师会建议年轻教师可以从孩子们身边的，最接近孩子生活经验的内容去选择，如"汽车嘟嘟嘟"比"交通工具"更适合小班的孩子。

由于在研讨中管理者已了解了各班将开展的班本课程，这有助于管理者支持全园课程的发展。我也对每个班正在发生的课程内容进行跟踪和关注，如幼儿园能不能养小兔子？幼儿园能不能给小兔子买个秤，每天称一称它的体重？幼儿园的后操场能不能搭个小厨房？……作为园长我会最大限度地从物质和精神上支持老师发展班本课程。

在幼儿园的支持下，老师和孩子们做着自己想做的事，如陈春燕和孩子们对小兔子的食量和体重进行了记录和统计，孩子们学会了观察，增加了孩子们的责任心，家长们热心地参与了班级的饲养，为孩子们提供各种资源，在此过程中了解了现在的"教育"与传统教育的不同。

三、效果与反思

班本主题探索完成后，我们会请教师及时总结班本主题活动的经验。在总结中，老师看到了在自己和孩子的策划下取得了显著的成效，如在"国培"项目的接待中，我园只有一年经验的老师激动地向国培学员讲述自己开发的班本课程，他们的脸上充满了骄傲和自豪。他们的讲述受到了"国培"班的园长和老师的高度评价。

在"课程审议"过程中，我看到了新教师的成长，看到了课程开发的新形式所产生的效果，找到了让我园教育理念落到实处的方法。这将让教育更符合我园孩子，让教与学更有质量。目前，我园已初步形成了班本课程资源包，我们还会将这些课程用扫码的形式，让我园开发的课程随时得到发扬，让家长、以后的新教师了解我园生成的生动鲜活的班本课程。

如果我园能坚持这样做下去，我园的老师将越来越有自信，我园的课程将越来越有根。我园的课程才能真的有特色。

明明摔伤后

——关于幼儿在园意外受伤后引发的幼儿园处置流程的调整

何莹燕

🖉 一、背景

提升幼儿园管理实效性相信是每一位园长关注的核心问题，怎样才能在幼儿园里营造一种温馨、和谐且高效的工作氛围呢？在我由原来的一名分管教育教学的保教主任成为一名分管一所办园规模 10 个班级的执行园长时，我认识到不断提高幼儿园工作实效性是作为一位幼儿园管理者的主要工作任务。

🖉 二、过程

开学初，大班的孩子们在户外自主游戏活动快要结束的时候，胡老师提前带领几个今天值日的小朋友回教室做餐前准备。徐老师带领其他幼儿回教室。上楼时，走在前面的天天，脚下踩空摔了下去，趴在了楼梯上，徐老师赶忙跑过去，发现他的嘴巴流血了。徐老师赶忙把孩子送到保健室，经保健老师的初诊，上牙龈裂开了一个口子，需要送往医院治疗。徐老师虽然是事故的第一目击者，但是张老师是今天的执教老师，她在与徐老师进行简单沟通后，跟随保健老师去了医院。

天天到了医院后，经医院诊断，伤口不深，口腔愈合很快，不需要缝针，孩子不会有太大影响。下班后，两位老师带了慰问品到天天家中探望。天天的家长对老师表示理解，但心里有一点儿情绪：为什么我的孩子受伤了，幼儿园连个管事的领导都见不着？幼儿园怎么这么不重视？晚上回家后，徐老师将事件经过写了书面材料交给保健老师进行归档。但是过去一天后，幼儿园当天值班老师因为没有及时得到执教老师及保健老师跟进消息而不悦，保健老师及执教老师觉得事情没有那么严重，疏忽了汇报，也很委屈。

经过这一事件，作为幼儿园园务管理者的我，不禁引发这样的思考：在意外发生时，我们应该如何解决呢？于是，我向幼儿园的保教主任、保健老师、安全员、教研组长、带班老师发出邀请，大家一起开展研讨活动，我们成立了幼儿园应急流程研究小组。由流程课题组成员中主管安全的主任与教师组成，梳理原有预案，将存在的问题简单整理。然后，组织大家进行研究与讨论。在课题组研讨会上进行公布与讨论：原有的预案究竟存在哪些漏洞，什么样的规定更便于一线教师高效执行。同时，我们向专任教师开展问卷调查，征集应急流程方案的修改意见，汇总分析调查结果，确定思路后，自下而上征集教师的意见。最后，经过全园的研讨后，我们对预案进行了重新修正，为帮助教师在最短的时间里做出科学准确地判断，更好地处理事情，我们改变了原有预案流程较强的描述性，在意外发生时，老师报告保健老师→告知家长→就诊→探视幼儿→撰写报告存档→回访幼儿→应急小组形成处理意见。

除此之外，还明确了上报顺序：值班老师→保健老师→带班老师同家长联络告知病情并组织好班级活动。流程不但规定了上报顺序，还对上报环节的各个人员的职责进行了明确的分工。为了更好地还原事故的经过，为后续工作开展提供可靠依据，意外事故流程里明确规定了事故发生时在现场的教师与保健老师、当班应急小组领导一起陪同幼儿前往指定医院就诊；明确了在诊疗过程中相关人员各自的职责以及注意事项，也清楚地规定了医药费由幼儿园保健医生缴纳。最后，建议班级教师在事故处理当天带慰问礼品（向幼儿园安全负责人申请）到幼儿家中探望，如遇严重事故，园内应急小组领导应随同家访，和家长交流时应注意态度诚恳，分寸合理。

🖊 三、效果与反思

俗话说："千里之堤，溃于蚁穴。"这起在每所幼儿园都会发生的事故，在通过自下而上收集意见，开展广泛的研讨后，最终形成适合我们自己幼儿园的幼儿意外伤害处置预案。这种方式在打破了幼儿园原有的领导"一言堂"、制度、预案"摆样子"的现状，充分体现幼儿园管理民主化及参与性。调整应急方案后让大家都感受到了工作机制实用、有效的重要性。

幼儿园的管理效率提高了，教育效率自然也就提高了，孩子们健康快乐地成长也就变为现实了，孩子发展了，家长满意了，社会认同了！

走进畅游日 大手牵小手

杨秀敏

9月6日早上，大二班的小朋友入园时看到有很多陌生的小朋友在哭，值班的我听到他们在讨论今天上学怎么有那么多小朋友哭呢！小宇跑过来对我说："老师，我带你去看一下吧，他们好伤心呀！"我跟着大二班的小朋友来到了小一班，果然看到很多小朋友在放声大哭，我凑近抚摸着孩子，玉洁也拍了拍小朋友的肩膀，说着："你怎么哭了？"不要哭了，姐姐来抱抱，这时小馨对玉洁说："我们上幼儿园时也哭过。"玉洁说："对了，原来哭的是小班的弟弟妹妹，这是他们第一次上幼儿园，所以他们才会哭。"

大二班的小朋友们对于这个现象非常好奇，便开始交流着，怎样才能不让弟弟妹妹哭呢？作为管理者的我得到了启发，是否可以追随小朋友们的兴趣点开展大手牵小手的活动呢？于是，我通过组织老师分析、讨论，结合我园"遇见课程"围绕如何以大带小的形式来开展活动。

《幼儿园教育指导纲要》指出："幼儿园要开展丰富多彩的户外游戏和体育活动，培养幼儿参加体育活动的兴趣和习惯，增强体质，提高对环境的适应能力。"户外活动是幼儿园体育活动的重要组成部分，是对幼儿进行综合素质教育的重要内容，也是幼儿一日活动中的重要环节。为了让幼儿成为活动的主导者，满足幼儿自主性的需要，为此我园在每周五早上开展畅游日——大手牵小手活动。

为使畅游日活动得到有效开展，老师根据区域点的创设和各年龄幼儿特点提前制订了活动计划。首先是确定了区域点，其次是人员分工，将幼儿园的行政、后勤、保育老师、一线教师均安排在不同的区域点，再次是孩子们通过以大带小于周四下午进行结对，相互认识，孩子们提前到各点进行参观，了解区域设置，并制订出自己的区域计划，最后就是各个人员职责的遵守、活动材料的准备等（见表4-1）。

表 4-1 遇见课程之畅游日

准备时间：星期五上午（9:00-9:20）
1. 配班教师到各场地做准备工作（摆安吉木架，将轮胎、轮胎车、竹梯拿出来，打开各户外柜子的帘子）
2. 带班教师组织幼儿做准备工作（如厕、穿雨衣）
3. 中大班带班教师带领幼儿到小班带弟弟妹妹
游戏时间：星期五上午（9:20-10:20）
1. 各位教师及保育员随时关注幼儿活动，将过程中遇到的问题用照片、视频、表格记录下来
2. 各场地教师及保育员关注安全情况（材料是否安全、游戏是否安全、幼儿是否有规则意识）
结束时间：星期五上午（10:20-11:00）
1. 10:20-10:40，各场地教师与幼儿共同整理玩具
2. 10:40-11:00，各班教师组织本班幼儿展开讨论，回顾幼儿游戏

前操场	安吉木架及攀爬架	提前摆好安吉木架及攀爬架	杨静、张妍及小一班实习生		
	积木	掀开帘子方便幼儿拿取	杨秀敏		
	沙池	检查材料是否整齐	晏会、吴金桃		
	滑滑梯葡萄架	检查滑梯、秋千绳是否存在安全隐患	唐双燕、陈荣慧		
	涂鸦墙	准备水粉颜料及画笔、抹布、搓衣板	蒋鸿雁、文莉珍		
	垫子屋	检查是否有楼梯方便幼儿拿取	刘文		
	巷道及小单车	检查物品标志、玩具材料数量是否充足	穆欣悦、曾洋		
后花园	小厨房	检查食材是否到位，提前（星期四）告知厨房做好准备	张艳		
	小水池	检查玩水工具是否有损坏	柏贵菲		
	木工坊	准备标识及流程图	李睿		
一楼过道	小班乐高墙及门厅	检查玩具是否有破损	冯彩		
四楼平台	Cs	检查枪械材料是否有缺失和损坏	彭惟楚		
	泥工坊	检查泥巴的湿润程度，控制水量关注天气和温度是否适宜开展泥塑活动	景十月		
	积木	掀开帘子，准备不同搭建方法的作品例图	龚国雪		
音乐厅	小剧场	小二班	成洋及本班实习生詹慧中		

温馨提示：

周四下午各场地教师需提前检查材料是否有损坏或缺失。

周四下午带班教师介绍畅游日活动，中大班带班教师带领幼儿到小班游戏伙伴结对。

　　上午 9:00，畅游日正式开始，孩子们从自己的教室走出来，有的奔向心仪区域点，有的走到小班去帮助弟弟妹妹穿雨衣，带领弟弟妹妹讨论喜欢的游戏区域进行合作游戏。

　　畅游日结束后，各区域存在什么问题呢？怎样才能知晓呢？我通过组织老师进行在线汇总，将发现的问题进行梳理，以备下一次畅游日的有序开展。

　　畅游日活动——大手牵小手可以给孩子提供一个适宜的交流平台，有利于相互间的交流与合作，相互间的有效学习，相互间的自然模仿。在活动中，孩子们相互关爱，彼此相依，大孩子收获了责任心、自豪感，小孩子懂得了合作与感恩。

　　教师要创造机会，使幼儿能主动、友好地与他人交往。我们的课程就在孩子的一日生活中自然地产生和进行着。在生活中，我们和孩子们一起发现自己，一起体验游戏，一起分享快乐。著名教育家陶行知说过："小孩子最好的先生，不是你，也不是我，而是小孩子队伍中最进步的小孩子。"让幼儿带幼儿，是以小孩子的思维带小孩子，这样能促进幼儿的交往，让幼儿体验分享、互助、合作的快乐，促进孩子成长的方式有很多种，我们一直在路上。

攀爬架高吗

杨静

一、背景

幼儿园三楼平台有个半圆形的攀爬玩具，很少见小朋友玩，我好奇地问为什么？幼儿回答"太矮，不好玩""爬上去没意思，又不能跳下来"，什么样的攀爬架是幼儿喜欢的呢？三年来，我园课程实施以"尊重个体差异，鼓励幼儿通过亲近自然、直接感知、实际操作、亲身体验等方式学习与探索，促进幼儿健康快乐成长"为教育思想。为追随幼儿兴趣，我参加教师教研活动。与老师一起研究适合幼儿的攀爬架，听取与收集不同年龄段教师对攀爬架的建议及意见：有的老师说希望高一点儿，培养幼儿的勇敢精神；有的老师说周围需要进行防护，以确保安全；有的老师说可以多层次，适合不同年龄段幼儿游戏。我带着大家的建议，开始大胆进行设计、制作。不久，一个 2.5 米高的多功能收纳攀爬架成形了：共两层，且每层都是钢条连接。我不禁想，幼儿能爬上如此高的攀爬架吗？上去会怕吗？会怎样玩呢？

二、过程

大班幼儿来到操场，"幼儿园有新玩具了""哇，好高""你敢上去吗""我怕"，孩子们七嘴八舌地议论着，我有点担心，是不是做得太高不适合小朋友玩。老师在攀爬架四周垫上一层厚厚的体操垫，上面一层用木板铺上，正面和右面架上木质楼梯，做好安全防范后，教师开始讲解玩攀爬架的注意事项及要求，鼓励幼儿大胆探索玩法。第一个幼儿上去了。我仔细观察幼儿的表情：幼儿从楼梯爬上去，到了最高一层，慢慢把一只脚放在了木板上，又一只脚上去，双脚站稳，看看下面，又看看旁边的楼梯，犹豫着，最后弯腰背对人群，从另一个楼梯爬下来了。他开心地说："看，我不怕。"这时，有个女孩儿站在攀爬架上面，告诉我们她想跳下来，个头不算高的秀气小脸上透出坚毅的眼神。两个老师没有劝阻，只是立刻将小女孩围了起来，站在了攀爬架下，做好接住女孩的准备，老师默默用鼓励的眼神望着她，"砰"地一声，安全着陆，我悬着的心放下了。孩子们雀跃起来，"你好勇敢""我也要像你这样玩""我也不怕"。孩子们感受到攀爬架的乐趣，争先恐后探索着不同的玩法。从他们兴奋的样子看到了孩子从害怕到喜欢的转变过程，也看到了孩子们的潜能与胆量。"为幼儿提供健康、丰富的生活和活动环境，满足他们多方面发展的需要，使他们在快乐的童年中获得有益于身心发展的经验"是我园"遇见课程"的核心理念。

三、效果与反思

随着我园课程的深入，作为采购人员的我，改变原来埋头采购模式，尊重幼儿、关注幼儿喜好、将幼儿兴趣放在首位。注重幼儿的特点，积极为他们创设环境来开展户外游戏活动，让孩子们获得成功的经验和产生愉快的情感体验，寻找兴趣，激发幼儿学习的主动性是我的目标。

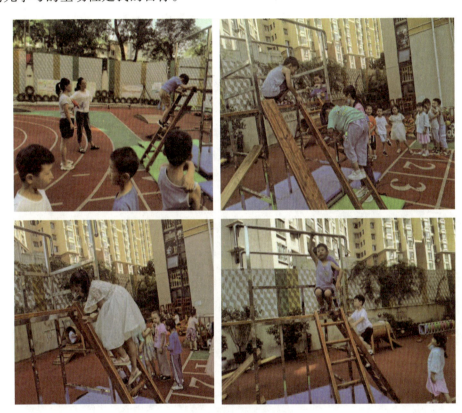

自己制定规则

黄进

一、背景

新的学期，各班开始了班级环境的创设，教师兴致勃勃地做着各种精美的装饰。大一班的危明是一位美工比较厉害的老师，班级的各种装饰总是做得非常美观。

这天晚上，我来到大一班，老师还在加班做着班级的环境创设，每个角落、每个细节都画得很精美。我发现班级的区域规则画得很漂亮，一看就是老师用心画的。

我问危明："你们已经是大班了，为什么这个区域规则不让孩子们共同商讨来完成呢？"危老师愣了一下，说："我怎么没有想到呢？确实应该让孩子们来做呀。"

二、过程

发现问题后，危老师当即停止，准备第二天与孩子们交流后再做。第二天下午下班前，危明来找我，让我上去看她们班新完成的各区域的规则。她告诉我，经我提醒后，今天与孩子们一起研讨了班级的各项公约与区域的约定，确定好后，便组织孩子们用绘画的方式完成了公约。

教师在进行班级活动时总是不自觉地把自己定位成教育者的身份，而忘了让孩子参与到班级的管理中来。在这样的情况下，就需要我们作为旁观者和管理者去很好地引导他们，让他们能够时时处处听孩子的声音，肯定孩子的选择。

来到大一班，我看到区域的规则、班级门口的公约都变成了孩子的画，孩子用稚嫩的笔触画出了他们的心声，虽然没有老师做得那么精美，但这样的作品却更加生动，也更有意义。

三、效果与反思

通过让孩子自己制定和完成公约，孩子参与到班级管理中来，对孩子形成自我管理有着很重要的意义，也能帮助孩子形成自律的性格。这样的活动也让教师能够多角度地倾听孩子的声音，帮助教师做到尊重儿童。

四、结束语

在我们的教育中，尊重儿童不是一句空话与口号，而应当落实到一日生活的每个细节中。作为教师要蹲下身子与孩子交流，作为管理人员要及时发现教师出现的问题，并给予提醒和引导。

快乐学习矛与盾

——孩子参加丫丫小剧场有感

幼儿园组织的多人合作演出项目往往是孩子们最感兴趣的，作为一名云岩一幼的家长，在得知王晟懿在学校元旦节目"自相矛盾"中扮演商贩一角，看他兴奋的模样，我们很想帮助他，让他更好地完成表演。

于是，我们观看了与"自相矛盾"相关的许多不同版本的成语故事，用动画、视频的形式让小孩初步了解成语"自相矛盾"的背景及意义，之后我们让孩子用自己的话描述关于"自相矛盾"这一成语故事的内容。在此基础上，他便很容易地记住了剧本中属于他的台词，并且大致清楚剧本内容，帮助他快速进入角色。

记住台词之后，就是反复练习的阶段，我们和王晟懿一起做了表演道具"矛"与"盾"，并在王晟懿的安排下让爷爷、奶奶、爸爸、妈妈分别扮演了剧本中的不同角色来配合他表演。可是在描述矛的锋利和盾的坚固时他总是弄不清楚，一直出错。于是，我们便告诉了他在古代打仗的时候，矛和盾各自的作用：矛的作用是要刺破防守，所以需要锋利，盾的作用是防御所以需要坚固，一攻一防……

通过多次的练习让小孩熟悉了台词，并告知他"自相矛盾"是形容一个人做事前后不一，夸大其词，无法自圆其说的意思。从而在故事最后当被人问到"用你的矛刺你的盾会怎样"时表现出张口结舌、无言以对的尴尬表情。

幼儿园通过扮演成语故事中的角色来学习成语，这一教学方法对于孩子来说是件快乐的事情。在这一活动中，他不仅明白了"自相矛盾"的含义，还提高了自身的表演能力。作为家长，我非常荣幸可以参与孩子的成长，陪伴他完成精彩的表演。

中二班　王晟懿家长

特别的毕业礼

——参加幼儿园毕业典礼有感

三年时光，弹指一挥间，作为大班的小朋友，在这个令人紧张而又兴奋的 7 月，在这个充满了离别而又有新的展望的时刻，即将告别老师和同伴，步入小学学习阶段。

回想当初你刚到幼儿园的时候，每天早上都躲在妈妈的身后哭泣，进入幼儿园后胆怯的你只能躲在老师的后面，从不主动和其他小朋友玩。起初我很是担心你的这种状态，随着幼儿园生活的开展，妈妈渐渐发现你慢慢变得开朗起来，回家后会主动跟家人讲述幼儿园开心的事情，出门也不再胆怯，会主动和别人打招呼，这一切的变化都源于幼儿园。

转眼间，你在幼儿园的生活即将结束，你人生中第一个毕业礼恰逢巧遇中国共产党成立 100 周年，在这样特殊的日子，为庆祝中国共产党成立 100 周年，弘扬党的优良传统，培养幼儿从小爱党、爱祖国的情怀，让小朋友们能有一个温馨而又特别的毕业典礼，2021 年 6 月 30 日，云岩区第一幼儿园举办了一场主题为"百年辉煌传承有我"的红色戏剧表演暨大班毕业汇报演出活动。很荣幸，你有幸成为活动的主持人并成为班级表演的领唱，作为妈妈的我从来没想过，每天回到家都会看到你认真地熟悉自己的台词，一遍又一遍练习歌曲，突然间，妈妈明白，你长大了，有了团队意识及责任心。当你接过园长妈妈颁发给你的毕业证书时，妈妈感动了，很欣慰，你的每一个成长和进步都离不开幼儿园老师的细心教导和培养，这个特别的毕业礼是你新的起点，也是妈妈最难忘的时刻！

我们和孩子一同成长，昨天，他们还是一群小不点儿，泪眼汪汪地牵着我们的衣襟，不肯松手；今天，他们快乐、自信地和小朋友们一起在幼儿园中生活、学习；而明天，他们即将背上小书包，跨入小学的门槛，像小雏鹰一样翱翔在空中！

三年来，孩子每一个小小的成长与进步，无不浸透每一位老师的心血，在未来的人生岁月中，我相信每一个孩子都会用心走好每一步，不辜负老师对他们的细心教导与殷切期望。谢谢幼儿园及无私奉献的老师们！

大二班 何梓骏家长

自相矛盾

教育戏剧糅合了教育和戏剧两大元素，以戏剧为导向，让孩子在戏剧中快乐成长，让家长从孩子身上看到更多的发展空间，也让幼儿园的课程更加丰富多彩。作为家长，我们认为这种浸润式的教学手段能在幼儿园出现是非常新颖的，孩子对于戏剧的体验也是记忆犹新的。

我的女儿叫喻悦灵，现在就读于云岩区第一幼儿园大班，在中班时期的幼儿园活动中，喻悦灵参加了班级组织的《自相矛盾》戏剧表演，感受颇深。

在《自相矛盾》这个剧目中，我的孩子扮演了台词量最多且最复杂的旁白角色。作为家长，我们清楚旁白起着传递信息、表达特定情感、激发观众思考的作用。所以，我们认为让孩子在理解故事的基础上记忆故事能达到事半功倍的效果。我们先将故事及背景详细地给孩子讲了讲，并且一起观看《自相矛盾》的动画片，让孩子能够熟悉故事的脉络；然后结合台本，让孩子对故事有更深入的理解。

由于台词比较多，小朋友在记忆台词的过程中出现遗忘的问题，我和爸爸就决定用代入式的记忆方法，以演代背，我与爸爸分别饰演其中的一个角色，并且认真演绎台词，让孩子在排练中感受台词表达的感情色彩，这样能够帮助孩子在感受中记忆台词，慢慢明晰其中的含义。最开始在排练的过程中，孩子还是不能快速带入到剧情中，我们三人经过讨论，共同用玩具"制作"道具，孩子在这个过程中对台词有了更进一步的了解，这样孩子更能感受到表演中自己的主导权，也激发了她排练的兴趣。

通过这几天在幼儿园和家里的排练，孩子基本上能够复述台词了，我就开始帮助孩子在语气和语调上进行调整，同时纠正个别词语的错误。在此过程中，我们会不断调动孩子的积极性，让孩子感受到自己角色的重要，激发孩子背诵台词的欲望。

经过参演孩子们不断的努力以及幼儿园彭老师的不断鼓励和训练，孩子们终于勇敢地站在台上表现自己，《自相矛盾》这个剧目也获得家长和园方的一致好评。

作为一名云岩一幼的家长，有幸与自己的孩子参与到云岩一幼开展的教育戏剧课程当中。戏剧表演作为云岩一幼的家园课程，有效地促进了家长与孩子之间、幼儿园与孩子之间以及幼儿园与家长之间的沟通，重要的是让孩子们在戏剧的浸润中，得到更加全面的培养。

中二班　喻悦灵家长

班本课程《牙齿咔咔咔》家长参与感受

大家好，我是一名口腔科医生，也是陈海诚的妈妈，很高兴应邀到儿子的幼儿园（云岩区第一幼儿园）参加班主任老师举办的以爱护牙齿为主题的活动"牙齿咔咔咔"，我以家长的身份感谢老师，在这个乳恒牙交替的时段想到了这么有意义的主题活动，让孩子提高了爱护牙齿的主观意识，让孩子爱上刷牙，让孩子少吃甜食，养成晚上刷牙的好习惯。接着我回到医生的角色，来谈谈如何爱护牙齿。牙齿是人体的一个重要器官，它将伴随我们一生，对我们的健康意义深远。人的一生有两副牙齿，一副是幼儿时期的乳牙，一副是从6岁左右开始逐渐更换的恒牙（12岁左右才换完），不管在哪个时期，它都起到了咀嚼、发音、美观等作用。不过，在我们身边却有很少的人群对牙齿有这么深入的了解。对幼儿时期的乳牙来说，有些家长认为反正牙齿都要换，等换完就好了。在口腔医学日益发达的今天，这种想法真的太可怕和无知了。龋齿会引起疼痛、咀嚼困难，大量食物嵌塞会引发口臭，乳牙早失则会造成牙列不齐和颌面部发育畸形。有的家长对此却一无所知或者一知半解，或许更需要科普的其实是部分家长，那么作为口腔医生，我们需要给社会人群做好口腔科普。幼儿园老师正在教会我们的下一代爱护牙齿，从我做起。在此，我为老师点赞，为幼儿园点赞，感谢你们。

与此同时，我给老师提了如下建议。

（1）让家长参与其中（问卷调查），并上传和幼儿一起刷牙的照片。

（2）无龋奖励（表扬+贴纸等）。

（3）看牙经历分享（照片）等。

再次感谢老师和幼儿园的用心良苦，希望小朋友们健健康康成长，幼儿园越办越好！我支持家园共育，我愿意为家园共育贡献我的一份力量。谢谢大家！

大一班 陈海诚家长

有爱就有希望

小朋友们最期盼的节日，就是"六一儿童节"，今年幼儿园为小朋友组织了精彩而有意义的献爱心义卖活动。

5月31日早晨，女儿早早地就起床了，一直催我快点，好像有点迫不及待的样子，义卖活动9点准时开始，当我们来到义卖点的时候，好多小朋友都来了，小朋友们对这次义卖的积极性都很高。纷纷把自己平时最宝贝的东西都拿了出来，有的小朋友甚至把行李箱、帐篷都带来了，当然女儿也不例外，用自己的零花钱批发了一堆新玩具，还带了一些自己平时很宝贝的玩具。

我们找到了女儿的班级，好几个小朋友在卖力地吆喝，大家快来看一看哦，东西便宜卖，在老师的帮助下，女儿摆放好自己的义卖物品，也加入了吆喝的行列。很快就吸引了一些小朋友前来选购，"这个多少钱，那个多少钱"，"10块钱，20块钱"，"好，我拿这个，你拿那个"，谢谢你的爱心，就这样一问一答，一件件商品就这样成交了，而且献爱心的小朋友，每个人都能得到一个笑脸，吆喝了一阵，女儿见自己的物品也卖得差不多了，其他小朋友还在献爱心，甚是心痒痒，于是放下吆喝的行头，又加入了献爱心的行列，女儿从这个摊位穿到另一个摊位，像一只快乐的小鸟。每个小朋友都准备了1元、5元、10元、20元不等的爱心币，有的班级义卖花样层出不穷，有买一送一的货，还有买一样商品可以参加抽奖活动的，等等。

义卖结束，女儿身上贴满了笑脸，可见她战果丰硕。

　　两个小时的义卖很快接近了尾声，女儿把义卖收获的善款全部捐给了易地搬迁点的幼儿园。虽然这次义卖活动持续的时间并不长，但它的意义却非常深远。前来参加的家长赞不绝口，他们纷纷表示，首先，通过这次活动，在幼儿稚嫩的心田里，播下关爱的种子，让这些在爱的海洋中成长的孩子，懂得去关心和帮助那些需要帮助的人，让孩子用力所能及的方式去表达关爱，亲身体验奉献和给予的快乐。其次，让小朋友们认识 1 元、5 元、10 元、20 元，知道了钱可以用来买自己需要的东西。再次，可以让自己平时闲置的一些物品再次发挥它的作用，而与此同时也唤醒了沉睡在心里尘封已久的感动，爱是一个口袋，往里装是满足感，往外掏是快乐感。

　　快乐的六一，快乐的成长，我觉得这次爱心义卖对于女儿来说非常有意义，它不仅为贫困地区易地搬迁点的小朋友们奉献了一份自己的爱心，还让她明白我们应该珍惜现在拥有的一切，好好学习，天天向上，争取将来为祖国和人民做出更大的贡献。

大一班　赵家源家长

专家评析

幼儿一日生活即课程。教师在幼儿的一日生活中不仅兼具教育者与管理者的双重角色，还需要边教育边管理，融管理于教育之中。因此，作为一名幼儿教师，不仅要为幼儿安排好丰富多彩的一日生活，还要管理好幼儿园的设施、设备、环境、信息、财务等，从而为幼儿提供一个安全的物理环境，同时要做到与幼儿、同事、家长友好相处、团结协作，为幼儿提供一个健康的人文环境。对于新手幼儿教师来说，面对真实且现实的工作情境有时会显得束手无策，因此将幼儿的一日生活与幼儿常规管理、安全管理、环境创设与管理以及家长工作管理等内容相结合，有利于幼儿园课程建设和班级管理。云岩一幼作为一所新建幼儿园，组织幼儿教师撰写"管理故事"，目的是帮助教师通过撰写故事，将"一日生活皆课程"的理念融入幼儿教育的方方面面，并反思自身在幼儿一日生活常规管理、安全管理、班级环境的创设与管理中的行为，掌握具体的班级管理、课程管理的方法，将幼儿园的各项管理工作融入幼儿教育之中。

教师撰写的管理故事需要我们细细品味，慢慢来读，才会发现每个故事的独到之处。例如，"主题墙怎样展示""收纳的学问""活动区的变化""初遇螺母""自己制定规则"充分体现了幼儿教师注重所在班级以及幼儿园的环境创设与管理，能充分发挥环境这一隐性课程在幼儿智能发展、情绪感染、行为激励上的积极作用，使幼儿在与环境的互动中满足自身成长的需要。透过案例，我们看到了年轻教师在环境创设与管理理念上的转变，如他们开始关注儿童的基本环境需求、幼儿与环境的互动、幼儿的参与性与发展适宜性等。通过"明明摔伤后"这一案例向我们展示了幼儿园坚持管理的民主化和教师的广泛参与性，形成了适合幼儿园实际情况的幼儿意外伤害处置预案，以供大家参考。"攀爬架高吗？"体现了幼儿园在物品管理过程中，改变原来埋头采购模式，尊重幼儿、关注幼儿喜好、把幼儿的兴趣放在首位的儿童观。"幼儿园处处有课程"则讲述的是一个关于课程管理的故事，作者讲述了云岩一幼尝试以主题审议的形式开展诊断式课程评价的过程，并希望通过此经验和做法能传递给新入职的老师，并对他们有所帮助。

幼儿园虽小，但"五脏俱全"，各项事情又比较繁杂，但正是在这种繁杂与细微之处，考验的却是教师的综合素质与能力。云岩一幼的管理者与教师能彼此信任，敢于托付，各守其责，彰显其能，在管理过程中始终坚持"以幼儿发展为本"的理念，所以才有了今天的快速发展！

（刘英）

第五章 成为更好的自己——遇见课程理念下的培训与学习

成为更好的自己

——遇见课程理念下的培训与学习

目前，幼儿园教师专业发展正在从培训导向转为学习导向，教师从被动的知识消费者转变为主动学习的研究者，大数据时代为教师自主学习提供了契机。孩子们在课程游戏中的学习品质体现在哪里？游戏的已有经验是否得到提升，在课程中老师会选择什么样的方式促进幼儿有效的学习呢？这些问题都在我们的脑海中浮现过、困惑过，也无数次出现在园本教研的讨论中，需要老师不断发挥想象、不断探索，引起关注而产生解决策略，把自信看作学习的动力，贯穿整个学习过程。

🖊 一、以问题激发教师的探究学习

随着儿童观和课程观的变革，教师越来越关注幼儿的兴趣，越来越多地在思考如何观察幼儿的兴趣以及如何将幼儿的兴趣作为课程设计的重要依据，如果每位教师都能在行动中思考和追问，那么我们的教学质量一定会稳步提高，而我们的幼儿也一定会拥有更具智慧、更具活力的幼儿园生活。

现代的教育哲学和儿童发展科学为我们树立的基本观念是，儿童是活生生的人，他和成人一样，是充满兴趣、需要、愿望的生命体，他需要被倾听、理解和尊重。

幼儿对自己从哪儿来的话题很感兴趣，在不断地讨论着、思考着，正是这一普通的问题带给老师思考与启发。如何利用家长资源保证活动课程的有效开展？班级主题墙在实施前、实施中、实施后如何充分发挥其教育价值呢？怎样才能寻找到教师和幼儿需要的材料呢？这些问题激发着老师的探究与学习。

面对这些问题，一方面可以进行教师个体的自我学习，另一方面也可以教师团队的方式进行共同学习、研讨。因为通过学习可以发现幼儿在发展中需要解决的真

实问题，通过学习可以促进学习者之间的互动，产生新的知识，获得新的经验，从而成为幼儿园集体智慧，并得以不断辐射传播，发挥其影响；通过学习可以保障这些新知识进入组织记忆，并在未来再出现相似的问题时成为选择决策或行动的基础，最终这些问题被逐步解决。

可见，教师应在工作中带着问题去实践、去研究、去学习，在积极地思考、探索过程中，使得零星的知识变得系统有序，也使得原有的知识结构变得更为完善、合理。这就提高了教师建构知识的能力，为今后的知识撷取创造了有利条件。可见，带着问题去探究、去学习，能促使教师更新教育观念，变革教学方式，改善教学行为，提高教育水平；带着问题去思考，能促使教师在反思中成熟、提升，在反思中发展自我、超越自我。

二、拓展教师思想空间的学习

思想是一种重要的力量，指引课程建设的航向。没有思想空间的拓展学习，课程建设不可能全方位展开，老师也难以承受压力和挑战并实现超越。

儿童观、教育观和教师观的变革是幼儿园课程改革的必经之路。没有思想的变革，只是形式上模仿、照搬的幼儿园课程，难以有真正的突破，难以有效促进幼儿发展。因此，只有在思想上确立了科学观念，课程改革才可能取得真正的成效。

一是园本课程初期审议学习的对话能生发思想空间。一所幼儿园如果经常有各类人员尤其是教师之间真正的专业对话和思想交流，那么一定能产生思想火花，拓展思维空间。相反，一所"一言堂"和各自为政的幼儿园产生新思想的可能性就降低了。

二是良好的阅读习惯能拓展学理空间。阅读已经成为园内各类工作人员的生活内容，成为解决问题的重要支撑，一所幼儿园如果形成了良好的阅读氛围，那么思想空间自然会得到拓展。例如，幼儿园组织教师学习《儿童发起的游戏和学习》一书，可持续发展、关系思维、环境学习观、生态原则等观念和思想自然进入大家的视野，自然会与幼儿园工作对接。由此，教师找到了一些看待教育、看待儿童和看待环境的新视角、新思想，阅读也启发教师去思考并形成自己的想法。

三是对问题的敏感和解决问题的意愿能催生思考空间的学习。在遇见课程建设中，我园能坚持问题导向，不断发现问题、分析问题并努力在实践中解决问题，引发教师思维能力和思想观念的变革和发展。因此，教师对问题的敏感和解决问题的意愿也能催生思考空间，催生新的思想。

四是对比和反思能形成新的思想空间。无论是对理论观点还是对实践状况的比较和分析，都会涉及差异分析、原因分析，都能引发教师的深入思考，形成一些新的思想。

三、有效利用多种教研形式促进幼儿园教师学习

教研的形式是多样的。本章节的实践体验式教研中教育经验出自教育实践。教师个人教育知识的产生和发展依赖于实践性学习的过程。教师不仅需要理论性学习，还需要实践性学习。无论是发现问题的过程，还是解决问题的过程，以及验证新知识的过程，实践始终伴随教研的全过程。教研的过程就是知识从实践中来又回到实践中去的过程；教研中的同伴互助，体现了知识创造和应用的集体行为的特质；教研促使教师不断地发现问题、分析问题、解决问题，这是教师学习的良机。

四、为解决问题而学习读书

教师要想快速成长，先要解决成长路上一系列可能遇到的教育问题及困惑，有了问题再有针对性地去看书，这样看书效率也会提高，对职业提升也大有裨益。结合遇见课程理念之游戏化，游戏不仅是一种实在的活动，还是一种发散的精神。玛丽·荷·艾斯的《风喜欢和我玩》是一本有浓浓童趣的绘本，也是一本具有课程意义的绘本。说它具有课程意义，并不意味着可以用它来教什么，而是它可以以问题启发教师不断拓展课程的空间，尤其是拓展教师对儿童和自然以及儿童与自然之间关系的理解。风作为一种自然资源，儿童能运用它得心应手地展开那么多游戏并且在游戏中获得新经验。绘本自然地呈现了儿童与风的关系，既有充满趣味的游戏，也有快乐、烦恼和恐惧的心理。绘本既拓展了教师思想的空间，也拓展了实践的空间。以下几点是很有启发的：第一，自然游戏是儿童所爱；第二，游戏与学习不可分割；第三，课程生发应向儿童问计；第四，资源和机会随处皆是；第五，保持童心，拥有敏锐；第六，拓展空间，增加可能。创造良好的环境，充分利用各种资源，就能引发儿童的学习和发展。就像皮亚杰的理论所昭示的，"教育工作者应该创造一种儿童可以成为主动学习者的环境，使其可以结合不同材料自由地去探索、实验，通过儿童自我选择、自我引导的活动，创造和解决问题"。观念变革是教育变革的关键所在。要有过程，在过程中学习和体验。因此，要善于寻找问题的线索和切入点去学习。

五、专家引领的学习

作为一名幼儿教师，要学会观察、倾听孩子的心声，那么怎样走进去呢？结合遇见课程院校专家引领及园本教师培训的开展，我们邀请贵阳幼儿师范高等专科学校的张琬婧进行了名为"读懂孩子"的专题培训。通过案例的方式呈现发生在幼儿身上、教师身边真实的故事并加以研究和分析，引领教师学会观察幼儿、理解幼儿，

通过"发生了什么""学习了什么""接下来做什么"这一路径，梳理教师去读懂幼儿，促进每一位教师更加细致地观察幼儿，帮助教师获得更有效的指导策略，最终转变教师看待和评价幼儿的视角，真正促进教师教育理念的转变。

在我园遇见课程中，我们开展了三园联动班本课程主题总结汇报活动。我园邀请到了贵州师范学院教育科学学院副院长黎平辉教授、贵州师范学院教育科学学院李建年、刘英、王小为、陈泽婧、何玉红、李姿雨等为我院班本课程的发展情况进行现场点评与指导。学院的领导和专家认真听取了老师的主题汇报并对每个活动进行了精彩的点评，专家对云岩一幼的教师在主题探究中能抓住孩子们感兴趣的事物和现象，能充分地尊重儿童，从儿童的角度去发展主题。在主题开展中能充分利用家长资源，主动邀请家长到课堂与孩子一起游戏等做法给予了充分的肯定。专家看到了教师在教育观念上的转变，在课程建设及实施方面的努力和进步。同时给每位老师提出了改进的意见和建议，希望老师能继续深入学习，让孩子在能力上有更大的进步。感谢专家的引领，为教师创造了一个相互交流、合作、探究的学习平台，以此不断提高教师的专业学习能力。

总之，教师是带着问题去实践、研究、学习的，在积极思考、探究过程中发现问题，解决问题，使得零星的知识变得系统有序，促使教师更新教育观念，改善教学方式，提高自己的教学水平，在反思中学习，在学习中成长，在成长中收获，不断超越自己。

（杨秀敏）

一、专题总结

"四位一体"共建新建幼儿园自主游戏课程实践研究

柏贵菲

🖊 一、问题的提出

（一）研究背景

1. 幼儿园自主游戏对幼儿发展的重要性

有学者研究发现，世界学前教育课程改革的趋势有强调幼儿主体性的发展；强调幼儿学习的积极性和主动性；强调在活动与游戏中学习；强调家园合作。除此之外，我们也发现，对世界产生较大影响的课程模式如蒙台梭利教育法、瑞吉欧方案教学、高宽课程等，都明确强调教师应鼓励幼儿积极、主动参与，强调幼儿的自主建构。高宽课程则在《学前教育中的主动学习精要》一书中明确提出："儿童能够主动使用直接经验来建构知识。由于不断与真实的世界进行多样且直接的联系，儿童的思维就会扩展，并增加新的观察与理解。因此，主动学习是学前儿童思维发展和理解发展的基础。"

《幼儿园教育指导纲要（试行）》指出，幼儿园必须以"游戏为基本活动"，确定了游戏在幼儿园教育活动中的地位，这就对幼儿园课程实施提出了新的要求，同时要求教师转变教育观念，关注课程的游戏性，体现幼儿的游戏精神，引导幼儿在玩中学习。随着《3～6岁儿童学习与发展指南》的实施和新课程改革的不断深入，"幼儿是学习的主人""自主学习、探究性学习""尊重幼儿的人格和权利"等教育理念，已成为大家的共识。倡导幼儿主动参与、自主选择、自由结伴，突显了幼儿在学习与游戏活动中"自主性"的重要性。可见，教师如何支持幼儿在幼儿园进行主动学习成为学前教育工作中备受关注的重要议题。

2. 幼儿园自主游戏课程实践符合我园实际情况

云岩区第一幼儿园（以下简称云岩一幼）系贵阳市云岩区教育局主办的公办性质的幼儿园。系云岩区教育局于 2015 年与中建华府项目签订《幼儿园合作办园暨学区划分协议》后开始筹建的幼儿园。幼儿园占地 1 600 平方米，建筑面积为 2 500 平方米，6个班的规模，可容纳幼儿200名左右。幼儿园于2018年10月正式开园。目前共开设班级3个（2个小班，1个中班），一线教师7人，其中教龄3年以内的4人，1年以内的3人。教师队伍年轻化，教育教学经验比较缺乏。在课程实施方面更多的是借鉴一些参考书，没有形成我园的课程框架。作为一所新建幼儿园，发展和提升办园质量是我们的首要任务，而幼儿园课程又是实现幼儿园发展和质量提升的载体和手段，所以我们有必要从我园的实际情况出发，以幼儿自主游戏为切入点，构建我园的课程框架。

3.幼儿园与高校合作是幼儿园课程实践发展的趋势

"高校—幼儿园"的合作是提升高校人才培养质量，促进地方幼儿园发展的重要途径。高校学前教育专业的教师具有丰富的专业理论知识，缺少的是学前教育的实践经验。而幼儿园在课程建设方面具有一定的实践经验，但是老师在课程实施过程中也会遇到这样那样的理论问题，这时更需要专家的指引，否则难以形成一套科学的、系统的、完善的幼儿园课程模式。

4.社区、家庭是幼儿园课程建设中缺一不可的合作伙伴

作为幼儿最早接触的社会文化环境，对幼儿发展所起的作用是其他任何因素所不可比拟的。幼儿园、家庭、社区合作是幼儿园的发展需要，是世界幼儿教育的发展趋势，是幼儿教育现实发展的需要。幼儿园、家庭、社区的教育能够优势互补，有利于教育资源的充分利用。让幼儿从这种特定的环境中所经历的活动、承担的角色及建立的人际关系出发，协调相关的社会群体力量，统整各方资源，形成教育合力，促进儿童全面健康地发展。

5.安吉游戏给予我们的启发和思考

目前，安吉游戏的教育理念可以说风靡全球，安吉游戏推崇的理念是让孩子做自己游戏的主宰者。在安吉游戏的教育过程中，孩子们成了游戏的主宰者，游戏能够把最真实、自然的游戏材料、场地、规则放手给孩子，让孩子自主游戏，让我们看到了孩子眼中最真、最爱的"真游戏"。安吉游戏的教育理念值得我们学习和借鉴，但是我们也要思考，我园作为一所城区幼儿园，在户外场地面积并不宽敞的情况下，我们如何将户外和室内环境合理利用，将幼儿自主游戏渗透其中？户外和室内的自主游戏如何进行互补和衔接？如何根据场地面积的实际情况提供相适应的玩具、材料？

目前，对自主性游戏进行的研究不少，对幼儿园课程进行探索的也很多，但将自主性游戏作为幼儿园的课程进行构建的研究较少，所以我们将借助高校的专家资源以及家庭和社区的资源，"四位一体"形成合力对幼儿园自主性游戏课程的构建进行研究，从而促进幼儿自主性的发展，提高教师的教育教学和组织能力，对幼儿园的课程体系进行补充和完善。

（二）研究综述

1. 国外研究综述

自主性也被称为独立性，不仅是心理学界的一项重要研究课题，近年来也陆续得到教育界的广泛关注。其中 20 世纪 30 年代人们对于独立性 (independence) 的研究是从临床心理学角度研究精神病患者的依赖行为。贝勒 (Belier) 和希泽斯 (Heathers) (1955) 提出，"独立性是个体依靠并相信自己的行为""儿童早期对承认的依赖影响其未来个性发展"。20 世纪 80 年代，独立性与自主性逐步合并为同一概念。蒙台梭利在其《蒙台梭利早期教育法》一书中提出："我们必须能帮助孩子培养独立性。"他认为"自由是以独立为前提的，所以我们必须指导孩子积极、自由的表现性。""儿童要求独立，是我们所说的'自然发展'的基本步骤，如果我们对儿童自然发展给予足够关心，儿童就会逐步达到独立。"由此可见，培养幼儿的独立性与自主性是非常重要的，要掌握幼儿的敏感期，提供幼儿发展所需的环境并给予他们充分活动的自由，关注并协助幼儿，自主游戏就是一个很好的平台。在自主游戏中，应让幼儿自己游戏、学习，注重幼儿的游戏过程、幼儿的主动参与程度、幼儿的意愿，从而培养幼儿的自主性。

幼儿园自主性游戏活动，必须充分尊重幼儿在游戏中的自主性，因为幼儿自主游戏的过程就是主动学习的过程。在自主性游戏方面，杜威认为学习是主动的，它包含着心理的积极开展。杜威的这一观点表明，教育必须从探索儿童本身的本能、兴趣开始，引发幼儿的主动学习。幼儿在自主性游戏活动中，一定是自愿、自主、自由的，只有这样，基于幼儿内心所愿，他们才会积极地参与活动，并在活动中积累经验。

皮亚杰强调认知发展的主动性，强调活动、兴趣和需要对主动学习的重要性。他对儿童主动学习的意义、特点等问题进行了论述，并提出了对教育实践很有启发的建议。皮亚杰认为，儿童的认知能力是不能外延的，只能通过赖以发展的机体本身，从内部形成；儿童的学习必须是一个主动的过程，教育必须致力于发展儿童的主动性。皮亚杰所说的主动过程有两个含义，一是儿童直接作用于他的环境；二是儿童在心理上是主动的。在自主性游戏中，老师对于环境的创设、材料的投放等要从幼儿的角度思考，幼儿才能真正发自内心喜欢并和环境进行互动，这样才是主动学习。

2. 国内研究综述

在国内，20 世纪 90 年代以来教育领域越来越重视尊重人的主体性。在幼儿教育中，强调幼儿主体性的游戏成为幼教理论工作者和实践工作者共同关注的话题。20 世纪 90 年代前期、中期对自主性游戏无明确而详尽的解说，多为讨论游戏中幼儿主体性地位以及呼吁尊重幼儿的主体性。近年来，人们开始明确提出自主性游戏及其相关内容。

2004 年，南京师范大学教育科学学院的邱学青在《幼儿园自主性游戏指导策略的研究》一文中对自主性游戏指导的具体指导策略进行了阐述。他从"渗透在环境中的隐性指导""借助观察的参与指导""通过讨论的建构指导"三个方面详尽地讲述了幼儿园自主性游戏如何进行指导。2008 年，他又在《幼儿园自主性游戏的实现条件》一文中提出："幼儿园自主性游戏只是形式上的自主，而没有实现真正意义上的自主，幼儿自主性的形成有赖于教师的自主性。"文中，他对自主性游戏进行了重新定位，并指出教师自主是实现自主性游戏的条件。由此可见，在幼儿园自主性游戏课程的构建过程中，如何真正实现幼儿的自主，提高幼儿的自主能力是关键，而教师的自主性发挥以及在幼儿自主性游戏过程中教师的指导策略都是促进幼儿自主性游戏的实现条件。

（三）课题研究的意义

1. 理论意义

明代教育家王守仁提出："大抵童子之情，乐嬉游而惮拘检。"他把"乐嬉游"看作儿童的自然性情。美国教育家杜威也曾指出，游戏性是种精神态度，游戏是这种态度的外部表现。"对于儿童而言，游戏仅仅是好玩，儿童本能地需要它，天然地从中得到无穷的愉悦和满足。"陈鹤琴也指出："要以幼儿为主体，将游戏的主动权交给幼儿。"

游戏在蕴藏着主体性价值的同时也蕴藏着发展性价值。进行自主性游戏中的幼儿，在自由地、重复地变换动作姿势中使自身基本动作更加地协调和灵敏；在自身对环境的影响、控制和探究中得到了对周围事物的认知；在自主地模仿自己喜欢的人和事物、模拟成人社会里的人际关系中获得了社会交往、自我实现、相互认可的尝试和理解。

《幼儿园教育指导纲要》中明确指出："幼儿园教育应尊重幼儿的人格和权力，尊重幼儿身心发展的规律和学习特点，以游戏为基本活动，关注个别差异，促进每个幼儿富有个性地发展。""提供自由活动的机会，支持幼儿自主地选择、计划活动。"可见，人的自主性在幼儿期已开始萌芽，自主性的培养已是幼儿期的一个关键问题。所谓"自主性游戏"，就是让幼儿在创设的游戏环境中，根据自己的需要和兴趣，以快乐和满足为目的，自由选择游戏内容、自主开展游戏活动、积极主动地与同伴交流游戏过程。

2. 实践意义

《幼儿园教育指导纲要》中指出："游戏是幼儿园的基本活动形式。"因此，幼儿园的课程应该以游戏贯穿始终，而且这里所说的游戏是幼儿自主性的游戏。另外，在教育教学实践过程中，许多教师的教育观念还没有完全转变过来，在组织幼儿活动的过程中，不敢放手，不相信幼儿的能力，"满堂灌""传授式"的教学方式无法给幼儿独立自主的机会，从而导致幼儿的自主性普遍欠缺。因此，开展幼儿园自主性游戏课程的构建研究，能帮助在一线实践的教师更新教育理念，教师知道"放手"是幼儿自主性游戏的前提，掌握能促进幼儿自主性形成的教育教学方法，提高教育教学活动组织能力以及在自主性游戏中教师的观察和评价能力。

自主游戏对幼儿的全面发展非常重要，可以在游戏中增强幼儿对社会的认知，提高小朋友对问题的认识和处理问题的能力，促进幼儿之间主动交流合作，甚至养成良好的行为习惯，发挥创造力，获得更多的社会技能，增强自我意识和社会道德感。

自主游戏可以成为科学启蒙教育生根发芽的土壤，教师可以将自主游戏与科学启蒙有意识地结合，在游戏中添加更多的科学元素，吸引孩子们的兴趣。让孩子们在不断尝试、观察，甚至与同伴的交流中获取更多的技能，激发孩子的探究兴趣。

自主游戏能影响幼儿的世界观、价值观。在幼儿园教育中，"不自信"是一个较为普遍的现象。幼儿时期，由于信息的缺失及对外部世界缺乏了解，大部分时间由监护人直接处理外界事物。在这种行为模式中，幼儿潜意识认定自己无法对外界事物进行良好的反应，自然而然地产生不自信的情况。很多幼儿通过自主游戏，独自解决当前困难，与周围的小伙伴进行交流，在成功处理自身问题的行为中逐渐发现自己可以良好地处理外界事物，逐步培养出自信心。

对于幼儿园来说，要做好自主性游戏课程的构建，真正实现"游戏是幼儿园的基本活动形式"。本课题将借助高校、社区、家庭资源，围绕班级区域自主游戏、多功能教室（音乐厅、木工坊、泥巴坊、角色扮演区）、自主选择性游戏、户外自主游戏进行研究，对幼儿园活动内容的选择、场地规划、人员安排等进行合理规划和布局；提出幼儿园自主性游戏课程实施中的主要问题、调整方案与组织策略；在幼儿园自主性游戏课程实施中，老师从观察、支持、评价三个方面进行构建。所以，开展"四位一体"共建新建幼儿园自主性游戏课程实践研究，能更好地丰富和完善幼儿园的课程体系，对幼儿园课程结构也具有一定的实践指导意义。所以，开展"四位一体"共建新建幼儿园自主性游戏课程实践研究能更好地丰富和完善幼儿园的课程体系，对幼儿园课程结构也具有一定的实践指导意义。

二、研究设计

（一）核心概念界定

1.幼儿园课程

幼儿园课程是从幼儿身心发展的特点和特定的社会文化背景出发，有目的、有计划地组织和实施并贯穿于幼儿一日生活中的经验，这种经验是幼儿园施加教育影响的一种中介，以引导和促进幼儿朝着社会所需要的人才的方向发展。这一定义既反映了一般课程的基本特征，如目的性、计划性、结构性等，也反映了幼儿园教育的独特性和不可替代性。独特性意味着某些教育任务和要求（身体保育）是幼儿教育阶段所特有的，对幼儿的成长和发展是必需的；不可替代性意味着其他任何年龄阶段的教育功能、目标、内容及方法都不能直接移植到幼儿园教育上。目前，我国幼儿园课程主导的定义是活动论，即幼儿园课程是实现幼儿园教育目的的手段，是帮助幼儿获得有益的学习经验，促进身心全面和谐发展的各种活动的总和。

2.游戏课程

在传统的教育观念中，大家总会认为游戏是游戏，课程是课程，游戏和课程是"井水不犯河水"。随着社会的进步，教育理念的不断更新，在实践工作中我们不断地发现游戏与课程之间良性的互动关系，这样的互动关系可以归纳为"游戏可以生成课程，课程也可以生成游戏"。

3.自主游戏

自主游戏是幼儿依据自己的需要和兴趣，自由地选择、开展游戏并在其中自发交流互动的过程。自主游戏有两项基本前提，一是幼儿应当处在幼儿园构建的游戏环境中；二是自主游戏应当以幼儿的快乐和满足为目的，由幼儿自由开展，体现的是幼儿的意愿。自主游戏的特点：自主游戏具有内容自主、材料多样、形式灵活等几项特点。自主游戏是由幼儿选择想要玩的游戏类型，支持玩伴自主、材料自主、玩法自主，即幼儿自己选择玩伴，可以利用幼儿园内老师准备的各种材料，或者自带玩具进行无穷的探索，自己设计游戏的玩法。自主游戏的内容：由于自主游戏需要遵循幼儿参与的自主性和活动项目的游戏性，不存在固定的内容安排。教师在其中主要起到辅助作用，为儿童提供场地和材料，如有情况需要，也应进行一定的引导，除了做适时的旁观者外，还可以成为与儿童共同游戏探索的合作者和引导孩子游戏的参谋者。

4.自主性游戏课程

"游戏是幼儿园的基本活动形式"这一观念已扎根于每一个幼教人的心中。自主性游戏课程为了提高幼儿的自主意识，培养幼儿的自主能力，增强幼儿的自主性，教师根据幼儿兴趣和需要，为幼儿创设多样的自主性游戏的机会，及时地支持与引导幼儿展开相应的生活、学习、游戏活动，将自主性游戏融于幼儿园的课程体系，同时根据幼儿园课程的目标和内容，把自主性游戏作为课程实施或教学的基本途径，将自主性游戏作为幼儿园课程进行构建的各种活动的总和。

（二）课题预期目标

1.研究目标

（1）通过自主性游戏课程促进孩子在五大领域的全面发展。

（2）构建幼儿园自主性游戏课程模式。

（3）通过幼儿园自主性游戏课程的构建，提高教师的专业化水平。

（4）形成"四位一体"共建幼儿园自主性游戏课程的模式。

2.研究内容

（1）保障自主性游戏有效开展的管理机制研究。

（2）通过培训转变教师和家长的儿童观、教育观、课程观。

（3）自主性游戏课程组织实施过程中的评价方式的研究。

（4）自主性游戏课程在我园开展的丰富性和多样性的研究。

（5）如何将全面发展的目标融入自主性游戏中的研究。

（6）如何提高教师游戏设计能力、反思教学能力、观察能力、游戏指导能力、总结提升能力等专业素养的研究。

（7）如何调动院校、社区、家长积极参与园本课程研究。

（三）研究方法和研究对象

1.研究方法

（1）行动研究法：以班级为单位，以各种游戏活动为载体，在我园内开展幼儿自主游戏课程构建的实践研究。

（2）经验总结法：通过每一次游戏实践活动中的具体情况进行分析与归纳，使之系统化、理论化，上升为有指导性和推广性的经验。

（3）观察法：在幼儿园自主性游戏课程的实施过程中，老师运用此方法对幼儿活动情况进行真实观察并记录，再进行客观地评价，从而反思自己的教育教学活动、教育行为及幼儿的行为表现。同时，通过观察法对自主性游戏课程构建过程中出现的问题及时解决，完善自主性游戏课程的构建。

（4）问卷调查法：是指利用制作好的问题表或卷子调查所要测定的问题的方法。其优点是不受时间、地点、条件的限制，一次可以了解很多人，所获得的资料较齐全。问卷调查法强调使用严格设计的统一问卷，通过书面语言与被调查者进行交流，搜集研究资料。本研究将一线教师和全体家长列为调查对象进行调查，目的是了解教师和家长的儿童观和教育观。

2.研究对象

云岩区第一幼儿园各班级幼儿园、家长、社区管理人员、教师、学院教师。

（四）研究步骤

1.第一阶段：启动阶段（2018年9—12月）

（1）组建机构：成立云岩区第一幼儿园三年发展规划及课程编制委员会。

（2）建立云岩区第一幼儿园课程建设、管理、评价等相关制度

（3）调查分析：通过调查问卷对家长的教育观、儿童观以及教师的教育观、儿童观、课程观进行调查和分析。

（4）明确思路：根据问卷分析和幼儿园实际情况，确立课题研究方案。

（5）相关理论的学习、培训。

2.第二阶段：实践研究阶段（2019年3月—2020年9月）

（1）研讨改进：研讨、反思实践的过程及效果，并进行再实践，再反思。

（2）阶段总结：形成阶段性成果，撰写课题中期报告。

3.第三阶段：总结阶段（2020年9月—12月）

（1）提炼成果：收集整理和分析研究过程资料。

（2）成果展示：开展班级幼儿自主游戏的交流分享活动，并进行相关成果评比。

（3）撰写报告：撰写课题研究报告；提出课题评估验收申请；召开课题组结题会。

三、研究过程

（一）每周一读，坚持提高自身专业理论

由于对自主游戏了解不够深，因此在园领导与高校专家团队的带领下，本人坚持自主阅读，并且在阅读过程中，撰写读书笔记与读书心得。

在每周的阅读活动中，根据班级幼儿自主情况及教师自身的指导情况，选择适合的书籍进行阅读，并与小组成员共同分享、讨论，思考更适合本班幼儿的自主性游戏模式。

除此之外，班级教师还会每月进行集中分享，针对自主游戏中遇到的困难及疑问及时讨论与解答。

（二）高校专家引领，理论知识飞速成长

在自主游戏开展的过程中，我们得到了来自贵州师范学院专家的引领与帮助。例如，李建年教授为老师们进行了"游戏场与实习场"的培训，让教师理解了儿童

需要什么样的游戏环境，"观察儿童——幼儿游戏案例的撰写"培训让教师们知道如何撰写观察记录和游戏故事。

1. 自主游戏案例撰写培训

坚持撰写"游戏案例"，不断提升自身业务水平，做研究型教师，努力做一名合格的幼儿教师！这有助于园长和管理者通过自主游戏案例了解儿童游戏的深度、广度，有利于了解教师与儿童游戏中发生的互动，了解教师支持儿童的方向和水平，能及时调整课程的管理策略。

2. 游戏故事培训

"游戏故事"是安吉游戏课程实践的重要环节，是幼儿根据自己的游戏，利用绘画和符号表征的方式表达游戏情景及体验的绘画作品。它的重要载体是儿童的绘画作品"游戏故事画"，是儿童在自主的、自发的游戏之后，儿童记录游戏过程、情节、结果、情绪等自主体验的一种叙事性绘画形式。"游戏故事"课程价值与启示：①课程的定位应由"学科中心"转向"经验中心"；②课程的源头需根植于儿童的游戏过程而非教师的生硬预设；③课程的过程不应只是单一的"接受"而是主动开放的表达；④课程的评价要走出"一把尺子"的误区，更关注于每一个儿童的独特个性。陈泽婧的培训活动，让老师获益良多，同时也解答了许多我们关于"游戏故事"的困惑，也为我们更好地开展游戏活动指明了方向，更让我们明白幼儿园教师应为幼儿创设无所不在的语言环境，鼓励与支持幼儿与同伴交流，让幼儿想说、敢说、喜欢说。

3. 教师观察培训

贵州师范学院的王小为从游戏在幼儿教育中的不同形态、幼儿游戏与学习的变化趋势、看见幼儿游戏中的学习、自主游戏中的教师的作用等方面进行了详细讲解。培训活动中王小为还结合案例的分析引发老师的思考：根据你的经验，这是什么游戏材料？会在什么区域？孩子是怎么玩的？你若投放这个材料，期望孩子们获得什么发展？让老师总结反思：这是一个结构性怎么样的游戏材料？这个材料孩子可以怎么玩？孩子可能获得的发展？这个材料怎么投放？通过王小为老师精彩的讲解、引发的思考、有趣的体验，老师知道在自主游戏中怎么去观察孩子，怎么与孩子换位思考，给予孩子必要的支持手段，从而促进孩子游戏的深入持续开展。

4. 幼儿课程游戏化的逻辑与实践研究

我们邀请东北师范大学的马鹏为我们做了"幼儿课程游戏化的逻辑与实践研究"的专题培训。马老师从幼儿认知行为发展的特点、游戏化课程与课程游戏化的逻辑、幼儿游戏化课程的实践路径三方面进行了详细的讲解。

（三）走出去参观学习，借鉴好的经验和做法

在我园开展幼儿自主游戏研究初期，老师总是有着重重顾虑：如何保障孩子在游戏中的安全？游戏中老师如何支持孩子的游戏？如何为孩子们提供游戏材料？老师如何抓住有意义的观察点？老师如何放手让孩子游戏？为了帮助老师解决心中的困扰，我们先后组织老师到南明实验幼儿园、息烽县实验幼儿园、息烽小寨坝幼儿园、观山湖三幼、观山湖一幼等园进行参观学习。通过实地的参观学习，与各幼儿园领导、老师进行探讨，老师心中的疑惑得到解答。云岩一幼的每一位教师带着虚心学习的态度，在参观中用心记录、观察与聆听，借鉴各园是如何体现幼儿自主性的经验，针对如何支持幼儿、观察幼儿的问题进行了交流与探讨。通过这种走出去的方式，能够拓宽教师的思路，助推教师的专业成长，促使教师从本园的特点出发，努力寻找适合我园的自主性游戏发展之路。

（四）专家引领下的"一周一研"，为教师排忧解难

我们保证每周一次的课题研修工作，至少保证间周一次邀请贵州师范学院的专家老师参与我们的自主游戏观摩、研讨。本学期中我们和贵州师范学院教育科学学院的专家老师重点从自主性游戏中材料的准备与投放、如何引导孩子做游戏计划、教师的观察与指导、总结环节的组织与实施等方面进行了研讨。

（五）"活备课"模式，让教师走进幼儿游戏

我园实施自主游戏课程以来一直采取常规备课的形式，也就是要写出活动的目标、准备、过程，但是我们也发现这样常规预设性的备课会导致千篇一律的现象，每天都是重复同样的内容，完全没有发挥备课的价值所在。本学期我们将课前备课调整为课后备课，老师重点观察记录小朋友们的自主性游戏过程，然后侧重点在教师如何组织小朋友进行总结和反思，最后老师要就此次自主性游戏的组织进行反思，并写出支持策略。备课形式的调整，让老师能够有针对性地观察孩子的活动，详细记录孩子们在活动中的表现，同时提升幼儿和教师的反思与总结能力，提高教师对自主性游戏的组织能力和幼儿的游戏水平。

（六）提供丰富的环境、材料，支持孩子游戏发展

（1）"一位"——充分利用社区环境资源。孩子进行自主性游戏时必须积累丰富的生活经验。为了增强孩子们对社会的认知，了解我们生活的社区环境，我们充分利用社区资源支持孩子游戏的开展。小朋友们在进行"丫丫饮品店"游戏时，我们发现孩子对饮品店的操作流程不是很清楚，缺乏这方面的实践经验，因此老师带领孩子们参观了社区里的饮品店，请饮品店的叔叔阿姨给孩子们介绍饮品的分类、如何制作饮品、如何进行饮品的包装等知识。孩子们通过聆听叔叔阿姨们的介绍，实

地观察叔叔阿姨们的操作，积累了制作饮品的生活经验，孩子们的游戏就更加生动有趣了。游戏中，孩子们将颜料勾兑成五颜六色的饮品，橙色的是橘子味，红色的是火龙果味，绿色的是猕猴桃味，游戏中孩子的想象力、创作力得到充分发展。孩子们在玩游戏室的建构玩具时发现一些废旧的纸盒就像妈妈网购的快递物品。他们用小车推着这些物品，玩起了送快递的游戏。但是对于快递店物品的归类摆放，快递叔叔究竟是怎么将一个个物品送到收件人家里的呢？对于这些情况孩子一知半解，为了让孩子们走进快递店，了解快递叔叔的工作，我们带领孩子们参观了社区的快递驿站，实地去快递驿站观察怎么摆放物品，怎么进行物品的归类。驿站里的叔叔阿姨是怎么把一件件物品进行打包的。孩子们在自主游戏中拾落叶、闻花香、观察幼儿园的一花一草、一树一木，但是幼儿园的环境和资源是有限的，而与幼儿园一墙之隔的社区却有着无限的资源。参天大树、百花盛开、虫鸣鸟叫，这些都深深吸引着墙内的孩子们，在做好充分的安全保护措施后，老师带领孩子们来到了小区里，孩子们在小区的花园里尽情奔跑，他们发现了每个季节中树的叶子也发生着变化，初春树叶是翠绿的，盛夏树叶是墨绿的，深秋树叶又变成了金黄、火红的了，冬天很多树叶都掉下来了，大树变得光秃秃的了。孩子们在社区的草丛里捉蚂蚁、看蜗牛，和老爷爷喂养的鹦鹉对话。在这样的环境中，孩子们认识了各种花草树木，了解了昆虫的生活习性，感受了四季的变化……

（2）"二位"——鼓励家长参与材料的提供。游戏的开展离不开材料的提供，而仅仅依靠幼儿园的力量是远远不够的。我们应充分利用家长资源，鼓励家长积极参与材料的提供，从而更好地支持幼儿游戏的深入与发展。在我们开展自主性游戏课题研究初期，我们就对家长进行了宣传动员，让家长充分了解游戏对孩子发展的重要意义，从而促进孩子的全面发展。通过宣传动员，家长也成为孩子游戏的支持者。在医院工作的家长为孩子们带来了干净卫生的一次性针管、输液管，在超市工作的家长为孩子们带来了大量的废旧纸盒，开水果店的家长为孩子们带来了装水果的泡沫网……老师对家长带来的材料进行一一登记，教学管理者对家长提供的材料进行整体的统筹安排与分配。

（3）"三位"——幼儿园科学合理地为孩子们提供多元的玩具材料。

①根据孩子的需求提供材料。我们在一楼的游戏室为幼儿提供了安吉积木和安吉螺母玩具。通过观察，我们发现这些玩具更多的是男孩子在玩，每当这时候女孩子都是在一旁观看、聊天。根据观察到的现象，我们便在游戏室的小木屋里提供了装扮的材料：头饰、裙子、纱巾、动物服装等，这样每当某个班级到游戏室玩耍时，男孩、女孩都有自己感兴趣的材料，各自都可以尽情玩耍了。

国庆节即将来临，小朋友们和爸爸妈妈在家里观看了抗战的影片，孩子们对于大战充满了兴趣，他们经常在教师里比画着、模仿着影片中的场景。为了更好地促进孩子们的发展，模拟战争中的情景，我们在四楼开设了 CS 野战区，根据孩子们的讨论与提议，我们为孩子们准备了各种枪支、沙袋、头盔、手套、服装等。孩子们玩了一段时间以后发现有士兵受伤了，他们需要一个担架并建立一个急救所，在孩子们的提议下，我们用帆布和 PVC 管制作了担架，用帐篷搭建了急救所，有了材料支持，孩子们的大战游戏也越来越深入了。

②从孩子五大领域的全面发展创设环境、提供材料支持。在提供游戏材料时，教师还应考虑幼儿的五大领域的全面发展。我们的总体思路是将幼儿园户外划分为运动区、表演区、装扮区、探索区、建构区。在运动区，我们为孩子们提供了球、圈、垫子、安吉的梯子、轮胎、平衡木、拱形门、竹梯、沙包、毽子、飞盘、套圈、小车、推车、斜坡等玩具材料。在与这些材料的互动中发展了孩子们走、跑、钻、投掷、跳等动作。在表演区，我们为孩子们准备了各种服装道具。有的孩子戴着蝴蝶的翅膀，仿佛自己就变成了一只蝴蝶在花丛中翩翩起舞；有的孩子头戴金黄的假发，说着一口"流利"的外语，与同伴玩起了白雪公主的游戏。在装扮区，又分为娃娃家和野战区。在娃娃家这一游戏中为孩子们准备了锅碗瓢盆、石磨、篮子、蔬菜、豆渣等玩具材料，孩子们利用这些材料磨豆浆、做美味的食物。探索区有玩水区和玩沙区，这两个区域都是小朋友特别喜欢的地方。为了让沙池容纳更多的孩子，我们在原来小沙池的旁边又修建了一个更大的沙池，这样可以让一个班的孩子同时参与游戏。为了避免孩子们在玩耍的过程中弄脏衣物，我们请家长为孩子们准备了雨鞋、雨衣。幼儿园也为孩子们购买了蛙衣。沙池中的挖土机、铲子、小桶、小船、PVC 管让小朋友们玩起了挖战壕的游戏。水池中的小鱼、乌龟、蝌蚪都是孩子们很好的玩伴。数蝌蚪、捞小鱼训练了孩子们的手眼协调能力，同时也掌握了分类、点数等数学知识。在喷泉和取水游戏中，孩子们感知了水的压强和水的流动性。

③根据幼儿年龄特点提供材料。在为小朋友们提供丰富的材料的同时，我们还考虑到幼儿的年龄特征、个体差异。一开始我们为小朋友们提供了安吉的大型积木，通过小朋友们的探索，他们很快掌握了平铺、垒高、围合等搭建方法，能够搭建出城堡、高楼、大炮等物体。为了增加难度，进一步提高小朋友们的建构水平，我们又为小朋友们提供了安吉的螺母玩具，这样小朋友们在原有水平上又学会了穿插建构，建构的物品越来越丰富了，难度也在不断地增加。

（七）场地的合理开发利用，促进幼儿的全面发展

1. 自主性游戏场地的合理安排与调整

在开展幼儿自主性游戏初期，我园只有三个班（一个中班、两个小班），幼儿的游戏场地相对比较宽敞，我们将户外场地分成了三个部分：前操场、后花园、四楼平台。每个场地一周轮换一次，但是在实施一段时间后我们发现了问题：更换的周

期太短，孩子们还没有完全进入游戏状态，对游戏的材料还未完全熟悉和了解。因此，我们和老师一起研讨，最后将更换周期变为两周轮换一次。

孩子们在同一个场地进行为期两周的游戏活动，这样孩子们对游戏场地和材料更加熟悉和了解，老师也可以对孩子的游戏情况进行持续地观察，并给予孩子们相应的材料支持，从而提高孩子们的游戏水平。

2. 根据年龄特点划分游戏场地

开展幼儿自主性游戏研究的第二年，我园又增加了三个班级（两个小班，一个实验班），根据班级的年龄特点和在上学期积累的自主性游戏的经验，我们调整了各班级游戏场地。全园共确定了前操场、后花园、一楼游戏室、四楼平台四个游戏场所。每个班在指定的场地游戏两周后进行更换。在场地安排上，我们充分考虑班级的年龄特点，比如一楼游戏室里的螺母玩具对于小班幼儿来说难度较大，所以我们重点安排中、大班幼儿到此场地游戏。四楼平台的 CS 野战更加适合年龄较大的幼儿玩耍，因此我们也侧重安排中班、大班幼儿在此场地游戏。而沙水区、娃娃家等游戏小班幼儿更加喜欢，因此小班幼儿的游戏场地更多地安排在前操场和后花园。另外，我也根据天气的变化更换游戏场地，比如冬天天气变冷了，小班幼儿抵抗力比较弱，我们就尽量避免安排沙水区，提供更多的体育区域供他们自主选择。我们根据孩子的年龄特点来科学划分游戏场地，孩子们游戏的积极性、主动性被充分调动起来，孩子们在游戏中更加投入，尽情玩耍。

（八）"四位一体"的自主性游戏评价模式

孩子在自主性游戏中获得哪些方面的发展？这依托对孩子进行全面的、公平的、公正的、科学的评价。《幼儿园教育指导纲要》中提出，幼儿园教育工作评价实行以教师自评为主，园长以及有关管理人员、其他教师和家长等参与评价的评价制度。在《幼儿园教育指导纲要》的指导下，我们思考如何开展幼儿自主游戏的评价模式。我们形成了家长、社区、高校专家、幼儿园一起参与的评价模式。

1. 家长和社区的参与

在家长开放日、大型活动中，我们都会邀请家长和社区人员来园了解孩子在游戏中的发展情况，幼儿园设计了专门的表格，请家长、社区人员对孩子在自主性游戏获得的发展进行综合评价。期末的时候，我们会设计家长问卷，请家长对孩子参与游戏的情况、获得哪些方面的发展进行问卷调查。

2. 高校专家的参与

我们会定期或不定期邀请贵州师范学院的专家老师到园观看孩子的游戏情况，大家一起对孩子的游戏水平进行研讨，了解孩子在游戏中的发展情况，并对下一步更好地支持孩子的游戏提出可行性策略。

3.幼儿园的参与

各班老师组织孩子们进行游戏，在反馈环节引导小朋友开展自评、同伴评价和教师评价。在画游戏故事的环节中老师进一步引导孩子展开自评，孩子对于自己在游戏中的表现，是否实现游戏计划进行自我评价。在开展研究以来，我们接待了全国、省、市、区幼教同行的参观学习，我们设计专门的表格，请同行参与游戏评价。幼儿园的管理者、班级教师也会经常参与幼儿自主性游戏的观摩。在观摩活动中，教学管理者、班级教师也会对孩子自主性游戏情况进行全面、客观地评价。

四、课题研究的主要成果

（一）实践成果

（1）形成了自主性游戏活备课的模式。

（2）形成了高校、家长、社区、幼儿园一起构建幼儿自主游戏课程的管理模式。

（3）形成了"四位一体"的游戏评价模式。

（二）研究的物化成果

（1）形成了幼儿自主性游戏案例集。

优秀游戏案例统计表

序　号	名　称	班　级	教　师
1	《为什么会倒》	中一班	危明
2	《为什么滚不下去呢？》	中一班	危明
3	《"风火轮"比赛》	大一班	危明
4	《爬梯子》	大一班	危明
5	《拼汽车》	实验班	王丹
6	《瞄准与射中》	实验班	王丹
7	《水车转起来》	实验班	王丹
8	《翘翘乐》	小二班	王丹
9	《合作搭建》	小一班	王玲
10	《沙池的不同》	小一班	王玲
11	《反恐精英》	实验班	刘惠紫
12	《豆浆的制作》	大一班	柏贵菲
13	《滚动的积木》	中一班	柏贵菲

序　号	名　　称	班　级	教　师
14	《陀螺转得久》	大一班	柏贵菲
15	《快来呀》	小一班	柏贵菲
16	《长长的火车》	小二班	陈亚飞
17	《高高的房子》	小二班	陈亚飞
18	《建筑师们》	中二班	彭惟楚
19	《我会搭、我会玩》	中二班	彭惟楚
20	《玩轮胎时的分享与合作》	中二班	陈春燕
21	《神奇的倾斜度》	小二班	陈春燕
22	《捉蚂蚁》	中一班	陈春燕
23	《沙上构建——挖水渠》	小一班	余舒婕
24	《小小建构师》	小一班	余舒婕
25	《我喜欢的夏天》	小一班	余舒婕
26	《合作搭建滑滑梯》	中一八	余舒婕
27	《我的大大城堡》	小一班	王颖
28	《球孔的大小》	中一班	王颖
29	《走大鞋的探索》	中一班	詹慧中
30	《豆浆作坊》	大一班	詹慧中
31	《花瓣》	大一班	詹慧中
32	《海绵宝宝诞生记》	大一班	刘文
33	《娃娃家里的故事》	小二班	龙张娟
34	《超能陆战队》	大二班	赵彤

（2）形成了"游戏故事"集。

（3）形成了"管理故事"集。

优秀教育故事、管理故事统计表

序　号	名　　称	岗　位	撰写者
1	《我能爬过去》	教师	柏贵菲
2	《假如我看不见》	教师	彭惟楚
3	《水特征》	教师	彭惟楚

续　表

序　号	名　称	岗　位	撰写者
4	《我爱喝水》	教师	彭惟楚
5	《泡泡大发现》	教师	危明
6	《桃园记之数桃子》	教师	危明
7	《虫洞大猜想》	教师	危明
8	《挑食的孩子》	教师	龙张娟
9	《书本怎么放》	教师	王丹
10	《水车转起来》	教师	王丹
11	《玉米穗是小麦吗？》	教师	王丹
12	《奇奇妙妙的大城堡》	教师	王颖
13	《我们的大大房子》	教师	王颖
14	《球洞的大小》	教师	王颖
15	《豆浆的诞生》	教师	余舒婕
16	《是蚊子还是苍蝇》	教师	余舒婕
17	《小嘟嘟出生记》	教师	余舒婕
18	《认识星期一》	教师	兰艾颖
19	《猫》	教师	詹慧中
20	《烫的东西我不碰》	教师	詹慧中
21	《为什么有旋涡的时候物体会跟着转动》	教师	詹慧中
22	《如何让灯泡亮起来》	教师	陈春燕
23	《神奇的菌类》	教师	陈春燕
24	《捉蚂蚁》	教师	陈春燕
25	《人人都是小班长》	教师	赵彤
26	《我会做玩具》	教师	刘文
27	《幼儿园的蘑菇花园》	教师	刘文
28	《反抗的原因》	教师	王淋湘
29	《卖冰淇淋》	教师	王淋湘
30	《吃饭不能跑》	教师	王玲
31	《喝水》	教师	陈亚飞

（三）研究取得的成效

在《"四位一体"共建新建幼儿园自主性游戏课程》课题实施两年多的时间里，云岩区第一幼儿园的园所、幼儿及教师均获得了良好的发展，取得了不错的成效。

（1）2019年12月，我园顺利通过县级示范幼儿园评估。

（2）2020年9月，我园在"全国幼儿园办园行为督导"区级、市级督导评估中得到评估专家的高度肯定，取得900分以上的好成绩。

（3）教师专业发展极为迅速：1名教师获得高级职称，1名教师获得一级职称，1名教师获得二级职称，5名教师获得三级职称；1名教师被评为省级特级教师，1名教师评为区管专家。

（4）在期末的家长问卷调查中家长对幼儿园的满意率达95.8%。

（5）幼儿获得全面的发展。通过孩子的自评、同伴评价、教师评价、家长评价、同行评价中可以看出孩子在五大领域获得了均衡的发展。

（6）在实施课题研究以来，我们接待了全国、省、市、区幼教同行参观达到3000多人次，幼儿园的管理、课程、环境、游戏等均获得参观同行的一致好评。

✎ 五、研究存在的问题以及下一步研究方向

虽然，我们在《"四位一体"共建新建幼儿园自主性游戏课程》中迈出了坚实的步伐，但仍感前面的路还很长，我们下一步的思考是：

1.由于我园是一所新成立的幼儿园，教师编制数只有12人，一线教师中有9人都是临聘教师，而我园目前还是一所县级示范幼儿园，收费相对比较低，所以教师工资待遇也比较低，教师队伍极其不稳定，教师呈现年轻化，因此下一阶段加强教师队伍建设是重中之重。

2.课题组形成了一系列的自主性游戏模式及成果，目前我区、我市也有多家幼儿园在开展自主游戏的探索，如何将我们研究的成果与其他姐妹园进行资源共享并进一步检验研究成果。下面将我们的研究成果推广应用的思考和计划陈述如下：

（1）将梳理的"优秀游戏案例集"在责任区、帮扶园中进行推广运用。

（2）将形成的自主性游戏活备课的模式在其他园所进行推广。

（3）将"四位一体"共建新建幼儿园自主性游戏课程的模式在其他园所中进行推广。

（4）将形成的幼儿园管理制度在普惠联盟各园所中进行推广和运用。

（5）课题组编制的各项成果汇编、过程资料，将作为教师今后课题研究、教育教学、日常工作、管理工作等的参考资料。

（6）课程研究中产生的问题，通过"问题式教研""联盟式教研"两种形式进行破解，在今后的研修中将继续运用这两种教研形式。

自主游戏活动中游戏材料的开发与利用实践研究

杨静

一、课题研究的背景

《幼儿园教育指导纲要（试行）》指出："幼儿园必须以'游戏为基本活动'，确定了游戏在幼儿园教育活动中的地位，这就对幼儿园课程实施提出了新的要求，同时要求教师转变教育观念，关注课程的游戏性，体现幼儿的游戏精神，引导幼儿在玩中学习，倡导幼儿主动参与、自主选择、自由结伴，突显了幼儿在学习与游戏活动中'自主性'的重要性。"幼儿自主游戏活动均在材料的投放下进行，他们在接触、使用、了解游戏材料时用视觉，他们在使用过程中通过抓、握、拿、捏等动作促进小肌肉群的发育。游戏中幼儿的各种器官特别是运动器官处于积极的活动状态，使得身体各部的肌肉、骨骼得到锻炼，动作逐渐协调、优美、准确，特别是手部精确动作的练习，能够促进大脑发育。可见，游戏材料与游戏和幼儿的发展是密不可分的，它能使幼儿保持积极、轻松、快乐的情绪，是幼儿快乐的源泉，有利于幼儿的身体健康。自主游戏是靠材料实现和支持的，是开展自主游戏的基础，它能诱发幼儿的自主游戏行为，是促进幼儿发展的工具。然而，不少游戏中常常发现幼儿游戏兴趣逐渐减弱，其中一个重要原因是材料功能单一，不能激发幼儿的探索欲望，那些价位高且同样美观的大型玩具，则成为一种昂贵的摆设。随着社会的发展，游戏材料的数量和品种也越来越多样、丰富，这对选材来说是一种挑战，应如何对材料进行选择以及如何开发投放材料，提高材料与幼儿的互动成为我研究的对象。

二、我园开展自主游戏活动中存在的问题

我园于 2018 年 10 月开园，是一所新建幼儿园，户外游戏设备的种类只有大型防腐木玩具一套，单车、蜗牛滑梯、半圆球是教育局调拨的，我园自购皮球、安吉玩具、毛绒玩具、桌面玩具等，仅这些对于容纳 6 个班幼儿的园所来说是少之又少。对于教师来说，大都是刚毕业的新手教师，没有多少教学经验。丰富活动的材料成了主要问题，面对游戏材料投放感到没有方向，手足无措，盲目地去增加一些不符合幼儿需要的游戏材料，使得大班幼儿感觉在游戏中太简单，兴趣不大，小班幼儿提供的材料功能单一，操作比较复杂，不适合自主游戏，幼儿对提供的材料没有持续性，对深入探索没有欲望，易受情绪影响，游戏兴趣得不到保持，游戏水平提高比较困难。

✎ 三、研究过程

（一）投放游戏材料前对班级幼儿特点进行分析

每个年龄段的幼儿有不同的游戏需求，小班幼儿的思维多为直觉行动思维，喜欢具体的事物，如娃娃、奶瓶、拉链、纽扣等，能促使他们认识并学会操作；中班幼儿认知范围逐渐扩大，直观形象性增强，如提供搭建材料、串珠等材料，会用不同颜色将珠串变成项链，这样促使幼儿能够积极连贯地将游戏开展下去。同时，提供内容丰富的材料，但材料的数量要有所控，在活动时增加一些与实物相似的替代品和一些橡皮泥、彩纸、盒子、瓶罐等易于变化的材料供幼儿游戏时取用，幼儿会象征性地"以物代物""一物多用""一物多变"，从而促进幼儿发散性思维的发展。大班幼儿随着年龄的增长，对社会的认识进一步扩展，投入彩纸、冰棒、易拉罐等废旧物品，能满足大班幼儿不断增长的认知和审美的需要。

（二）选择适宜的游戏材料

1.游戏材料的安全性

在游戏中，应始终把幼儿健康和安全放在首位。在游戏课程构建期间，对游戏材料的选择上，注重游戏材料质量，必须选择无毒无害的玩具，如不购买有刺激性气味的塑料制品、没有质检报告的塑料制品，尽量选择竹制品、木制品。由于幼儿园刚开园，资金有限，幼儿游戏材料又要大量补充，于是我们大量投放自然物、废旧物品。例如，投放奶瓶罐类、鞋子包装盒类、塑料袋类、泡沫类等，我们把收集来的废旧瓶罐彻底清洗干净，并且进行暴晒消毒。投放这些简单的材料，可以充分发挥材料的可玩性，弥补因经济因素造成的购买力不足。它没有固定的功能和形状，可以让幼儿自己在操作中探索、发现，可以一物多用，使材料千变万化。对小班的幼儿要避免投放过小的物品，以防止幼儿将玩具塞进鼻孔、耳朵，造成危险。为激发幼儿对游戏材料的兴趣，我们在投放游戏材料时还要注意美观，如投放各种漂亮的糖果包装纸、废旧绒布、美工纸等。在游戏活动中，为了让幼儿勇于挑战，于是与教师一起展开研讨，寻找可以放置攀爬物的位置，确定投放样式、材质。根据幼儿发展，最后商定以竹子为原材料，加工制作竹楼梯：部分将竹梯横放，制作成幼儿的攀爬架，幼儿可双手交替平移攀行，对幼儿来说锻炼其手臂肌肉，学会克服困难、体验成功。竹子加工中有毛刺及坚硬的棱角，投放前请园维修师傅打磨光滑，不留一根毛刺，给幼儿一个安全的环境并使幼儿全身心地投入到游戏中。在到息烽实验幼儿园参观时，观察到幼儿比较喜欢攀爬架，而这个攀爬架还具有收纳功能，属多功能架，根据园课程发展需要，借鉴定制了两个多功能攀爬架。第一眼看见定制好的攀爬架时，2.5米比预计高出1米，感觉太高了，且每层都是圆形钢条连接，间隔较稀疏。设想幼儿攀爬到最高处时只是钢条，没有层板，站立时着力点较小，恐幼儿脚会从钢条缝隙掉下来，存在安全隐患。与老师一起研究，听取不同年级教师对攀爬架的建议及意见：有的老师说太高，建议把攀爬架锯成两节，有的老师说每层需要加钢板，有的老师说也可以用木板代替钢板。而我还是认为要像小马过河一样，让幼儿自己试试看，这两个攀爬架对于他们会有什么样的挑战？于是组织大一班幼儿进行试探性实验。活动前我们把攀爬架四周及地面垫上一层厚厚的体操垫，上面一层用木板铺上，正面和右面架上木质楼梯，做好一切安全防范后，教师向幼儿讲解攀爬架玩法，带领幼儿排队有序上攀爬架进行探索玩法。当孩子爬上攀爬架最高处时，我的心怦怦直跳，第一个上去的孩子试探性地把脚放在了木板上，双脚站稳，弯下腰背对人群，面对另一个楼梯爬下来了。看着孩子们争先恐后想上攀爬架玩，我的心放下了，孩子们一个个有序爬上攀爬架，玩法各有不同，有背对人群爬下来的，有面对人群爬下来的。有个大胆的女孩子，告诉我她要跳下来，两个老师在下面做好接住她的准备后，让她跳下来，"砰"地一声安全跳下来，脸上洋溢着骄傲和自信，孩子们还在继续探索着不同的玩法。在玩攀爬架的过程中，我看到了孩子的潜能与胆量，教师一味地觉得孩子太小，不能参与此类游戏，教师想象中孩子可能会害怕与不敢玩的东西，我认为这也是值得教师深思和探究的。

2.游戏材料的多元性、实用性

在游戏材料的准备上一定要丰富，充分考虑幼儿各方面的发展，比如锻炼身体的、锻炼智力的、教导认知的、辅助游戏的等。同时，多样的游戏材料还能激发幼儿的兴趣和玩耍的欲望，在生活中很多东西都可以用作游戏的材料，比如废弃的家用厨房炒锅、汤盆、轮胎、橡皮筋、PV管等，我们利用家长资源，请家长收集家中废弃厨房物品，在后花园搭建了小厨房。除了家长提供的用具外，为让幼儿有新奇感，我园购买了小水磨及大米、小麦、豆类，孩子们能模仿成人磨豆浆。轮胎除了有推滚外，还请师傅利用轮胎加木板及小轮，制成可拉动的小车。玩法是一个孩子坐在轮胎上，另一个孩子拉上绳子走动，培养孩子的团结合作意识。力学游戏材料上较欠缺，通过参观学习、资料查找，寻找适合我园手压式水泵，购来安装后发现孩子们特别喜欢。因只有两个水泵，无法满足孩子们的需要，后增加了手摇取水架，添置了挤水枪、水勺等，取水后的水的流向成为研究问题。经研究后购买有正规厂家质量保证的PV管进行对半切割，购买电缆支架把半圆PV管平放在支架上，用于流水渠道。取出的水，孩子们用来浇花、浇树，后因水量较大，地面的草地变成了泥水坑，不仅地滑难走，地面的清扫工作也较为困难。针对这种情况，综合分析我园地理情况及幼儿游戏需要，决定购买1厘米左右黑石子来填补。游戏材料过于单一，会让幼儿产生厌烦的心理，降低他们的好奇心，对游戏失去兴趣，不利于幼儿的成长和发展。在游戏材料上，体育运动材料和智力锻炼材料一定要分配合理，样式要多样，要让每一个幼儿都能找到自己感兴趣的东西。在教学过程中也可以让幼儿自己制作游戏材料，培养他们的动手能力。在游戏材料上一定要有多样的游戏材料体验，我们创建了木工房，提供适合幼儿不同年龄特点的半成品木工材料，如半成品的小汽车、小桌子、小飞机等木板材料及成品材料，小班的幼儿用成品进行装饰，中、大班幼儿利用半成品进行加工，在制作过程中加强同伴合作意识，探索物体先后组合顺序。木工材料具有较大的灵活性、多功能性、成本低等特点，为发展幼儿的想象力，活跃其思维，与幼儿的年龄特点相适应，小班成品投放量比较多，半成品相对较少；而中、大班的幼儿成品投放的数量逐渐减少，成品种类可逐步增多，半成品数量加大。先后投放裁剪成各种形状的木板、树干、圆块、装饰用色、钉子、木螺丝、木工工具、塑料钉锤等。

3.游戏材料的趣味性

幼儿因为年龄和身体的限制，他们的精力很容易发散，无法集中。能激发幼儿兴趣的材料才能引发幼儿产生想摸一摸、探索一下的愿望，想看看它到底能做什么。因此，我们通过材料投放的趣味性来不断支持幼儿实现自己的想法，促进幼儿与材料的相互作用。例如，对小班孩子们来说奶粉罐和各种盒子真的是一种非常好的游戏材料，孩子们对奶粉罐和盒子都不陌生，孩子们用三个奶粉罐垒高就成为高楼，把洋娃娃放在奶粉罐上，孩子们就说这就是娃娃在家里。各种各样的盒子搭成桌子、椅子、家具等。幼儿在玩一玩、用一用中学会了将同一种材料用不同的表现手法来满足自己的游戏需要。他们在玩中欢笑、探索、创造。我发现，奶粉罐在小班孩子手中变出了许多有趣的游戏玩具，这些材料成为幼儿最喜欢、利用率最高的"游戏材料伙伴"。因为这些半成品的材料没有固定的玩法和特定的规则，所以它给予小班幼儿更多的自主想象、自主创造的空间。

4.以"幼儿为本"的生成游戏材料

学习是主动构建的过程，幼儿积极主动参与各种活动是以幼儿自身的兴趣和需要为基础的，我园教师在孩子们自主游戏活动中，以幼儿为本，尊重幼儿。通过观察发现幼儿兴趣及提出的问题，积极主动变身为友好合作者，共同探讨，让幼儿充分发挥想象力和创造力，生成游戏课程。通过教研活动，我与教师一起开发和选用活动材料，增添玩具材料。例如，幼儿喜欢打仗，我们就开始设计 CS 野战区，尽力提供孩子所需的户外野战区材料。在购买时我们发现成品较贵，经商量决定采购原材料自行加工。我和采购小组去木材市场、鞋料市场、劳保市场、建材市场、五金批发商场等，比较价格、质量，以保证将优质无害的原材料提供给孩子。将直径小的管子做成架子，用于野战匍匐架，一个看似简单的救援担架，我们先是采购粗细适合幼儿小手拿捏的竹子、结实耐用质量优的帆布、缝制皮鞋用的打蜡线，和保健老师一起反复测量裁剪适合做担架用的帆布布料。为了让孩子远离安全隐患，维修师傅对所使用的竹子进行了反复的打磨，保健老师亲自一针一线缝制。CS 隐体用 40 个沙包，因为数量较多，全体教职工自发帮忙，有的老师手指都缝出血了依然忍痛继续缝制，其中的辛苦只有我们自己知道。但看到孩子们的笑容，这些辛苦都是值得的。在教师提出购买材料时，我们会将材料进行比较，既要比较价格，也要比较玩具的安全性，只有经过多次筛选的游戏材料，采购小组的成员才会购买。购买回来后所有的玩具合格证我们还会进行留档保存。我园的很多玩具、用具多是由本园的维修师傅打造。我们在制作这些玩具时，充分考虑到孩子们的年龄特点，所有的尖角处都要打磨成圆角，木头上的毛刺都要清理干净。我园开展自主游戏一年多以来，共购买和制作了支持自主游戏的室内外玩具十多万元。

（三）挖掘游戏活动材料的本身价值和预期外价值

我园游戏材料在一段时间的补充下，丰富了很多，如安吉积木前后购买了三次，价值在 8 万元左右，品种较多，为幼儿提供丰富的建构材料。原用大框收纳，为方便幼儿搭建游戏室取放，在大框底部加装底板和轮子，面上还有防雨透明塑料布遮挡。游戏结束后幼儿在收纳时受到大筐的限制，不能按序排放，只能堆放在框中，看起来非常杂乱。就这种情况，幼儿园在经费允许的情况下，准备定制不锈钢收纳架。定制前找到大门侧面有一个可以放置收纳架的位置，开始设计钢架形状，但需要做多高、多少层、每格多宽都不能确定。实地测量尺寸，设计框架，但能摆放多少积木心中没底。这时蒋园长说出一个她口中的"笨办法"：将需要收纳的玩具摆放在地面进行测量确定。请来大班小朋友一起对安吉积木进行分类，按积木长、短、方、圆、厚、薄进行堆放，地面画出区域，进行测量，在小朋友们的帮助下得到了数据，不锈钢收纳架做好了。请来孩子一起把积木按积木形状大小进行有序收纳。小班小朋友在收纳过程中，发现收纳架没有隔板，又请来大班幼儿一起实验收纳架堆放积木，确定需要加装隔板会更规范，改进后不锈钢收纳架完成。安吉积木得到有序收纳，在收纳积木过程中加强了幼儿对长、短、方、圆、厚、薄的认识，拼装、摆放规范也是安吉积木的另一个玩法，一举两得。游戏材料不仅满足幼儿"适应性、针对性、目的性、操作性"的要求，还充分挖掘活动材料本身的价值和所蕴含的可能价值。

（四）开发与利用本土资源

坚持多元和实用原则，开发本土资源，对我们贵州来说，蜡染具有明显的地方特色。蜡染是我国民间传统的手工艺术，具有悠久的历史。蜡染工艺品能够运用于幼儿生活中，蜡染小包、帽子、围巾、肚兜等贴近幼儿生活，能满足幼儿的认知、经验和心理发展特点。开展有关蜡染的主题活动，给幼儿讲述关于蜡染的民间故事，让幼儿在看看、听听、讲讲中初步了解民间蜡染的方法，并尝试自己来做蜡染。为幼儿提供颜料、布料，在教师的指导下制作蜡染手帕。活动中，可激发幼儿对蜡染的浅层兴趣，把幼儿对蜡染原有的兴致导向内化，将表面的蜡染热情转化为主动进行蜡染活动的动力，使每一位幼儿都能积极主动地参与活动，从而深入感知祖国的蜡染艺术，激发其民族自豪感。积极利用社区和家长资源，收集、开发本土有特色的废旧材料，如利用医院废旧听诊器、血压器、温度计等进行游戏。"摔伤怎么办""生病发烧怎么办""烫伤怎么办"等在幼儿与材料的互动中、与同伴的交流中，学会互相帮助、体验医生职业特点，懂得关心他人，爱惜自己和他人的生命。利用医院文化，开展养成良好生活的教育活动。

（五）活动材料对幼儿发展的促进作用

1. 促进幼儿自主学习

游戏材料可提高幼儿自主学习能力，有目的、有计划地为儿童提供丰富的操作材料来引发幼儿的自主性学习，从而激发幼儿自主探索和操作的兴趣与动机。在提供活动材料时，要从幼儿身心发展特点出发。幼儿现阶段通过各种感觉器官和肢体动作来完成探索活动，天性好动、好奇、好创造决定了幼儿游戏材料提供的品种要丰富而多元并且可操作。鼓励幼儿自己动手、动脑，自主"创造"属于他们自己的游戏活动。操作过程中让幼儿从接受学习变为自主学习，在幼儿已有经验的基础上，创造、开发、组合各种教学活动材料，探索各种不同的玩法，提高自主学习能力。

2. 促进幼儿多元智能发展

在游戏材料的准备上一定要丰富，多样的游戏材料能激发幼儿的兴趣和玩耍的欲望，符合幼儿各方面的发展，比如体育锻炼、智力训练、认知培养、游戏活动等。在游戏活动过程中要让每一个幼儿都能找到自己感兴趣的东西。尽量利用多元和实用的原则，使幼儿创造力、动手操作能力、合作能力和意志力得到锻炼，幼儿收集资料、想点子、出主意等习惯养成远远超过预期想象。动作、能力、经验、情感等与活动材料的大小、结构、功能之间存在着相互制约的关系，因此提供丰富而多元的活动材料是必要的。

✐ 四、研究的主要成果

（一）实践成果

通过观察幼儿，发现幼儿发展的需要，给幼儿准备材料和环境提供可以满足幼儿发展需要的刺激，营造自主、多元、发展的空间，重视环境创设，促进幼儿身心全面发展。游戏化的课程有利于提高幼儿的认知能力。课程游戏化的意义对于幼儿的价值是很大的，也有利于教师提升自身素养，对于学前教育这个大范围的意义是极大的，所以这方面还是值得研究的。

（二）研究的物化成果

通过购买、废旧利用、教师开发，丰富了幼儿游戏材料数量、种类、结构，满足了幼儿在生活、运动、游戏活动中探究的需求，激发了幼儿学习的主动性和独立自主能力，养成了良好的生活和学习习惯。

（三）研究取得的成效

通过提供不同材料供幼儿进行自主游戏活动，让幼儿能选择自己喜欢的游戏，不是教师被动牵引学习。游戏活动能让幼儿情绪高涨，从而积极主动地进行游戏活动。

📝 五、研究存在的问题以及下一步研究方向

在自主游戏课程实践过程中，投入的游戏材料费用达十多万元，接下来把研究方向放在开发利用废旧物品上，厉行节约幼儿园经费，又能变废为宝，充分发挥家长及社会资源，做好收集、利用、开发废旧材料的工作。

幼儿自主游戏中安全管理的实践研究

张妍

📝 一、问题提出

（一）研究背景

《幼儿园教育指导纲要》中提出："幼儿园必须把保护幼儿的生命和促进幼儿的健康放在工作首位。"由此可见，幼儿的身体健康和安全是幼儿园工作中的重中之重。也就是说，不论在幼儿园开展任何活动都必须是在保证幼儿安全的前提下。自主游戏是幼儿教育改革的趋势，即幼儿在一定的游戏环境中根据自己的兴趣和需要，以快乐和满足为目的，自由选择、自主开展、自发交流的积极主动的活动过程，这一过程也是幼儿兴趣需要得到满足，天性自由表现，积极性、主动性、创造性充分发挥和人格建构的过程。在幼儿园每天都会有一个小时的自主游戏时间，在游戏中我们为孩子提供了丰富的材料及足够的空间，任他们自由玩耍，每次开展自主游戏都是孩子们最开心的时刻。在孩子们开心游戏的背后，离不开老师对游戏安全的把控。我园一直以来都比较重视安全工作，尤其是孩子们在学习和游戏中的安全。从游戏材料的选择到环境的隐患排除都是我们日常工作中重点防控的内容。由于教师队伍比较年轻，教育教学经验比较欠缺，随机的安全防控方面是我们的薄弱环节。班级的老师经常会顾了这头就顾不了那头，因老师的疏忽造成的安全事件也偶有发生。

因此，如何在孩子开心游戏的同时保证他们的生命安全呢？

目前，对幼儿游戏中如何保证幼儿安全方面的研究很多，但是针对自主游戏中的安全管理的研究还比较少，所以借此次机会，我们将对这一内容进行进一步的研究。

（二）研究意义

1. 理论意义

该研究能为其他开展自主游戏的幼儿园如何在自主游戏中为幼儿提供各方面的安全保障提供可借鉴的理论参考。

2. 实践意义

我园的自主游戏已开展一年多，孩子们都非常喜欢并且在游戏中获得了很多学习经验和体验，那么如何保障孩子在自己喜欢的游戏中的安全呢？如何为幼儿打造一个安心、安全的环境值得我去探究，这也是我所研究的意义所在。

二、研究设计

（一）概念界定

1. 自主游戏

自主游戏是幼儿依据自己的需要和兴趣，自由地选择、开展游戏并在其中自发交流互动的过程。自主游戏有两项基本前提，一是幼儿应当处在幼儿园构建的游戏环境中；二是自主游戏应当以幼儿的快乐和满足为目的。由幼儿自由开展，体现的是幼儿的意愿。自主游戏的特点：自主游戏具有内容自主、材料多样、形式灵活等特点。自主游戏是由幼儿选择想要玩的游戏类型，支持玩伴自主、材料自主、玩法自主，即幼儿自己选择玩伴，可以利用幼儿园内老师准备的各种材料，或者自带玩具，进行无穷的探索，自己设计游戏的玩法。自主游戏的内容：由于自主游戏需要遵循幼儿参与的自主性和活动项目的游戏性，不存在固定的内容安排。教师在其中主要起到辅助作用，为幼儿提供场地和材料，如有情况需要，也应进行一定的引导，除了做适时的旁观者外，还可以成为与儿童共同游戏探索的合作者和引导孩子游戏的参谋者。

2. 自主游戏中的安全管理

在幼儿保教保育的教育中，保障幼儿人身安全，心理健康发展，引导幼儿形成安全意识并学会基本安全防范与自我保护的方法。

（二）课题预期目标

1. 研究目标

（1）通过本研究能了解影响幼儿不安全的因素有哪些。

（2）形成一系列自主游戏安全管理机制。

（3）培养幼儿自主游戏中的安全意识。

2. 研究内容

（1）玩具材料、组织者、场地等对游戏中的安全影响的研究。

（2）不同年龄段幼儿怎样开展安全教育的研究。

（3）自主游戏中安全管理制度的研究。

（三）研究方法和研究对象

1. 研究方法

经验总结法：通过每一次游戏中安全措施、教育等的具体情况进行分析与归纳，使之系统化、理论化，上升为有指导性和推广性的经验。

观察法：在幼儿园自主性游戏课程的实施过程中，运用此方法对幼儿活动中存在的安全问题进行观察并记录，再进行客观地评价，从而反思如何改进。

2. 研究对象

云岩一幼各班级幼儿、家长、教职工。

（四）研究步骤

1. 第一阶段：启动阶段（2017年9月—2018年9月）

（1）参加云岩区第一幼儿园课题小组。

（2）明确思路，根据幼儿园实际情况，确立课题研究方案。

（3）相关理论的学习、培训。

2. 第二阶段：实践研究阶段（2018年10月—2020年6月）

（1）研讨、反思实践的过程及效果，并进行再实践，再反思。

（2）形成阶段性成果，撰写课题中期报告。

3. 第三阶段：总结阶段（2020年7—11月）

（1）收集整理和分析研究过程资料。

（2）撰写课题研究报告。

📝 三、研究过程

（一）创设安全的物质条件，为幼儿在自主游戏中能玩得更开心、安心，打好基础

（1）把握好购买关、制作关，让玩具、用具用得放心。在我园开展自主游戏一年多以来，共购买和制作了支持自主游戏的室内外玩具20余万元。种类涉及桌面玩具、户外体育类器械、大型积木、墙面玩具等。为了保证玩具的质量符合国家的标准，我们成立的采购小组，制定了采购的规章制度、流程。在教职工提出购买时，我们会将物品进行多家比较，既要比较价格，也要比较玩具的安全性，只有经过多次筛选的玩具，采购小组的成员才会进行购买，购买回来后所有玩具的合格证我们都会进行留档保存。我园的很多玩具、用具多是由本园的维修师傅打造。我们在制作这些玩具时，充分考虑到孩子们的年龄特点，所有的尖角处都要打磨成圆角，木头上的毛刺都要清理干净，比如花台，我们做的栅栏棱角都是打磨过的。

（2）废旧材料利用注意安全性。幼儿园提倡废物利用，用废旧材料制作孩子的玩具。特别是户外的体育玩具，很多都可以用废旧材料进行制作。那么，如何做好废旧材料利用的安全性呢？我们在收集这些废旧材料时装过化学类物品的瓶子、罐子等都是一律不要的。收集来的瓶子、罐子都是饮料或生活类物品。收集来园后我们会先进行清洁和浸泡，晾干后才开始用来制作。做好的废旧物品会定期进行检查，如沙包、飞盘等，因为这类自制玩具是需要在里面放填充物，并且又是放置在户外的，难免会日晒雨淋，所以就必须定时检查里面的填充物有没有发霉，如果发现发霉，应及时丢弃。其他的也要定期放在太阳下进行暴晒杀菌。一些塑料瓶子做的玩具使用过一段时间后要检查是否有裂开的、破损的，会不会划到孩子的手。特别是沙池里的这些玩具较多，如果有破损，被孩子们不小心踩到会弄伤手脚。因此，这些废旧玩具的检查我们定期要开展检查的。

（3）充分利用幼儿园的每一个空间，让活动场地更加明确，保障幼儿活动的安全性。我园户外场地有前操场、后花园和三个平台。在改造前三个平台都是闲置的，只是用来摆放一些植物。孩子们的主要活动场地是前面的大操场，只要有三个班级的孩子同时出来活动时就会显得比较拥挤，有的骑车，有的玩体育玩具，有的玩安吉积木。时常听到孩子告状，"老师，他骑车碰坏了我搭的城堡""老师，她的球扔到我了"，增加了很多不安全的因素，而且孩子们的活动空间受限。特别是在沙池里玩耍时，孩子们都是一个挨着一个地玩沙，比较拥挤。鉴于此，我们召开了一次全园会议，让大家集思广益，怎么让孩子的活动空间更安全，更便于孩子的发展。老师建议将三个平台和后花园充分利用出来，将大型的安吉玩具分散摆放在平台上，

体育类玩具选出在地面玩耍的，如单车放到四楼平台一部分，娃娃家的用具搬到后花园去。对于场地的安排，老师也进行了商讨，合理地将每个班开展自主游戏的时间和地点进行了分配，让每个场地既能发挥它的作用，也能减少因为人员拥挤造成的安全事故。接着我们又对我园的沙池、摆放玩具的地点进行了改造。现在的沙池扩建成了两个，一个是普通黄沙池，一个是海沙池，空间增加了一倍，孩子们可以根据自己的爱好选择沙的种类，再不会为了谁挤到谁而发生争吵、拉扯的事件了。

（4）一日三巡，随机检查，让活动场地安全无忧。

①幼儿园的任何一个活动场地每天都会留下孩子们的身影，场地的安全对于孩子们来说是非常重要的。为了保证场地上没有安全隐患，我们安全领导小组的成员、行政值班人员、每个岗位的人员都会对孩子的活动场地进行检查和巡查。每天在孩子来园以前安全员和各班级人员会进行一次检查，孩子开展自主游戏前行政值班人员会对公共区域进行一次巡查，下午孩子们起床后保教主任也会再次巡查场地安全。一日三查和班级老师的随机检查，让孩子们的活动场地再无安全隐患。

②为了让安全无死角，除了行政后勤人员巡查安全外，我们将幼儿园的各个环境分配到人，每个人都有自己负责的安全区域，如班上三个老师负责的区域就是班级活动室和教室外走廊，当这些区域有问题时就及时向分管维修人员进行报修。我园有专门的维修师傅和负责维修的管理人员。当分管人员收到老师的保修后及时通知维修师傅第一时间进行维修，如果是无法完成的则请专业人士到园维修。这样我们就把检查和维修都控制在第一时间，减少了因发现和修理不及时造成的安全事故的发生。

③对幼儿经常使用的大型玩具和户外玩具，我们都会经常进行排查，看这些玩具的螺丝是否有松动，是否生锈，材质是否因年限过长而发生变化，如果有问题了就会告知各班停止使用并进行更换和维修，以确保孩子们玩的户外玩具是安全的。

（二）从教育教职工到教育孩子，让全体师生都参与到安全管理中来

（1）安全制度的建立和安全培训，可提高教职工的安全意识。安全工作是所有工作中的重中之重，单靠几个人是无法保障幼儿园安全的，只有全体职工都参与进来才能让安全工作事半功倍。我们针对幼儿园的特点制定了相应的安全制度，制度涉及幼儿园的环境、用火用电、幼儿一日生活的方方面面。制度的建立是在教职工代表大会上大家共同讨论后敲定的，只有做好自己岗位的安全工作，才能保证孩子的学习和游戏安全。同时，针对我园的教师和保育员都属于刚参加工作没多久的，经验不是很丰富的情况，我们坚持每周召开一次安全会议，学习一些安全知识，同时总结一周中发现的班级和自主游戏开展中存在的一些安全因素，再让老师集体讨论，说出不足和改进的方法。通过一周一次的总结、学习，老师和保育员的安全意

识得到了提高，安全工作有了很大的进步。

（2）班级教师是孩子安全管理的第一人。每个班级的老师都是孩子安全管理的第一人，因为他们是接触孩子最多的人，生活环节的任何一项都离不开老师的安全管理。特别是自主游戏的开展，孩子活动场地更大了，玩的种类也更多了，如果老师没有足够高的安全意识和安全管理水平，很容易发生安全事故。在每次活动开始前，教师必须对孩子的着装进行检查，看看是否有不符合活动需求的衣服，如戴帽的、领子上有长带子的等，然后每个老师在开展任何活动前都必须有安全注意事项的交代，要在活动初就告知孩子们应该注意哪些安全问题，对于大班的孩子可以让他们自己进行总结。班级老师对游戏中的站位和任务必须进行分工，如户外自主游戏在前操场开展，班上三位老师就要明确自己负责的点位，在游戏进行中自己就要对这个区域的孩子的安全负责。除了分工外还要相互配合，当有一个老师需要处理孩子之间的问题时，另外两个老师就要及时扩大自己的安全负责区域，只有分工配合才能在游戏中杜绝因教师责任意识淡漠而发生的安全事故。此外，教师对班级每个孩子的身体状况必须很了解，哪些是体弱儿童，哪些孩子今天身体不舒服不适宜长时间的户外活动，等等，只有了解了这些，才能根据孩子的状态及时把控好孩子活动的强度和时间，避免因孩子身体不适造成安全事故的发生。孩子在开展自主游戏时，教师要对环境进行检查，这个检查不仅是活动前要查，活动中更要随时巡查，发现不安全的因素应及时停止活动。例如，我园的几个活动平台的地面是用防腐木铺设的，时间久了，防腐木的木质会有些腐朽，容易发生塌陷和断裂。有一天，大班孩子在四楼平台开展游戏时有一处的防腐木在孩子跑跳时断了，所幸没有伤到孩子的脚，老师发现后及时停止了活动，将断裂处用围栏围起来并及时报修。这个事件也正说明活动中的环境监察也是很重要的。在自主游戏的过程中，教师是观察者、支持者，也是参与者，教师的参与必须是在孩子需要介入或有安全隐患时可以适时地参与进去。例如，一次大班的户外 CS 自主游戏中，孩子们都玩得有些累了，李一诚就躺在了垫子上休息，这时和他要好的裴启铭走过来想将他拉起来，结果没拉动，于是他喊来几个小伙伴说我们把他抬起来吧，于是几个小伙伴有的抬脚，有的抬手，可是怎么都抬不动。老师走过去建议说，我们可以抬起垫子的四个角试一试，这样比较安全，于是孩子们说干就干，还吸引了更多的孩子过来帮忙，他们都找到自己合适的位置，李一诚知道了其他孩子的意图也很配合地进行游戏。出于安全考虑，孩子们没抬多远我就让他们停止了游戏。放下了李一诚，孩子们仍然掩饰不住新鲜感和成就感。这个小游戏中教师有适时的参与，给予孩子们一些安全建议。孩子们通过游戏也知道了一些安全方法和树立了小小的安全意识。在活动中和活动结束后，教师必须进行人数清点，这点对新入园的小班孩子和大班孩子尤为重要。因为小班孩子新入园时对环境和班级位置不熟悉，在户外活动后有可能走错教室，跟错班级。

而大班孩子的自主意识逐渐增强，有部分调皮的孩子会无视老师的要求，自己留在户外玩耍，因此回班级后的人数清点就很有必要了。孩子经过一个小时左右的自主活动后情绪都是比较亢奋的，这时教师应该让孩子们进行一些安静的活动，如游戏反馈与回顾，既可以倾听孩子在活动中遇到的难题和亮点，也可以让少数孩子们诉说他们在游戏中遇到的不愉快的事情。班级教师是孩子最亲密的人，也是孩子最信赖的人，必须从方方面面解决孩子身边的安全隐患，让孩子在一个舒适安全的物质环境和心理环境中愉快地学习和生活。

（3）给孩子们一些安全教育，孩子也是安全管理中的一员。古话说："授人以鱼不如授人以渔。"与其让孩子们被动地听老师说："不能这样，危险！不能那样，危险！"不如让孩子也掌握一些安全知识，知道一些自我保护的方法，让他们也成为幼儿园安全管理的一员。第一，我们结合幼儿年龄特点和我园开展的自主游戏的种类，让老师每月固定或随机地对孩子进行安全教育。特别是孩子们在自主游戏中发生的不安全的瞬间，老师用手机拍摄下来，每次活动结束后在自主游戏回顾环节中进行演播，让孩子发现自己或同伴做的那些事情会有危险，这样结合孩子生活的安全学习，非常受孩子喜欢，他们能很快接受，并且在活动中知道如何去避免。对于年龄较小的孩子，这种直观的方法也很适合他们，尽管因为年龄原因，他们也许还会再犯，但是经过多次的提醒教育，孩子们的安全意识肯定有很大的提高。第二，根据各个年龄段孩子的特点，每个班的老师要给孩子树立规则意识和制定各活动的规则。例如，小班的户外自主游戏，老师可以用图片的方式引导孩子们知道什么是规则，应该怎么去遵守。大班的孩子则可以由他们自己来制定，什么游戏，几个人参与，游戏中不能做什么，应该做什么，等等。体育游戏中的规则可以由老师来制定。只有有规则的活动才能避免一些人为的安全事故的发生。并且，规则的制定和遵守也对孩子社会性培养起到重要作用。第三，对孩子的习惯培养也能减少安全事故的发生。例如，不需要的玩具及时放回收纳箱中。特别是一些体育玩具，孩子如果没有养成收拾的习惯，玩完后顺手就放在地上，孩子们在户外又跑又跳很容易发生绊倒摔跤的事故，因此一些良好习惯的养成也可以杜绝安全事故的发生。

（4）家长也是安全管理中的一员。我们幼儿园在安全管理中充分考虑到家长的重要性，家长也成为安全管理的一员。第一，家长作为孩子的第一监护人，对孩子的安全负有主要责任。我们幼儿园与家长签订了安全家长责任书，在责任书中明确了家长应该承担和注意的安全事项。让家长对自己的安全责任有一个清楚的认识。第二，我们从每天入园开始就要让家长参与到安全管理中来。例如，孩子每天放在书包里和口袋里的物品，家长必须在出门前进行检查，一些有安全隐患的小物件如打火机、小刀、纽扣等不允许孩子带到幼儿园。离园时家长要拉好自己孩子的手，注意交通安全。我们还成立了家长护卫队，在孩子入园和离园这两个节点和我们幼儿园的老师一起保卫孩子们的安全。除此之外，我们还根据每个班级孩子年龄特点不定期地布置一些安全家庭作业，如大班是消防安全的作业，家长就要配合老师对孩子进行消防知识的传授，让孩子知道在自己家里发生火灾时自己应该怎么自救。对于小班孩子我们布置了防拐骗的作业，让家长告诉孩子自己的手机号、家庭住址，让孩子记熟并且告知孩子防拐骗的一些方法。我们还邀请家长观摩我们的自主游戏，在观摩中有一条就是提出自主游戏中存在的不安全因素，根据家长提出的问题进行答复或整改。家长还是我们的环境监督员，每个月我们都会邀请家长参与安全隐患大排查，让家长通过他们的视角来审视幼儿园的安全是否有隐患。家长的参与，让他们对我园的安全管理有了更多的了解，也为我们的安全管理提出了很多的建议，帮助我们做得更好。

通过实践，我园在自主游戏中的安全管理方面积累了比较多的经验，从物质的管理到人的管理，都是保障幼儿游戏、学习的安全因素。

四、研究的主要成果

（一）实践成果

形成了一系列关于幼儿园安全管理制度。其中，与自主游戏安全有关的制度有安全隐患排查和整治制度、幼儿园安全管理制度、幼儿园公共活动场地安全管理制度、幼儿园保育员安全防护责任制度、幼儿园体育器材管理制度、幼儿园设施设备维修检查制度等。

（二）研究的物化成果

形成了我园的安全管理模式，即物品采购 + 维修 + 安全培训 + 日常安全管理。

（三）研究取得的成效

在两年多的时间里，我们没有出现较大的安全事故，每年的安全评估检查都是优秀。

五、研究存在的问题以及下一步研究方向

虽然在幼儿自主游戏中安全管理的实践研究中迈出了坚实的步伐，但仍感前面的路还很长，我下一步的思考如下。

（1）怎样让安全管理更加量化，便于管理者进行考核评估。

（2）怎样让家长也参与到我园的安全管理中来。

浅谈组织游戏分享环节的有效策略

彭惟楚

分享环节是自主游戏中的一个重要环节，通过分享环节，孩子们可以回顾自己的游戏过程，提炼游戏的精彩瞬间，接受来自老师和小伙伴们的建议，进而尝试自我修改和提升。

2004年载于《幼儿教育》杂志上的一篇名为《游戏的分享》的文章中，作者黄进指出了游戏分享具有三个趋向：一是教师与幼儿的关系趋向平等。二是教育活动趋向过程和目标并重。三是教育活动关注点趋向情感的体验和交流。这三点都是当前教师对自主游戏及其游戏环节需要去转变的观念和行动的方向。

通过幼儿从小班到大班的成长，我的教育观念也在一次次组织分享环节、改进分享环节的过程中发生了变化。

小班时，幼儿在语言表达能力上还比较欠缺，分享环节实难谈"有效"二字。大多数孩子依托教师的提问、帮助、引导和补充，断断续续地完成自我分享和描述。同时，受年龄限制，孩子们在平行游戏阶段所能分享的内容并不多，个别孩子很难将事情描述清楚。因此，很多时候需要教师做一个"聆听者"和"翻译官"。教师要先倾听、再理解，最后"翻译成"孩子们都能懂的话，再次分享给全班幼儿，并且可根据具体情况，引导幼儿提炼游戏最精彩、最有趣的部分。如果只是语言的分享，形式上相对单一，且小班幼儿的注意力容易分散，所幸多媒体技术帮了大忙，孩子们在一次次回忆和分享中有了图片的支持，逐渐开始依托图片中的内容和信息来分享自己的游戏。

然而此时，问题却又出现在了我自己身上。当一个教师习惯了"教师主导"的表达方式，在分享时很容易陷入惯性的怪圈，再加上个人性格使然，这都造成了我在孩子们小班阶段，忽视了孩子们的自评和伙伴之间的他评，分享环节变成以教师说为主的"一言堂"。同时，在分享方式上也比较单一，主要使用图片分享，视频的比重不够，情境再现法更是没有得到很好的实施。

升入中班后，我们的分享环节逐渐转变成了以教师为主的问答式分享法。此时的我，反思自己在小班阶段的问题，我及时地转变了自己的观念，开始尝试新的方法。当然，这个转变也要感谢我的孩子们。本学期孩子们的进步与成长、班额的变大让我们的分享环节注入了新鲜血液，孩子们之间的相互模仿、相互交流，同伴之间的思想碰撞开始变多，游戏的精彩程度远是小班时无法比较的。因此，在中班阶段，我开始增加视频分享的次数，到了中班下学期，开始尝试情景在线法。

升入大班后，孩子们的游戏更加精彩了，同伴之间的合作变多了，发现问题和解决问题的能力提高了。于是，我利用视频分享的方式，将游戏的情景实录分享给大家。大班阶段，我们几乎每天都会采取"图片＋视频"的分享法，并有针对性地采取情景在线法。例如，在表演游戏中和角色扮演游戏中，孩子们乐于分享新的玩法，在分享环节，部分能力强的幼儿，不仅能口头描述一遍，还能和小伙伴相互配合演示给大家看，提高了分享环节的有效性和积极性，也使游戏更加精彩。因此，大大刺激了孩子们说的积极性，舞台也更多地交给了孩子们来分享、表达。于是，自评和他评也就水到渠成了。孩子们能根据视频讲解，反思自己的问题，并说出他人做得好的地方，当观看视频或情景在线时，孩子们总能发现存在问题的地方，并能提出很好的建议，逐渐懂得了取长补短，改进游戏。

在此，我将分享环节的几点策略总结如下。

🖊 一、图片分享法

图片分享法是最常用，也是最容易操作的，无论哪一个年龄段的幼儿都可以围绕图片进行讲述。随着孩子们不断地长大，图片分享时，教师会逐步退出分享的舞台，年龄越大的孩子分享表达会越完整，教师的引导和介入就越少。到了大班，仅仅从一张照片、一个小朋友的分享，就会引发其他孩子不同的见解和看法，自评和他评就自然展开了。同时，图片分享法有着其他几种分享方式都不能达到的独特优点——特写。

当我们需要对一些小的细节进行放大与捕捉时、当我们想要看清一个作品的建构细节、更加了解它不同位置的空间结构时，照片特写、图片自由放大缩小，会让这些细节清晰地呈现在大家眼前。这样对于细节的把握，也会逐渐培养孩子善于观察的品质，年龄越大，孩子们观察的细节、问题也就更加多面。

🖊 二、视频分享法

图片分享法也不是十全十美的，有的游戏则需要通过视频来进行捕捉和分享。图片只能呈现事物静止的状态，因为看不到孩子们的具体操作和幼儿之间的对话，在分享时很难捕捉到游戏中小朋友的主观意图。比如，在砂水结合游戏中的实验操作，在建构游戏中的搭建技巧，在表演游戏中的表达方式，这些都是静态图片无法呈现的。

视频分享法能够很好地还原游戏的情景，还能极大地集中幼儿的注意力，提高幼儿对游戏的兴趣，通过观看视频，幼儿可以看到自己的小伙伴在游戏中最真实的反应和表达，甚至常常会收获"物外之趣"。对于分享游戏的幼儿来说，结合视频，孩子的游戏分享会更加完整，述说自己的游戏时也会更加有理有据。尤其是在视频分享游戏时，视频中本是"当局者"的幼儿可以转变视角，从"旁观者"的角度看自己的游戏，看看自己有哪些地方做得还不够好，思考下一步该从哪里改善，这让幼儿的自评变得更加有效。

三、情景再现法

相较于前两种方式，情境再现法的实施相对不易，原因在于情景再现法要依托的要素较多。第一，在大家面前进行情境再现的孩子需要清楚地记住自己当时的游戏情景是如何的，有的孩子会在分享时，作出一些和原情境不同的行为，这样会失去真实性。第二，情境再现还需要孩子们有敢于表演的勇气、能力和良好的语言表达能力。有的孩子语言表达能力稍弱些，或者有的孩子容易怯场害羞，这些因素都使得情境再现法不是那么容易。

都说表演是"真听、真看、真感受"，我认为分享环节亦是如此。在我们班，通常情景再现法都在角色扮演游戏、表演游戏中使用。例如，在中班下学期，孩子们很爱玩消防员救火的游戏，在孩子们通过情景在线分享时，作为观众的孩子们经常会在观看时发出"他怎么都不说话""感觉这个没什么情景""我觉得有点无聊"的声音。有的孩子甚至会在观看后提出"质疑"。比如，在一次表演后，龙哲熙就问道："王晟懿怎么门都不敲就冲到人家家里去了？他是有钥匙吗？"这个问题一出，很多孩子都表示自己也发现了这个问题，王晟懿却漫不经心地反问道："我是消防员去救火还要敲门，万一人死在里面了，谁给我开？"喻悦灵却立马反驳："那你们应该把门撞开啊，你也没撞。"王晟懿无力反驳，后来他们再演消防员的游戏就会逐渐注意这些细节，比如怎么搬运受伤的人，需不需要自己搭建一个消防车，救助高处的小动物，要不要带保护垫。一次次的改进也让游戏更丰富。最终我们结合全班之力，将消防员的游戏改编成了剧本，在丫丫小剧场全园上演，得到了弟弟妹妹们的一致好评。

到了大班，在后花园的小学校游戏进行情景再现时，孩子们还会自发地讨论，自己更喜欢哪一位老师，为什么？孩子们会比较老师之间谁做得好，谁应该向谁学习？比如，孩子们觉得喻悦灵老师更严肃，蒲艾琳老师更温柔，希望喻悦灵老师再温柔一点，后来喻悦灵就更温柔些，孩子们觉得多多老师太凶啦！多多老师却说："我是园长！我不管你们就乱玩了！"多多老师坚持自己的想法，喻悦灵老师采纳孩子们的建议。小学校的游戏也一次比一次精彩。

由此可见，情景再现法能激发孩子们表达和展示自己的主动性，极大地促进孩子之间自发地交流和想法的碰撞，无须老师多言，游戏一次比一次精彩。孩子们在分享环节也彰显着自己的个性和独一无二。

随着孩子们的不断成长，我个人对于分享环节的有效性策略的实践较之前有了很大的进步。我认为，没有任何一种分享方式是可以拎出来独立使用的，如在建构游戏中我们需要在视频中观看拼搭的动作和幼儿的思路，需要图片来特写作品和一些细节。在角色游戏中，需要视频还原现场，需要情境再现来直观感受，而以上每一种分享方式都离不开幼儿之间的自我分享，相互评价，也离不开教师的引导，问答的形式依然贯穿其中。

因此，教师需要有观察孩子的敏锐感，能够根据孩子的具体游戏、具体行为，灵活地进行记录，以此来配合多媒体设备展开多种形式相结合的分享。这更加需要教师有一对聆听的耳朵和一颗走近儿童的心。

自主游戏分享环节培养幼儿倾听习惯的策略

詹慧中

创造性是孩子们必须学习的技能，只有倾听才能有效地学习。没有良好的听力习惯的孩子很难仔细地听，结果造成了学习、生活、沟通、表演能力低下，班级秩序混乱。面对不注意听的孩子们，有些老师无能为力，有些老师没有科学有效的措施来引导他们，孩子们的一些活动就草草结束了，这不仅影响了孩子的综合素质和学习能力，还影响了孩子的健康发展。

🖊 一、倾听习惯对幼儿的重要性

孩子的倾听能力是孩子学习和生活的必要能力，是所有活动的基础。如果他们没有形成倾听的习惯，他们就不能适应幼儿园集体生活、各门功课的学习、良好的行为习惯的学习以及综合能力的发展，对于进入下一阶段的学习存在着困难。很多教师认为，不擅长学习的学生不能认真听课，上课时调皮，没有养成倾听的好习惯。这样，学生渐渐地对学习没有了兴趣，这些问题是孩子将来成长的一大问题，如果他们不注意这个问题，很容易迷失方向。因此，养成幼儿期良好的倾听习惯，将终身受益。多和幼儿交谈，是培养幼儿倾听习惯的基础，良好的倾听习惯是孩子发展和获取知识的前提。

🖊 二、培养倾听习惯的实践意义

听力发展始于幼儿园，也是儿童听力训练的早期阶段。幼儿园的老师在教育和管理孩子的时候，已经意识到了倾听习惯的重要性，没有良好的习惯，教师就不能很好地组织孩子的学习和生活。这是儿童进入群体生活，培养和提高生活习惯的重要能力，教师在班级管理中耐心细致地引导，通过孩子们的倾听和实践，适应学前生活，获得学习和生活技能。听是儿童学习的基础，早期养成倾听的习惯对幼儿很重要，但目前在班级管理方面还没有科学、系统的方法，如何引导孩子，提高孩子的倾听能力，对班级管理以及孩子的管理方式进行研究，因此本研究对儿童的发展具有重要意义。课堂管理是对儿童生活的各个方面进行管理，促进儿童健康快乐地发展。听力是儿童学习和生活的基础，在班级管理中，为了孩子得到有效的发展，倾听能力的发展也会促进课堂建设，因此班级管理应培养孩子们的倾听习惯。听课是基础，班级管理是一棵大树，倾听的枝丫和大树连接在一起，幼苗们就能快速成长。

三、发现问题并实施措施

（一）开展行动研究，分析问题和现状

2019年11月，我对本班自主游戏情况和问题进行了分析。采取的方式是对本班幼儿在自主游戏分享环节时的表现进行记录和分析，总结了目前自主游戏分享环节幼儿在倾听方面存在的问题。孩子们的年龄限制了他们的听力和动作发展，他们容易分心，不善于倾听，自制力和忍耐力都比较差。老师词汇量的多少、复杂性语句的长度以及说话的方式都会给听力带来不同程度的影响。特别是当老师忙于自己的事务，听孩子说话时听完开头就不听了，有时候也会打断孩子说话。教师在孩子的听力行为中起到了不良的示范作用，如果我们做不到听别人讲话，会在孩子的心里留下印记，并无意识地学习这些坏习惯。

环境也是影响幼儿倾听习惯的因素。顾咏梅的《孩子的听力习惯和听力能力》中提到，语言交流环境复杂会影响孩子的听力发展，孩子在家语言沟通环境单一，孩子们很容易注意别人说的话，而在幼儿园孩子不理解他是个倾听者，有时也不知道老师和其他孩子的演讲和他有什么关系。如果孩子在吵闹、刺激的环境中说话，或者说话的内容不能引起孩子的兴趣，因为注意力不集中，所以倾听的效果不理想。

（二）引导幼儿进行分享和评价

关于改善孩子不良的听力行为的方法的研究从儿童、学生、教师、环境的角度出发，幼儿园的孩子以游戏为主体活动，所以我将自主游戏作为切口，激发孩子们听的兴趣，在分享环节中唤起孩子们对游戏故事的兴趣。在每次分享环节开始前，我会先分享自己对幼儿游戏的评价，找出精彩的游戏故事，请幼儿进行分享，请其他幼儿认真听，并给出点评和建议，通过引导孩子们用完整流畅的语言来表达，并记录听的孩子们和其他孩子们所共有的内容，我用观众的眼睛来分析孩子们的问题。

在引导讲解后,我通过视频或者照片发现引导中存在的问题,并对其进行比较、分析。我会根据孩子们的倾听表现进行评价,进行更集中的指导,更动态地听取规则。比如,孩子在表述自己的游戏过程时,老师引导幼儿按照"刚开始我是怎么玩的,然后我发现了什么,于是我做了什么,最后我怎么结束……"的句式进行游戏过程的重复和再现。在自评环节,我会请幼儿回答今天是否完成了自己的计划,自己在游戏中是否遇到了困难,如何解决困难的,下次会怎么做;在他评环节,老师会引导幼儿用"我觉得今天谁在游戏中的表现很好,因为……,所以……"的句式对他人进行评价,最后我再进行总结与评价。

(三)认真倾听并记录幼儿的分享过程

在锻炼幼儿倾听习惯的目标下,我结合了目前幼儿倾听的主要问题,决定发挥老师的榜样示范作用,在每一个幼儿进行分享的时候用眼神关注,微笑示意和点头表示赞同,这样正在分享的幼儿感受到了被尊重,也会学习老师去尊重和倾听别人,而其他正在倾听的幼儿看见老师做出了这样的行为也会有意识地模仿,大部分孩子都想要得到老师的肯定,所以也会进一步增强幼儿分享的欲望。同时,在幼儿进行分享时,我会注意提醒没有认真倾听的幼儿,表扬认真聆听的幼儿,从而通过榜样示范影响周围的幼儿。对于某些屡次不愿意认真倾听他人的幼儿采取适当的措施,如延迟满足他的表达需求,当他想要进行分享的时候不会立刻请他进行分享,而是先请表现良好的幼儿进行分享,并告知没有立刻请他的原因,因为他不认真倾听,没有尊重别人,所以我不会立刻满足他的表达需求,优先选择其他认真倾听的幼儿。

(四)设立奖励机制

在幼儿分享结束时,我会对幼儿分享的亮点和精彩瞬间进行点评,并带动全班幼儿对大胆表现和分享的幼儿进行掌声鼓励。分享环节进入尾声时,我会准备一些小小的奖品,如小贴画、小奖状、老师亲自制作的小礼品对表现较强专注力的幼儿进行奖励,通过奖励的手段激励幼儿养成正确的倾听习惯。我们必须根据不同班级的孩子们采用不同的教育战略。为了有效地激发孩子们的兴趣,教师必须有清晰的场景来吸引孩子们的注意力,教师的语言简洁,直接进入主题,不同的交互对象会呈现不同的影响。孩子们和老师交流的时候,在眼睛、表情、身体等方面表现得很好,眼睛随着老师的旋转,姿势根据语言状况的变化而变化。

我们班幼儿在与同伴互动时,少数孩子有更好的行动,基本都是和伙伴们玩,转过头去说话,或者说无关的事情。因为教师的权威性和伙伴之间的和谐氛围营造了孩子们必须要听的氛围,孩子会很顺从并仔细听。孩子在日常生活中积极行动的数量远比消极行动少,听力行动的问题在面部反应中很重要,在听取行动中儿童面部反应的表现主要分为眼睛和表情。我从孩子们的一日生活中观察到,区域活动、户外活动分享环节时大多数孩子都会发生听的行为问题，这种现象在眼睛上最明显。很显然，大多数孩子都是低着头、看周围和看其他事物。

（五）画倾听的约定

中班年龄段的孩子可以自己制定游戏规则，而大班的孩子绘画能力较中班有所提升，能够将游戏人物、材料、过程较为完整地画出来。所以，我请幼儿自己画倾听的约定对于幼儿来说十分适合，并张贴在班级中，起到随时提醒的作用，这样幼儿能够更好地遵守自己画的约定，提升幼儿自主倾听的能力。例如，我们不能在别人说话时抢先回答；别人说的时候应该安静地听，轮到你说的时候别人才会安静地听。实际的行动可以让孩子更容易理解，共同制定的规则孩子更容易遵守。

在经过一年的培养后，我们班幼儿的语言表达能力和倾听习惯有明显的提升，能够用较完整流畅的语言复述自己的游戏过程，甚至能用细节描述人物之间的矛盾以及解决办法，从最开始的不愿意听到愿意主动听并给出自己的建议，和每一天点点滴滴的积攒分不开，所以在日常活动和指导活动中，教师应该注意语言的魅力，说话的速度、声音、语调和能力的高低，可以通过丰富的肢体语言来听孩子们说话，重点是这样让孩子们有更快更好的活动状态。

作为新手教师如何支持和引导幼儿自主游戏

张 艳

2020 年 11 月，我进入云岩区第一幼儿园从教，对幼儿自主游戏从未接触过。在初期，我对自主游戏有着错误的认知，认为自主游戏就是让幼儿自由活动，因此在幼儿游戏的过程中缺乏对幼儿的引导。幼儿在进行自主游戏的过程中，我习惯于发挥组织能力，对幼儿游戏大加干涉，这种方式在很大程度上影响了幼儿参与游戏的热情，也导致了幼儿对教师的指导产生了厌烦的心理。虽然很多时候我是出于保护幼儿安全的目的，对幼儿的自主游戏进行介入，但是这种方式无疑不会达到预期的教学效果。

教师介入幼儿游戏应秉持"强化主体发展，彰显游戏精神"的原则。教师的介入是要为幼儿游戏创设更自由和谐的环境，为幼儿的发展提供支持和保障。教师要通过介入游戏，支持幼儿按自己的兴趣、需要和生活经验进行创造性的活动，按自己的意愿设计和生成新的游戏。教师要鼓励幼儿自己解决游戏中出现的问题，让幼儿在与环境、材料、同伴相互作用的过程中发展自己。同时，教师的介入要保证游戏开始的自发自主，游戏过程的自娱自乐，游戏规则的自我制定与自觉遵守，游戏材料的自由选择与自在操作，游戏伙伴的自由组合与相互合作，等等，最终使游戏主体在自由和谐的活动中得到发展。我深感自己理论知识不够扎实，每到用时才恨学得少了。在撰写自主游戏观察记录表和游戏案例时，只能白话地记录实时情况，因为理论水平的限制，没有深入地进行教师介入和幼儿游戏水平分析，研究的科学性不够，缺少研究体系。

在通过系统的学习以后，我认为支持幼儿的自主游戏应该做到以下几点。

（1）精心为幼儿准备游戏场景。教师在考虑组织游戏时，必须为幼儿做好相应的材料、时间、空间、经验等条件准备。材料准备对幼儿游戏有着极大的影响，是教师指导游戏重要的、不可缺少的环节。教师可以通过对材料的提供，将教育意图及教师期望幼儿达到的行为，通过材料来展现给幼儿。准备游戏材料，也是幼儿参与游戏的第一步，这样不仅能更好地满足幼儿游戏的愿望，还能提供锻炼幼儿能力的机会，省去了教师花大量时间为幼儿制作精美玩具的不必要劳动。游戏时间的长短，直接影响幼儿游戏的质量。幼儿只有在充足的时间里，才能去寻找伙伴、选择角色、计划游戏的情节等。如果时间过短，幼儿不仅玩不出高品质的游戏，还会慢慢放弃要玩的游戏内容。游戏空间的大小、密度及游戏场地的结构特征等，对幼儿游戏都会产生影响。因此，游戏前教师要考虑空间是否有利于幼儿各类游戏的开展。足够的空间可以使幼儿在游戏时玩得尽兴，而狭窄的空间会使幼儿产生紧张、压抑的情绪，且容易引起幼儿因相互间的碰撞而产生纠纷。幼儿游戏是他们对现实生活的再现，幼儿只有具备了某种经验，才能在游戏中表现出来。因此，经验的准备就是要为幼儿提供多种途径，丰富和完善幼儿的知识经验，并在游戏之前以多种方式来刺激、激活幼儿已有的经验，为游戏的顺利开展提供保证。这种游戏经验的准备包括已有的经验和预先的经验两个部分。幼儿就是通过游戏将已获得的生活经验及简单的知识经验进行实践、尝试，并重新建构以形成新的经验，逐渐学习社会规则并掌握与人交往的技能及行为规范。

（2）仔细观察幼儿游戏时出现的问题、困难，并及时介入游戏。教师只有观察幼儿的游戏，才可能发现幼儿游戏的兴趣和需要，了解幼儿游戏的现状及存在的问题，及时调整游戏材料，确定何时参与、介入幼儿的游戏，作出有效的指导。观察幼儿的游戏，有利于教育教学计划的制订，将幼儿游戏的经验与教育教学活动中提供的经验相整合，帮助幼儿形成系统的、丰富的经验体系，促进幼儿全面和谐地发展。针对不同的情况需要用不同的方法进行观察，用扫描观察的方法可以了解全班幼儿游戏的情况，用定点观察的方法可以了解小组或区域幼儿游戏的情况，用追踪观察的方法可以了解个别幼儿游戏的情况。

根据教师在游戏过程中影响活动的形式，我们总结出教师参与介入游戏的三种方式，即平行式、交叉式和垂直式。平行式的介入法是当幼儿只喜欢某一种游戏或对新出现的玩具材料不感兴趣、不会玩或不喜欢玩时，教师可以在幼儿的附近，和幼儿玩相同的或不同材料的游戏，以引起幼儿模仿，教师起着暗示的指导作用。交叉式的介入法是当幼儿有要教师参与的需要和教师认为有指导的必要时，由幼儿邀请教师作为游戏中的某一角色或教师自己扮演一个角色进入幼儿游戏，通过教师与幼儿、角色与角色之间的互动，起着指导幼儿游戏的作用。当幼儿在游戏中出现严重的违反规则或攻击性行为时，教师则以现实的身份直接进入游戏，对幼儿的行为进行直接干预，称为垂直式。垂直式的介入法不宜多用，因为它很容易破坏幼儿游戏的气氛。

（3）总结经验，帮助幼儿回顾游戏，提升幼儿游戏经验。游戏结束时，教师引导幼儿就开展游戏情况进行讨论，帮助幼儿整理游戏中零散的经验，修正错误的经验并找出存在的问题，分享成功的经验，为下一次游戏的开展做好材料、经验等方面的准备。这种游戏讲评是对幼儿已有经验的提升，也是下一次游戏计划的依据。它不仅可以丰富幼儿游戏的内容，还有助于促进幼儿综合能力的发展，帮助教师及时了解幼儿在游戏时的真实想法及存在的问题，是教师指导游戏的重要环节。教师可以通过"情景讲述""点面结合""绘画辅助"等方法来帮助幼儿解决问题、分享经验。教师是引路人，应多问幼儿几个"为什么""怎么办"，让幼儿成为游戏讲评的主人。

通过理论知识阅读和向其他教师学习，提升教师理论知识水平，以期以后能对幼儿游戏情况进行更科学地分析，学习更系统和详细的教师介入的方式、方法、时机。融合多种形式，发挥互补优势。只有灵活选用不同方法，才能有效提高幼儿游戏水平，使幼儿获得游戏体验，实现游戏目的。让我们真正走进幼儿的游戏世界，支持幼儿，让幼儿真正体验到自主游戏的快乐！

集体反思让户外自主游戏更加精彩

徐宇

安吉游戏完全颠覆了中国传统幼儿教育模式，真正实现以游戏为基本活动、彻底防止幼儿园教育"小学化"。幼儿生成的游戏远远优于教师预设性游戏。教师的角色变成了旁观者，甚至是崇拜者。幼儿会想会玩、敢想敢玩，还会激发出巨大的学习潜能……这些都源自教师的"放手"。而"放手"之余的反思是必不可少的。通过反思，教师在另一个层面了解孩子的经历，孩子思考的过程，孩子内心的想法。特别是在组织幼儿的集体反思中，教师的重点是引发孩子发散思维，互相帮助、互相质疑，会共同思考问题如何解决，会产生各种精彩的观点。这是一个解决问题的复杂的思维过程，会诞生各种精彩的观点，有各种各样的发展、认知、社交、情感……那么，怎么来做好集体反思呢？

✐ 一、师幼共同反思、共同成长，让幼儿安全游戏

户外自主游戏因其自主性、自发性的特点深受幼儿喜爱。幼儿的安全也令老师担心。幼儿每次游戏前，教师都把自己能想到的安全注意事项仔细交代给幼儿，然而幼儿的自我保护意识和能力受年龄和经验的限制，加上有的年轻教师对安全隐患预判不到位，不能及时介入。在自主游戏中时有安全小事故发生。教师若组织幼儿集体反思，把分析事故原因、讨论避免发生危险方法的机会交给幼儿，则可有效让幼儿增强自我保护意识和能力。一次户外积木建构活动中，几名幼儿为了便于拿取积木，就在离积木柜较近的场地搭积木，随着积木越搭越多，占的场地也越来越大，有几个幼儿同时取积木时就显得很拥挤，一名幼儿不小心碰到垒高的积木，积木落下砸到了头部。游戏结束后，教师立即把幼儿园监控视频调出，组织全班幼儿仔细观看事故发生的全过程。分析事故发生的原因，孩子们都认为积木柜前积木太多、太挤，不方便拿积木，才会碰到积木，砸到小朋友。接着老师又和幼儿讨论解决办法：搭积木要到离积木柜远一点儿的地方，拿积木不方便时可以用小推车运积木。而教师在与幼儿一起讨论以后也受到启发：户外自主游戏在放手的同时，游戏规则的建立也非常有必要。可以说，集体反思让教师和孩子共同成长。

✐ 二、同伴共同质疑，积极思考，让幼儿拓展游戏

教师通过幼儿游戏事故视频，组织幼儿基于问题进行集体反思，耐心倾听幼儿的想法，往往会有许多意外的收获。视频能够让幼儿从直观、形象的影像中得到一些新的启发，引发幼儿新思考、新话题。在滚筒游戏中接连一周橙橙都没成功，他拿来了滚筒，尝试蹲着上去，没站上去，又尝试跪着上去，反复尝试，始终都没站上去。游戏结束后，老师播放了橙橙今天的游戏视频，孩子们质疑："橙橙为什么站不到滚筒上呢？""怎样才能站在滚筒上？"经过讨论，乐乐说："我可以扶着他，牵着他上去。"希希说："我可以帮他扶着滚筒，让他站上去。"小可说："我们可以找一些东西，挡住滚筒，它就不向前滚了。"有效调动幼儿思维，思考下一次游戏计划。

　　第二天户外自主游戏时间，玩滚筒的孩子一下子多了起来。大家都乐于尝试站上滚筒，橙橙毫无疑问地也在其中，也拿来一根长木条，横放在了滚筒的正下方抵住滚筒，站上了滚筒，并维持了两秒，接下来他又找来了一个轮胎，抵住滚筒后面，他稳稳地站上了滚筒，非常开心。

　　老师一方面将孩子们尝试的各种方法拍下视频，另一方面鼓励孩子将自己的游戏故事在集体反思中进行分享，在教室游戏故事墙上展现，让更多的幼儿在回顾游戏故事、假设、质疑中引发新的思考，激发幼儿进行尝试的兴趣。孩子们积极动脑，用自己的办法站上滚筒，使更多的孩子愿意尝试、主动投入滚筒游戏中，并积极主动去验证、解决问题，最终形成解释：要想让滚筒稳住不动，必须用轮胎或者其他东西夹住滚筒。

　　孩子们还拓展了新的玩法。第二天橙橙和瑞瑞一起用滚筒和轮胎搭建了一条"滚筒路"，引来了许多小朋友的参与，有的小朋友尝试踩着滚筒走，有的尝试趴着过去，有的小朋友是跨过去的。

　　有了同伴的陪伴，滚筒游戏不再只是橙橙一个人的挑战，成为大家都愿意参与的游戏。而共同思考、共同计划、共同尝试、共同解决问题，也让孩子的社会性情感得到健康发展。

✐ 三、同伴共议对策，解决困难，让幼儿愉快游戏

　　幼儿在自主游戏中常常会因困难无法继续游戏。这时，教师把幼儿游戏视频播放给幼儿观看，组织集体反思，共同讨论分析原因，思考解决方法，能够提高幼儿分析解决问题的能力，也能够有效鼓励幼儿用新办法继续游戏。

　　小班孩子蔡蔡看见他昨天搭的小坡还在平台上，很开心，立即骑小车上坡。他看见下坡是一块窄窄的木板，把前轮放在了窄窄的木板上，犹豫了一下，往后退，后轮也卡在了木板上，最后他将小车从木板上拿下来后就放弃了游戏。原因是他判断从窄木板骑车下坡会有危险。为避免有危险，他在暂时没有想出解决办法的情况下，只能放弃。虽然老师鼓励他想办法解决，但他一时也想不出办法。于是，老师采取了小组反思的方法和孩子们一起了解蔡蔡骑车下坡遇到的困难，鼓励大家想办法解决这个问题，其他孩子也想了许多办法："抬车下去""大家帮助他""换大的板子"。蔡蔡自己也跃跃欲试说："明天我要找大的木板来搭斜坡。"这次集体反思让他

感到同伴的关心和温暖，情感上得到了满足，同时也获得了解决困难的办法。第二天，他就用宽的纸板搭了一个斜坡，顺利地完成了游戏。

四、师幼共享故事，学习优秀，让幼儿自信游戏

　　户外自主游戏因其给幼儿自由、宽松地探究、学习的机会，常常会激发幼儿巨大的学习潜能。教师用自己的慧眼去发现，并对孩子加以肯定和鼓励，大大激发了幼儿主动学习、积极动手动脑、主动探究的兴趣和愿望，增强了幼儿的自信心。教师采用集体反思的方法，让更多幼儿了解同伴遇到困难独立思考、尝试解决的优秀学习品质，则会起到榜样的激励作用。

　　一次户外自主游戏时间，蔡蔡能够持续专注搭建小坡。在游戏过程中，他边干边想，在做的过程中调整自己的行动方式，并获取了新的经验：先比较物体的重量，再量力而行，选择较轻的物体进行移动，原计划是想把木板抬到轮胎附近搭小坡，当他感觉木板比轮胎重时，他改为轮胎向木板靠近。在抬不动整块木板时，他又改为抬起木板，转动木板一端。他的学习能力得到了进一步提高。

　　第二天，蔡蔡想搭一个坡，他将纸板拖过来盖在木板上，自己尝试从坡上走了两次，然后跪在纸板上说："这里要压起。"接着把三块木板压在了纸板上说："这样下得去。"紧接着他骑车上坡并从坡顶骑车冲下来，因速度过快，下来时摔倒了。但是这次他成功了，也没有顾及自己是否受伤，开心地跑过去指着纸板说："这里压住了！"蔡蔡积极主动地进行探索，思路清晰，运用已有经验不断地操作—检验—发现问题—寻求新的解决方法—享受自己的成果—获得成功。在此过程中，他明白要压住纸板，保证小坡平整，小车才能安全下坡。要有序地操作—检验是否平整—检查确认是否有问题—发现问题要寻求新的解决方法，最后才能骑车安全下坡。

　　老师把整个过程用视频拍下，在教研活动中与其他老师分享时，老师对蔡蔡的学习能力都感到吃惊，居然会在行动中做出准确的判断，改进行动计划！大肌肉群力量的潜力也被激发出来。老师赶紧把视频放给全班小朋友看，并将蔡蔡的游戏故事讲给幼儿听，大家都觉得蔡蔡好厉害，老师也适时鼓励大家向蔡蔡学习，这让蔡蔡非常开心。

　　幼儿自主游戏集体反思，促进幼儿社会情感、思维发展，促使幼儿积极主动解决问题，让教师真切地感受到户外自主游戏的魅力。只要放手给幼儿自主自由的游戏机会，组织有效反思，支持他们游戏发展，就算只有 3 岁的幼儿也会有巨大的潜力可挖！

二、读书心得

读《以儿童为中心的学习环境的设计与实施》有感

蒋鸿雁

　　幼儿园户外除了固定安装的运动器械区和利用可移动材料进行运动的区域外，还有徒手运动的自然场地，这是以场地本身的特征吸引幼儿开展活动的区域。

　　幼儿园的户外场地应该是游戏场，而不是操场，这是有别于中小学户外场地的特殊之处。游戏场的设计思路不同于操场，我们必须考虑到在没有任何运动器械与材料的情况下，幼儿来到户外场地是否玩得起来，即这个场地是否好玩。因为我们发现，如果允许幼儿在户外自由选择并可以随时转换活动的话，他们在固定的运动器械上游戏的持续时间不会很长，很快就会转换活动。而幼儿在面对那些能自由变换玩法的可移动的运动材料时，其活动兴趣持续的时间虽然较长，但是这类运动材料往往是在一个特定的户外运动时间里由教师统一呈现和收放的，幼儿很难随机取用。所以，富有趣味的自然游戏区就显得格外重要了。

　　自然游戏区的设计同样是以幼儿的动作发展水平和运动经验为依据的，其趣味性主要体现在场地特征的多样性上，土坪、草、石子小路、阶梯、坡地、百草园地以及沟渠、帐篷和小屋……在这样的场地上奔跑、追逐、捉迷藏，幼儿能体验各种场地特征对身体控制力的不同要求，并获得多种运动经验。

　　总之，自然游戏区在满足幼儿亲近自然需求的同时，不仅使幼儿获得各种运动经验提高综合运动能力，还使幼儿在与自然的接触中获得认知经验。更重要的是，幼儿园的自然游戏区综合了户外各种环境特征，能够使幼儿安全有效地体验如何调控自己的身体，机智灵活地避开障碍，练习自我保护的能力，从而更好地应对外面世界难以预料的变化。当然，挑战性与安全性的统一，永远是户外运动场设计与活动指导的根本原则。

读《课程理论——课程的基础、原理与问题》心得之一

蒋鸿雁

　　我参加了贵州省教育厅学前教育处组织的修订《贵州省省级示范幼儿园评估指

310

标》的会议。会议中，学前教育处对原《标准》中幼儿园培养目标部分进行了更具体的描述，增加了培养爱祖国、爱劳动、文明有礼、爱探究等具体的培养目标。

近来学习《课程的基础、原理与问题》一书，结合当前幼儿教育的变革，我感受到从 2001 年幼儿教育的《幼儿园教育指导纲要（试行）》出台以来给予了幼儿园的办园者很大的自由度，这也给我国学前教育注入了生机，打破了 2001 年以前传统的以国家统一制定的目标为准绳，所有省份根据目标实施课程的以目标为出发点和归宿点的"正式课程"。但《幼儿园教育指导纲要（试行）》也让许多幼儿园的管理者非常困惑，目标不具体了、不明确了，我们幼儿园教什么？怎么教？孩子学什么？怎么学？这些问题让许多还没有对课程进行系统学习的园长感到无从着手。

我省 2012 年编制的《贵州省省级示范幼儿园评估指标》是在《3—6 岁儿童学习与发展指南》的指导下制定的，在目标内容方面提出让幼儿园根据自身情况制定符合国家方针政策的幼儿园教职工认同的发展方向和培养目标。但由于园长对课程的理解和对培养目标制定与课程关系的不理解造成了一些幼儿园的培养目标出现了偏差，如某幼儿园的培养目标为培养发现美、表现美、创造美的儿童。这个目标明显出现往美育方面一边倒的现象。这种情况还常常出现在一些地区最好的幼儿园中。目前，幼儿园的课程除了在目标上出现偏差，在课程实施中更有偏离全面发展的倾向。例如，一些幼儿园片面注重幼儿的自主游戏而对除游戏以外的内容，如文明行为、思想品德、习惯养成等方面无相对的培养目标及措施。所以，我省从 2012 年到现在注重编制出别出心裁的特色课程，请外援、聘专家一心打造课程。

我省提出修订评估标准，并提出增加更具体的培养目标，我认为是一种务实的做法，在很多幼儿园的园长不能全面地提出幼儿发展目标时，还是需要从国家到省、市明确地提出发展目标的。

我学习了有不同意义的课程：①理想的课程；②正式的课程；③领悟的课程；④运作的课程；⑤经验的课程。不同的人关注不同层次的课程。就算一个课程有了正确的目标框架、完善的实施途径，其实还存在着教师对课程的理解、具体的操作水平如何等问题，这是对一个园长及她的管理团队对课程的整体把握能力的挑战。

学习课程的目的是更深入地理解课程的内涵，更好地把握幼儿园的教育目标、教育内容以及可行的实施途径，让我们的课程促进幼儿的全面发展，让教师在培养幼儿的过程中享受到专业成长的快乐。

读《课程理论——课程的基础、原理与问题》心得之二

蒋鸿雁

有许多园长都把精力集中在如何打造一个完美的课程方案上，有的甚至是不惜

重金请团队为幼儿园编写课程方案。再好的课程计划如果在实施过程中不注意监控，不能发现问题及时调整，任何课程都会变为不接地气的花样文章。

在我园遇见课程的管理过程中，我就遇到了这种情况，幼儿园的课程方案中把劳动作为重要的内容，具体的实施途径是儿童的自我服务和幼儿园一周一次的劳动日相结合。遇见课程的理念是在生活中、游戏中，让孩子自己发现问题、自己解决问题。在活动组织中要求教师要发挥幼儿的主动性，能自主地开展劳动。在前期的实践中我们发现，有的老师不知如何组织自主劳动，有的老师则认为幼儿还小，我们必须要教幼儿劳动的技能才能让幼儿会劳动。有的老师在备课中就出现了把自主劳动日当成了课来上。今天教幼儿扫地，明天教幼儿擦桌子，而保教主任在备课的审阅中对这种现象也不加以引导。这样一来，幼儿园的劳动日活动完全偏离了课程方案。当我们发现这一问题时，我们及时调整，让大家一起反思这种做法与我园的教育理念是否相同。通过大家的反思，我们发现出现这些问题的根源是教师不相信幼儿，不能给予幼儿足够的时间、空间去养成自主劳动的习惯，老师在具体教育过程中更愿意或是更习惯越俎代庖地代替幼儿的成长过程。经过反思→教研→实践→再反思→再实践，如今我们的劳动日渐渐有了遇见课程所期待的模样。

我园的课程强调管理者不断与教师一起实施、一起评价、一起反思，自己提出问题并解决问题。也许开始我们的目标不清楚，内容不完整，但这些问题都会在与教师一起研讨中得到解决，让方案变得越来越完美，越来越易操作，越来越贴近师生生活。

聚焦式观察——儿童观察、评价与课程设计

杨秀敏

4月是书与狂想的季节，我们以书为媒，感受这个世界，思考这个世界，丰富幼教的色彩，沉淀生命的底色。随着第27个"世界读书日"到来之际，阅读《聚焦式观察——儿童观察、评价与课程设计》，这是众多学前儿童观察评价类书籍中通俗易懂、操作性较强的一本书，不仅讲观察评价，还涉及基于观察评价的课程设计。老师可以以云端的交流、分享、碰撞，让书香通过阅读在我们周围弥漫，让我们一起遇见更专业的自己。

作为一名幼儿教师，做观察记录是我们在工作中必不可少的环节，在没阅读《聚焦式观察——儿童观察、评价与课程设计》这本书之前，总是会疑惑到底怎么对幼儿进行观察，才能有效地做观察记录，读了这本书后，心中的疑惑、焦虑得到了很好地解决。

观察记录不是随机的，而是有目的性的，要经过教师的深思熟虑并持续开展。

我们在做观察记录的时候，它应该是描述性的文字，而不是解释性、判断式的文字。这一点往往是我们容易忽略的地方，在做观察记录的时候，总是有意无意地带上自己的想法和理解。所以在读了这本书后，会让自己对幼儿有新的认识。

书中提供的观察表格和技巧也是非常重要的，它注重操作性，如怎样在教学中实施观察、怎样通过观察评价儿童的发展、怎样根据评价信息设计课程等，这些内容都很实用，也很有操作性。本书针对儿童观察的时间与记录方式的选择给出了具体、详细的建议，帮助我们一线教师解决在与儿童相处的过程中如何有效地开展这两项工作。通过呈现作为"亲历者"的教师的观点和想法，说明高质量的儿童观察记录是可以在教师的日常工作中得以落实的。

作为一名合格的幼儿园教师，专业能力和首要职责就是有效地观察。而在具体实施中，有限的时间和精力是教师做观察记录所面临的最大困难。作为新教师，在本书中可以学习到为什么要观察儿童和如何观察儿童。在阅读本书后我发现，儿童观察记录是非常值得做的，自己能够通过观察记录了解儿童，通过幼儿与课程之间的联结，进一步对幼儿园课程有了更深刻的认识，也能更有效地回应幼儿。幼儿教师不能只当孩子王，更要理论硬、技能强，做幼儿的引领者。

我学习了该书后受益匪浅，在这个过程中也生成了一些自己的感受。

一、为什么要观察儿童

观察是了解儿童的基础，唯有透过观察才能更好地认识儿童，才能更加有效地在幼儿本体基础之上，因材施教地合理发展幼儿的各种能力。只有观察儿童，才能了解儿童，了解儿童的需要、了解儿童的兴趣、了解儿童的想法，这样才能为之后的游戏、活动做准备。观察儿童可以了解儿童游戏和生活的已有经验，进而更好地为儿童向更高水平发展提供支持。例如，在游戏中，她扮演了大肚子妈妈参与了野餐的游戏，在游戏中遇到了要生宝宝的情节，孩子们能及时请医生，为妈妈"接生"。这说明孩子们对"生孩子"有丰富的生活经验，并将已有经验迁移到游戏中，在野餐的游戏中拓展游戏的情境。观察者需要有敏锐的洞察力和持之以恒的耐心。观察时要客观陈述孩子的动作和语言交流，挖掘可以记录的价值，记录的价值在于抓住一闪而过、淹没于日复一日的保育教育的幼儿细节给予关注。每次的观察确定一个焦点，记录也围绕这个焦点展开让观察更加聚焦，调动所有的感官去观察，以开放有准备的心态面对幼儿。比如，每天班上的小朋友们正在做游戏或参与一日生活的某个环节的时候，教师可以停下来几分钟来观察其中1～2名幼儿。当把时间用于更好地观察儿童时，教师就不只是在关注下一个活动是什么，而是把全部的注意力倾注在了儿童是怎样思考、怎样解决问题、怎样与人交往以及怎样探索发现的。

通过观察，教师能了解到幼儿在所有领域的发展能力：社会性、情感、身体动作和认知。例如，他们的个性品质、他们应对困难情境的态度和解决问题的办法、他们解释行为的能力、他们深层次的兴趣和爱好、他们正在建构的信息和知识等。教师对儿童的观察不可以是完全随机的，应为系统的、经过周密计划的。教师要为自己的观察记录制定计划，这样才能搜集到各种数据，之后再与大家一起进行反思、评价、分享和总结。

✎ 二、怎样把观察记录与《3～6岁儿童学习与发展指南》联系起来

在对幼儿进行观察时，教师应该关心和了解幼儿正处在发展的哪个阶段，这个阶段的典型特征是什么。教师结合幼儿发展的背景和幼儿已有的经验，采取恰当措施为幼儿搭建有效性支架。我们判断幼儿已达到的水平，要有一个依据，这个依据可以是教师多年的工作经验积累下的对幼儿的认识，也可以利用《3～6岁儿童学习与发展指南》。越是学习如何观察儿童，就越发现幼儿发展心理学等专业知识的必要，利用观察记录了解幼儿在认知、社会、情绪情感、身体、语言等多方面已经达到的水平，结合《3～6岁儿童学习与发展指南》等工具为教师下一步教育做依托。学习了不同观察记录的方式，为老师的观察提供支持，尝试用新的方式进行记录，并结合指南分析儿童的学习与发展表现。

把观察记录当作研究来做；尝试使用不同的记录方式；留出时间，用于反思自己的观察记录；察觉自己在观察记录中可能存在的偏见；客观记录；解释儿童的行为；不遗漏任何一名儿童。

大班孩子在语言方面：别人讲话时能积极主动地回应。

认知方面：数学领域按大小、形状、颜色分类。

中班孩子在动作方面：粗大动作发展良好、精细动作缺失。

创造性方面：幼儿结合自身生活经验，搭建支持自主游戏所需要的道具，如烧烤支架、桌子等，能利用小型桌面玩具制作游戏所需要的道具，创造性地解决游戏中出现的问题。

小班孩子在社会性方面：幼儿在与同伴之间进行买卖游戏时，能够有礼貌地与人交往，能想办法吸引同伴与自己一起游戏。

通过阅读对儿童有了新的认识，它不只是一项常规工作，而是一个对教师创造性有较高要求的研究性工作，感谢此书籍武装我的头脑，让我从专业领域丰富自己、砥砺前行。

让"无限"创造更多可能——读《儿童发起的游戏和学习——为无限的可能性而规划》有感

刘文

　　每个人其实都有无限的潜能，人生本来也充满了不确定性和变化性，这些也就为每个个体带来了无限可能，只要我们真正地做到用开放的眼光来看待幼儿，我认为我有很多可能性，我相信他们也是。

　　我认为要给孩子提供无限可能性的环境主要是要打破原本的预设性，要以一个开放性的姿态去为孩子创设环境。要将幼儿园室内、室外以及幼儿园以外的家庭、社区做到延续性和一致性，这样才是一个完整的环境。孩子的学习游戏才会更加的真实与丰富。

　　在创设园所环境和班级环境时，我们不能一直延续老师的环境创设模式，非要把材料分区域摆放，这样其实就赋予了材料固定的预设性。如果只是把材料按一定的规律摆放好，不在材料上做区域的强调，孩子们是不是能把更多的材料结合起来游戏，从而产生更多的可能性？同时，将活动区域作出较大区分即可，如创意工坊在此处为孩子们提供一些手工的装备，在操作区提供宽大的桌椅，在阅读区营造明亮、温暖的气氛，等等。

　　在之后的区域活动中我们开始给予孩子们更多选择的机会，孩子们最近喜欢在表演区玩消防队员的游戏，在游戏中我鼓励孩子们利用美工区、建构区里的材料来制作表演时需要用到的道具。同时，也支持他们和班级中另一个区域"小商店"来进行互动，小小消防员时常会到商店里灭火救人。同时，孩子们的表演在有了更多融合之后，我们也打破原本的区域人数限制，充分支持孩子们的游戏。游戏持续了近四个月的时间，在这期间孩子们一直不断地丰富自己的故事，解决问题的能力、想象力、语言表达能力、创造性、批判性思维、关怀的情感等都得到了进一步的发展。

三、学习心得

教师专业发展培训心得体会——学无止境从教路

彭惟楚

2020年11月，我有幸参加了云岩区教育局第十二责任区教师专业发展线上培训。这是一次"干货"满满的培训，其内容之丰富，让人受益匪浅。培训中有来自全国各地幼儿园的一线教师分享经验。这样一支强有力的专家团队，通过群体的智慧和丰富的案例，让培训的内容丰富、实用。同时，必修与选修相结合的学习模式，让自己更有计划地根据自己的兴趣点、关注点和需求点进行自我提升。

在众多的培训板块中，最让我深受启发的就是《教师必备专业技能：观察与回应》这一专题。之所以对这一板块深受启发，是因为我始终认为，课程、游戏是幼儿教师战斗的阵地，是教学的生命线。教师只有深入钻研教材、钻研环境，了解学生，备好教学方法，精心设计活动，才能调动孩子们的主动性，培养幼儿的想象力、创造力，发展幼儿的思维，促进幼儿的发展。

在这一板块中，我们看到了齐河幼儿园大、中、小班的三位老师，为我们带来了三个艺术领域游戏活动案例的详细讲解。由于我今年正好在带大班的孩子，因此对案例中的大班美术活动"喜上眉梢"印象深刻。在案例中，老师把握住了季节和环境资源，真正落实了一日生活皆课程的理念，把幼儿平常观察到的梅花生成了一个活动。整个活动，在引导幼儿进行艺术创作上，不断深入。从捡花枝，用黏土做梅花逐步到用拓印、雕刻、剪纸的方式来做梅花，在活动中孩子既获得了游戏的乐趣与成就感，又感受了我国传统的艺术表现形式。活动继续深入，冬去春来，喜鹊到，孩子们又在观察了喜鹊之后，利用黏土、剪纸、撕纸的方式，自由自主地创造孩子们的小喜鹊。整个活动最精彩的部分就是教师将孩子们前期做的梅花、喜鹊等保留了下来，最终通过笔、墨、纸、砚绘画花枝，并用前期做的梅花和喜鹊来装饰水墨画，将国之传统与幼儿的童真相结合。在不断地观察、操作、游戏、组合中完成作品，丰富了幼儿的艺术表现形式，提升了幼儿的美工技能。

我认为"喜上眉梢"是非常丰富又蕴含了巧思的一系列活动。由于我自身的美术能力不强，在美术活动、游戏的开展上有很大短板，具体表现为思路比较狭窄，因此也没能够很好地引导幼儿发挥他们的创造力，展现更多面、更多样的艺术作品。

这次的专题培训使我深受启发。正逢本学期即将入冬，我想这样的活动也可以在我的班级中开展，因此我打算结合本班幼儿的兴趣、能力、特点等，在原活动的基础上，适当修改，也在我们班组织一次这样的活动，让幼儿感受更加多元化的艺术创作形式，让幼儿的这个冬天丰富起来。

这次的学习培训，对于我来说，是一个值得珍惜的机会，应对当前如何实施学前教育，如何进一步提高教育教学质量是摆在我们每个教师面前最现实的问题。这次教师网络培训也给我们带来了再学习、再提高的机会，弥补自己的短板，进一步提升教学质量。今后我会继续保持学习的心态，不断更新完善自己的知识结构，虚心学习优秀教师的教育经验，努力做好人民满意的教育。

"遇见课程"新教师培训心得体会——求学之悟 走近遇见课程

龚国雪

2021年8月24日，蒋园长组织了开学前的新教师培训，三所幼儿园的新教师汇聚一堂，我满怀期待，认真听着蒋园长的教学心得和教育理念。整个过程我是比较震撼的，因为我之前是在省外的民办幼儿园从教，很多教育理念和"遇见课程"的教育理念是不一样的，新的开始，这对我来说是一个挑战。本次培训的内容特别丰富，包含了课程来源、课程组织、课程实施等，分别由蒋园长、花园分园园长和两位保教主任来给大家进行分享。

两位园长给我们讲解了很多理论知识，这让我想到在教师的岗位上终身学习的重要性，有着扎实的学识，才能让我们更好地前进，两位保教主任给我们分享了幼儿园的各种案例和一日生活流程的详细讲解，包括幼儿园的活动组织我们老师应该注意什么，老师在幼儿活动中密切观察，通过孩子的兴趣去发现课程，只要我们用心去了解，放手让孩子去操作，孩子们就能得到更大的收获。

新学期开始，我被分配到了中班和张老师进行学习。幼儿刚上中班，正是学习用筷子的时候，有幼儿说："老师，这个筷子我怎么夹不起东西啊？"也有幼儿说："老师，我在家练过，我会用筷子。"张老师在孩子的讨论中发现了孩子的兴趣点，所以我们开展了主题活动——"筷子的旅行"，将不同种类的筷子材料投放到各个区域，可以更好地丰富幼儿的认知和实际操作，幼儿可以用筷子进行夹球运动，可以对筷子进行沉浮的实验。我们还带着幼儿学习了筷子舞，在区域活动里还可以用筷子做手工，给筷子进行配对，等等。我们还会引导孩子做计划—回顾—总结，在云岩一幼的这两个月，每天的学习都让我很惊喜，这才是幼儿真正的乐园，遇见更好的你，老师真正地放手，才能让孩子更快地拥抱这个世界，以前的我，总是畏手畏脚，害怕孩子磕磕碰碰，所以在无形中替孩子做了很多事情而不自知，课堂是孩子的，而不是老师的，是以"学生为本"，而不是以"老师为本"，一个老师最好的状态就是一直学习，时刻更新知识架构，这样才能更好地培育祖国的花朵。

我相信，只有深入云岩一幼的"遇见课程"理念，我们才能更好地走进孩子的内心，在跟着张老师学习的这段时间，我收获满满，从当初的一无所知到现在对班级幼儿的了解，对课程的组织与实施，开始变得容易起来，不过这是远远不够的，我还要继续向身边有经验的老师学习。

这一次的新教师培训，让我不再迷茫，我相信在蒋园长的带领下，我会学到更多的知识，在专业上可以得到更好地成长，希望我们新老师将不负园长所望！

专家评析

　　诗人席慕容曾说"如何让你遇见我，在我最美丽的时刻"，云岩区第一幼儿园与课程的相遇正是从 2018 年美丽的秋天开始的。此时，云岩一幼刚刚开园，近一半的教师没有编制，教龄长有经验的教师相对缺乏，多数教师对课程的认识还停留在传统课程模式下，教育观和儿童观还不甚清楚。此时贵阳市各幼儿园正在如火如荼地开展"自主游戏"课程，面对这一现状，如何带领一群刚毕业的最美年轻教师遇见课程、遇见成长、遇见最美的童年，转变课程理念，让幼儿园更快地走上提升教学质量之路，成了摆在蒋鸿雁园长面前一个现实的问题。

　　"人是管理的核心，课程理念的转变应先从人开始，课程实施的关键亦取决于学前教育工作者的素质，我要让我的团队成为更好的自己。"因此，蒋鸿雁园长先从本园管理者和教师入手，以课题研究的形式，运用过程管理的方法，鼓励团队成员共同努力，成为更好的自己。但是怎样才能成为更好的自己呢？对外，一方面，蒋园长带领部分教师主动寻求贵州师范学院学前教育专家的引领和支持。该校学前教育专业是国家级综合改革试点专业，国家一流课程建设专业，在学前教育课程实践中颇有自己的理解和创新之处，将院校专业教师"引进来"参与本园课程建设，对教师课程实践具有重要的指导意义；另一方面，尽可能给年轻教师提供外出学习培训、线上学习培训的机会，以深化其对新课程理念的理解。对内，一方面，云岩一幼以"在本园中，基于本园，为了本园"课题研究的模式开展教研活动，鼓励大家申报自己的课题，"以研促教，以研促改"，在课题研究的过程中发现自身在课程建设与实施过程中存在的问题，并及时反思、改正；另一方面，要求团队成员"广阅读"，通过对名家名著的阅读，深化对课程、自主游戏等重要概念的理解。因此，我们看到了本章中"成为更好的自己——遇见课程理念下的培训与学习"内容。

　　《幼儿园教育指导纲要（试行）》指出："教育活动的组织与实施过程是教师创造性地开展工作的过程。"云岩一幼作为一个新建幼儿园并没有一味地去模仿其他优质幼儿园的课程模式，而是立足于本园实际，以课题研究为切入点，以教师为主体，以提高教育质量和促进本园教师专业发展为目标，通过调研来确立本园课程发展的总目标，再分层确立分级目标，厘清课程建设中的社会主义核心价值观，实施幼儿园、家庭、院校、社区合作"四位一体"的课程实施路径，建立多元评价体系，确保实施方向和效果，这一思路是值得我们许多幼儿园尤其是新建幼儿园学习的。在本章，该幼儿园向我们呈现了教师遇见课程理念下的培训和学习成果，有教师的经验分享，也有教师自主学习案例，语言虽不华丽，但内容实则质朴，细读起来可以看到每个教师在课程理念转变过程中点滴的努力与进步，因此推荐与君，愿与君共勉。

（刘英）